THAT
KIDS
GLOBAL WARMING
COOK
A MEAL
WOW
WHAT IS A KID'S MEAL
CONSERVE
ORGANIC
WHAT FOOTPRINT
SLOW DOWN
SLOW FOOD
GLOBAL FINANCIAL CRISIS
HEALTH
WHAT IS VALUE?
HIGH FAT
LESS
FUTURE
LOW FAT
GENERATIONS
FOOD

URBAN COOK

MARK JENSEN

ANSTÄNDIG KOCHEN

Collection Rolf Heyne

TTUCE
FRESH
APPLES
FRESH
APPLES
FRESH
APPLES
75
R'S ORGANIC FARM
R'S ORGANIC FARM
'S ORGANIC FARM
AUSTRALIAN
CHeRRy ToMaTOeS
CHeRRy ToMaTOeS
XL
L
M
CHeRRy ToMaTOeS
AUSTRALIAN
CHeRRy ToMaTOeS
CHeRRy ToMaTOeS
AUSTRALIAN
CHeRRy ToMaTOeS
CHeRRy ToMaTOeS
XL
L
M
AUSTRALIAN
CHeRRy ToMaTOeS
FRESH FRUIT
G.A.& I.
LYONVILLE
SEBA

WISSEN SIE EIGENTLICH GENAU, WAS SIE ESSEN? HABEN SIE SCHON EINMAL VERSUCHT, DEN WEG IHRER NAHRUNGSMITTEL ZURÜCKZUVERFOLGEN, ZU SEHEN, WO DIESE HERKOMMEN UND WORAUS SIE GEMACHT SIND?

KOCHEN UND GENIESSEN FÜR EINE NACHHALTIGE ZUKUNFT

MORGEN FÜR MORGEN WACHEN WIR AUF; EIN NEUER TAG MIT ALL SEINEN VERHEISSUNGEN WARTET AUF UNS. VERSCHLAFENE GEDANKEN BAHNEN SICH DEN WEG. WIR WASCHEN UNS DAS GESICHT, SCHAUEN IN DEN SPIEGEL, UND WIR ALLE ORDNEN UND PLANEN UNSEREN TAG. FRÜHSTÜCK: AUF DIE SCHNELLE ODER EHER GEMÜTLICH? KINDER? BIN ICH HEUTE DRAN, SIE WEGZUBRINGEN? WAS SOLLEN SIE ZU MITTAG ESSEN? DAS LEBEN. ES IST HEKTISCH. KÖNNEN WIR ES LANGSAMER ANGEHEN LASSEN, OHNE GLEICH GANZ VON DER TRETMÜHLE ABZUSPRINGEN? KEINE CHANCE! WAS! SCHON SO SPÄT? ICH MUSS LOS ZUR ARBEIT ...

Ich habe zwei wunderbare Kinder. Ich bin Küchenchef in einem gut gehenden Restaurant, das ich zusammen mit meiner Partnerin Pauline und ihrem Bruder Luke führe, und genau wie alle anderen Menschen überlege ich, plane ich, versuche ich, alles unter einen Hut zu bringen. Ich siebe und filtere all die Nachrichten, die wir in dieser mediengetriebenen Zeit erhalten. Was wir alles essen, tun, träumen und sein sollten oder eben nicht sollten. Das Leben schreitet stetig voran, unerbittlich. Aber ist dies wirklich das Leben, so wie wir es uns vorgestellt haben?

Als mir die Idee zu diesem Buch kam, schien mir der Umfang und das breite Spektrum des Themas schier überwältigend. Mein Ziel war ein Buch, das auf die Fragen vieler Menschen nach der Herstellung unserer Nahrungsmittel Antworten liefert; ein Buch, das darüber nachdenkt, inwieweit unsere Lebensmittel ethisch und ökologisch nachhaltig produziert werden. Außerdem möchte ich auf das große Thema der heutigen Zeit eingehen: den *Carbon Footprint* – die Menge an Kohlenstoff, die ausgestoßen wird, während all das angebaut, gedüngt und produziert wird, was uns versorgt. Uns versorgt? Ja, die Nahrungsmittel, die Lebensmittel im wahrsten Sinne des Wortes, die unseren Körper und unseren Geist nähren – echtes Essen, keine Kalorien, Proteine, Kohlenhydrate und Fette.

Die meisten Köche in den Städten bemühen sich darum, die Herkunft ihrer Waren zu kennen. Der Job eines Kochs ist es, Kunden zufriedenzustellen, gute Produkte sind dabei der Grundstein für Erfolg. Obst und Gemüse sollten der Jahreszeit entsprechen und von bester Qualität sein, aber um die meisten Kunden glücklich zu machen, muss man nicht zwangsläufig wissen, wie es angebaut wird. Obst und Gemüse können einfach Teil einer Liste von Zutaten sein, die täglich, je nachdem was verkauft wurde, durch einen Anruf bei einem Lieferanten ersetzt werden. Ein Küchenchef könnte den Lieferanten auf ähnliche Weise nutzen, wie jeder andere dies tut, wenn er durch die Gänge eines Supermarktes streift und das kauft, was er fürs Abendessen braucht, ohne groß über Herkunft oder Nachhaltigkeit des Gekauften nachzudenken. Ich will damit keineswegs sagen, dass ein Chefkoch oder auch ein Hobbykoch diese Aspekte nicht mit einbezieht, aber das Hauptaugenmerk lag zu lange auf dem Preis unserer Lebensmittel.

Wenn das Ausgangsprodukt von guter Qualität ist, wird der erfahrene Koch es nur noch entsprechend zubereiten, um die Geschmacksnoten eines Gerichts hervorzuheben und aufeinander abzustimmen. Kochen ist eine historische und eine vornehme Kunst, aber Kochen mit dem Hintergrundwissen darüber, wie die verschiedenen Zutaten angebaut werden und welche Auswirkungen dies auf die Umwelt hat, wird eine nachhaltige Zukunft schaffen. Dieses Thema ist umfangreich, und ich gebe zu, dass ich mich beim Schreiben dieses Buchs manchmal durch einen Sumpf von Meinungen kämpfen musste, denn die Emotionen schlagen bei diesem Thema hohe Wellen. Schließlich war es mein Ziel, zu echten Diskussionen rund ums Essen anzuregen; Gespräche, die über den Preis und den Geschmack der Lebensmittel auf dem Teller hinausgehen.

Wir haben zugelassen, dass die Produktion unserer Nahrungsmittel in den Händen großer Agrarunternehmen liegt. Alles dreht sich heute letztlich um den Preis des Endprodukts. Der niedrige Preis unserer Lebensmittel geht zu Lasten der Tiere in unserem Ernährungssystem und der Umwelt als Ganzem.

Angesichts der Zunahme von Fettleibigkeit und Typ-2-Diabetes sowohl in Australien als auch in anderen Teilen der Welt müssen wir wirklich innehalten und darauf achten, was wir essen und wie wir unser Leben führen. Unsere Ernährungsweise hat uns immer mehr entfremdet von gesunden Lebensmitteln, wie sie unsere Eltern und Großeltern aßen. Stattdessen füllen immer mehr küchenfertige Nahrungsmittel und Fertiggerichte, das sogenannte *Convenience Food*, die Regale und Kühltheken der Supermärkte. Aber ich glaube nicht, dass es schon zu spät ist. Glücklicherweise denken immer mehr Leute darüber nach, was genau in unserem Essen steckt. Was ist hydrolysiertes Fett, was ist Cochenille E120 und was genau bewirkt das Konservierungsmittel E221? Was wurde unseren Lebensmitteln zugesetzt, um sie länger haltbar zu machen? Geht es immer nur um das Geld – billige Kalorien und einen schnellen Euro – und nicht um gesundes und nachhaltig erzeugtes Essen?

In diesem Buch geht es um praktikable Rezepte und leckeres Essen, allerdings ohne allzu viele verschiedene Zutaten in einem einzelnen Rezept, denn gutes Essen muss nicht kompliziert sein; und tatsächlich sind die Rezepte mit Sorgfalt so angelegt, dass die Zutaten gut zur Geltung kommen. Das heißt, zumindest in den meisten Fällen, dass man schnell und einfach, ohne an komplizierten Arbeitsschritten zu verzweifeln, ein leckeres und nahrhaftes Essen für die ganze Familie zubereiten kann.

Das Kapitel Gemüse enthält die meisten Rezepte – und das war eine bewusste Entscheidung. Oft ist es doch so, das wir beim Planen einer Mahlzeit zuerst den Bestandteil des tierischen Eiweißes überlegen und dann eine Gemüsebeilage auswählen. Ich möchte diese Herangehensweise hier in Frage stellen und Sie dazu verführen, als Erstes das Gemüse auszuwählen. Lassen Sie sich dabei von den Jahreszeiten und ihrem Angebot inspirieren; schauen Sie, was Ihr Gemüsehändler anzubieten hat, und denken Sie erst dann über das Eiweiß nach. Aus demselben Grund sind die Fisch- und Fleisch-Fotos der Kapitel genau das, was sie sind: ansprechende Fotos von tierischem Eiweiß auf einem Teller, erzeugt nach ethischen Grundlagen. Ich wollte nicht, dass Gemüse auf den Fotos dazu verleiten könnte, beim Nachkochen der Gerichte auf Zutaten zurückzugreifen, die keine Saison haben.

Und vielleicht nehmen Sie sich bei der Zubereitung einiger dieser Rezepte oder in einem ruhigen Moment einmal die Zeit, darüber nachzudenken, wie das Obst und Gemüse, der Fisch, das Geflügel, das Schweine-, Lamm- und Rindfleisch, all die Zutaten dieser Rezepte, auf die Regale Ihres Supermarktes oder Lebensmittelhändlers und letztlich auf Ihren Esstisch gelangt sind.

Es ist für jeden von uns an der Zeit, Verantwortung für die eigene Gesundheit zu übernehmen, zu schauen, was wir essen und was wirklich wichtig für uns ist. Als Vater, Koch und Gesundheitsfanatiker hoffe ich, dass dieses Buch Sie in dem bestätigen wird, was Sie eigentlich schon wissen, dass gutes Essen aus nachhaltiger und ethischer Produktion seinen Preis wert ist.

MEINE LEIDENSCHAFT FÜRS RADFAHREN UND FLIEGENFISCHEN FÜHRT MICH IMMER WIEDER VON MEINER FAMILIE WEG. DIESE AUSZEITEN SIND WICHTIG FÜR MEIN INNERES GLEICHGEWICHT UND SIE VERLANGEN MEINEM FAMILIENLEBEN EINIGES AB, ABER DAS IST NICHTS IM VERGLEICH ZU DEM, WAS EIN SOLCHES BUCH MIT SEINEN TEXTEN UND REZEPTEN ERFORDERT. SCHREIBEN IST WOHL DIE EGOZENTRISCHSTE, STRESSIGSTE UND FORDERNDSTE BETÄTIGUNG, DER MAN SICH HINGEBEN KANN.
Ich danke meiner Partnerin Pauline für ihre unerschütterliche Liebe, ihre Umsicht und Geduld. Dies war für uns keine einfache Reise. Währenddessen sind Freunde von uns gegangen und Freundschaften wurden auf die Probe gestellt. Zeit, die verloren ist, kann nicht ersetzt werden. Aber in diesem Buch geht es darum, eine bessere Zukunft zu schaffen. Hoffnung und Licht gewinnen immer die Oberhand, und wir hießen unseren Sohn Jethro in dieser Welt willkommen. An meine Tochter Mia: Ich danke dir für die Inspiration zu diesem Buch und ich verspreche dir, den Computer mindestens für das nächste Jahr zu verbannen. Ich schulde dem Team des Red Lantern Dank dafür, mich ausgehalten zu haben. Ich danke meinem Mitarbeiter Andrew de Sousa für seine Inspirationen zu den Rezepten und die Zubereitung, Michelle Noerianto für die ansprechende Gestaltung der Gerichte und Cath Muscat für ihr Streben nach Perfektion; Dank auch an Kim Rowney, meinen Lektor, für seine gekonnte Beratung. Und natürlich dem gesamten Team bei Murdoch Books – Reuben, das war Spitze.

red lantern

INHALT

GEMÜSE 11

DIE ERZEUGNISSE EINES BAUERN, DER MIT DER NATUR LEBT UND ARBEITET UND NICHT GEGEN SIE, GEBEN UNS MEHR ALS NAHRUNG FÜR DEN KÖRPER – SIE TRAGEN ZUM GLEICHGEWICHT DES BODENS BEI UND STELLEN DIE PRODUKTION AUCH FÜR NACHKOMMENDE GENERATIONEN SICHER.
Brisbane Valley
Organics

GEMÜSE

SCHULD AN MEINER LEIDENSCHAFT FÜR DAS ERDREICH IST MEIN GROSSVATER. ER WAR ES, DER MIR BEIBRACHTE, DASS DER BODEN AUS ORGANISCHEN UND ANORGANISCHEN STOFFEN BESTEHT – MIKROORGANISMEN, NÄHRSTOFFEN UND STEINEN – DIE MIT DER ZEIT IN SAND UND TON ZERFALLEN. ALS KINDER ASSEN WIR DIE ERDE, WIR SPIELTEN DARIN UND MACHTEN LEHMKUCHEN DARAUS.

Großvater hatte hinterm Haus einen großen und unglaublich ertragreichen Gemüsegarten. Nie wurde von seiner Ernte etwas verkauft; Oma schnibbelte und würfelte, kochte, backte und dünstete alles, was aus dem Garten kam, um die achtköpfige Familie zu ernähren. Auch meine Eltern trugen dazu bei, mein Interesse am eigenen Gemüseanbau für den Familientisch zu stärken — ich habe einige der besten Tomaten, Zucchini und Auberginen geerntet, die ich je gegessen habe —, und sie unterstützten mich in meiner Begeisterung an der Beschaffenheit von Böden und der Finesse von Kompost. Und immerhin ist der Boden die Grundlage, auf der alle Dinge wachsen.

Mein Großvater lehrte mich, dass Landwirtschaft definiert ist als der Anbau von geschmackvollem und nahrhaftem Essen. Damit dies gelingt, müssen verschiedene geografische Aspekte berücksichtigt werden wie Topografie, jährliche Niederschläge der Region und vor allem der Boden. Seine Beschaffenheit entscheidet darüber, welche Pflanzen wo angebaut werden können. Jahr für Jahr aufs Neue eine reiche Ernte an Obst und Gemüse zu haben, erfordert Wissen und Geschick. Der Ernteerfolg hängt letztlich davon ab, wie gut es gelingt, die Bodenbeschaffenheit aufrechtzuerhalten.

Probieren Sie doch selbst auch einmal aus, etwas anzubauen. Sicher hat nicht jeder einen großen Garten hinterm Haus, aber das ist auch nicht unbedingt nötig. Sie werden erstaunt sein, was man mit einer guten Bodenmischung, etwas Kompost und etwas Einblick in das wechselseitige Verhältnis zwischen Boden, Sonnenlicht und Wasser alles in Blumenkästen oder in einem Garten anbauen kann. Ich meine damit nicht, dass Sie sich selbst versorgen werden, aber vielleicht werden Sie den professionellen Landwirt, der Gemüse für den Handel erzeugt, mit anderen Augen sehen. Und wenn Sie die richtige Bodenqualität hinbekommen und diese aufrechterhalten können, dann werden Sie wunderbar frisches und geschmackvolles Obst und Gemüse ernten können, und ob Sie Pflanzenschutzmittel einsetzen möchten oder nicht, entscheiden Sie dann selbst.

OBST UND GEMÜSE AUS DEM SUPERMARKT

Die meisten Leute kaufen ihr Obst und Gemüse in Filialen großer Supermarktketten, die diese ihrerseits von konventionell arbeitenden Landwirten beziehen, die synthetischen Dünger und chemische Pflanzenschutzmittel einsetzen. Konventionelle Landwirte erzeugen den größten Teil unserer Nahrungsmittel; ich frage mich allerdings, ob das auch in Zukunft so sein wird, wenn man bedenkt, wie abhängig sie bei der Bodenbewirtschaftung und der Ernte vom Erdöl sind. Ihre Produkte haben wohl genauso viele Nährstoffe wie anders angebautes Gemüse, ich persönlich denke aber, es gibt nachhaltigere Anbaumethoden, bei denen gleichzeitig der Boden genährt und die Umweltgesundheit gefördert wird.

Mittlerweile findet man auch in den Supermärkten immer mehr Biogemüse — Gemüse also, das ohne synthetischen Dünger und chemische Pflanzenschutzmittel angebaut wird.

Den Absichten des Supermarktes gegenüber bin ich skeptisch; es ist mir nicht ganz klar, ob die Bioprodukte ein heuchlerischer Versuch der Supermärkte sind, ihre ›grünen Referenzen‹ zu steigern oder ein aufrichtiger Versuch, Bioware in ihrer Produktpalette zu führen. Aber ich möchte Sie auf jeden Fall dazu ermutigen, nach Bioprodukten Ausschau zu halten, wenn Sie normalerweise im Supermarkt einkaufen. Schon allein durch den Kauf von Bioprodukten bringt man zum Ausdruck, dass man sich Gedanken macht. Dass man Wert legt auf das, was man isst und wie es erzeugt wird. Je mehr Menschen Bioware kaufen, desto größer wird das Angebot werden, und dann wird das Gemüse auch günstiger werden.

Wenn Sie aber wirklich Interesse an biologischem oder regionalem Obst und Gemüse haben, gibt es auch bessere Bezugsquellen. Ich finde, bei unabhängigen Gemüsehändlern und auf Erzeugermärkten kann man einen engen und persönlichen Bezug zur Herkunft der Erzeugnisse bekommen, außerdem ist die Ware in der Regel sehr viel frischer.

DIE MACHT DER SUPERMÄRKTE

In Australien sind Supermärkte mit einem Marktanteil von 70 % die größten Ankäufer von Obst und Gemüse. Sie können den Preis festlegen und Obst und Gemüse in großen Mengen kaufen, nicht selten zum Nachteil kleinerer Gemüsehändler. Joe, mein Gemüsehändler vor Ort, hat sich schon mehrfach darüber beklagt, dass er bestimmte Waren nicht einkaufen konnte, weil die Supermärkte sie schon aufgekauft hatten. »Sie haben nur die minderwertigere Ware übrig gelassen, das, was ich im Traum nicht zum Verkauf anbieten würde«, sagt er. Nun, theoretisch ist das ja eine tolle Nachricht, zumindest wenn Sie genau dann einkaufen, wenn die Frischware geliefert wird, danach nämlich werden die Vorräte unter Kühlung gehalten, um in den folgenden Wochen je nach Bedarf in den Verkauf zu kommen.

Einige Landwirte verpflichten sich vertraglich dazu, Supermärkte mit Gemüse einer bestimmten Größe, Farbe und Form zu beliefern. Die Landwirtschaft ist ein hartes Geschäft; man kann dem Bauern keinen Vorwurf daraus machen, seinen Lebensunterhalt absichern zu wollen. Wer jemals selbst Karotten angebaut hat, weiß dass eine einheitliche Größe und Form von der Natur nicht immer so vorgesehen ist. Was passiert also mit all dem misslungenen Gemüse? Es wird weggeworfen! Eigentlich ist daran absolut nichts auszusetzen, weder an seinem Geschmack noch an seinen Nährstoffen, lediglich sein Aussehen stößt uns ab. Einfach ausgedrückt, was nicht gut aussieht, wird nicht gekauft. Jetzt werden Sie denken, dass diese Gemüse doch zumindest in einer Dose ein Zuhause finden müssten, aber soweit ich weiß, dürfen Landwirte aufgrund ihrer Verträge mit Supermärkten ihre Überschüsse nicht an jemand anderen verkaufen. Es scheint, dass der gesellschaftliche Schönheitsbegriff sich auch auf Obst und Gemüse erstreckt, und so lassen wir die seltsamer geformten Erzeugnisse unbeachtet, weil wir deren Einzigartigkeit einfach nicht zu schätzen wissen.

FOOD MILES – DIE TRANSPORTWEGE VON LEBENSMITTELN

Für den Supermarkt bestimmtes Obst und Gemüse wird geerntet, sortiert und dann zum Transport verpackt. Normalerweise wird die Ware per Lastwagen zu einem Zentrallager gebracht. Hier wird sie in großen Kühlhäusern gelagert, bis sie auf die Supermärkte im ganzen Land verteilt wird und schließlich auf Ihrem Esstisch landet. Die Zeit, in der Nahrungsmittel gekühlt werden, und die Transportwege von der Weide bis auf Ihren Teller, all dies wirkt sich auf den CO_2-Fußabdruck aus, die Öko-Bilanz, in diesem Zusammenhang oft auch ›Food Miles‹ genannt. In einigen europäischen Ländern gibt es Supermärkte, die diese Information auf Etiketten drucken, sodass der Verbraucher erkennen kann, welche Entfernung das Produkt zurückgelegt hat.

Am nachhaltigsten ist es, regional erzeugte, der Jahreszeit entsprechende Produkte einzukaufen, aber das ist nicht immer möglich. Es gibt eine Ernährungsrichtung, die vorschlägt, nur das zu essen, was in einem Radius von 160 km um unseren Wohnort angebaut werden kann. Das hört sich ja in der Theorie prima an, ist aber nicht immer durchführbar, vor allem, wenn man in einer großen Stadt wohnt. Nicht alles, was wir gerne essen und trinken, kann regional erzeugt werden. Ich zum Beispiel komme nicht über den Tag ohne eine (oder zwei) Tassen Kaffee. Der Import von Lebensmitteln aus anderen Regionen oder aus der ganzen Welt ist nicht mehr wegzudenken. Allerdings kann man sich bemühen, beim Obst- und Gemüseeinkauf weitsichtig zu entscheiden. Je länger die Transportwege von Nahrungsmitteln sind, desto mehr steigt der Treibstoffverbrauch und umso länger liegt die Ware in Kühllagern.

SAISONALE ERZEUGNISSE

In Bezug auf Obst und Gemüse muss man sich doch fragen, warum Supermärkte all diese Waren führen. Auf den ersten Blick könnte man doch meinen, die Auswahl an frischem Obst und Gemüse müsse auch den anspruchsvollsten Gourmand zufriedenstellen. Schaut man allerdings einmal genauer hin, sieht man, dass nicht alles aus der Region stammt und erst recht nicht der Jahreszeit entspricht. Insgesamt hat unsere Gesellschaft den Kontakt zum Rhythmus der Natur verloren, und es ist auch leicht zu erkennen warum. In den vergangenen zehn Jahren etwa hat sich auf den Regalen unserer Supermärkte und Gemüsehändler still und leise immer mehr Importware breitgemacht. Und nun erwarten wir, dass diese Früchte und Gemüsesorten möglichst das ganze Jahr erhältlich sind, selbst wenn dies auf Kosten der Qualität geht. Mit der weit verbreiteten Erwartungshaltung von unmittelbarer Bedürfnisbefriedigung — ich möchte essen, was ich will und wann immer ich es will — haben wir unser eigenes Produktparadox geschaffen. Wir sind zu ungeduldig geworden, um das Verstreichen der Jahreszeiten abzuwarten.

Der gesamte Prozess der Nahrungsmittelproduktion hat sich verändert. Obst und Gemüse werden so produziert, dass sie leicht transportiert werden können, ohne Schaden zu nehmen, und auf dem Regal gut aussehen. Das bringt aber häufig mit sich, dass sie geerntet werden, bevor sie richtig reif sind. Manche Früchte reifen nach dem Pflücken nach, aber selbst wenn das Obst weicher wird — wir haben bestimmt schon vor dem Kauf jegliches Leben aus einer Pflaume oder einem Pfirsich herausgedrückt —, ist doch fraglich, ob der Geschmack auch nur annähernd an sein eigentliches Potenzial herankommt. Ein lieber Freund, der eine Farm in Tasmanien hatte, sagte einmal zu mir: »Willst du wissen, wann eine Frucht ihre volle Reife erreicht hat, dann frage den Bauern, wann er sie für seine Familie erntet. Er weiß, wie eine reife Frucht, wie reifes Gemüse aussieht und wann es am besten schmeckt.« Das ist die Philosophie, die hinter den immer zahlreicher werdenden Erzeugermärkten in unseren großen Städten steckt.

HERKUNFT

Das meiste von dem, was ich esse, wächst im Boden heran und entstammt keinem Chemielabor. Ich folge dem alten Leitspruch Qualität vor Quantität, und ich achte ganz besonders darauf, dass meine Nahrungsmittel nach ethischen und nachhaltigen Grundsätzen erzeugt wurden. Aber woher sollen wir wissen, ob das, was wir kaufen, auch wirklich so erzeugt worden ist? In unseren Supermärkten gibt es dazu herzlich wenig Informationen. Bis auf die vorgeschriebenen Aufkleber ›Produce of Australia‹ oder ›Imported Product‹ neben dem Preisetikett ist da nicht viel aufgeführt. Und im Lehrbuch für die Angestellten scheint es

$10.-

zum Thema Lebensmittelherkunft auch kein Kapitel zu geben! Haben Sie je einem Verkäufer im Supermarkt eine Frage zu Obst und Gemüse gestellt und eine erschöpfende Antwort bekommen?

Viele Menschen kaufen am liebsten direkt beim Erzeuger oder im Großmarkt. Ich versuche, bei meinen Lebensmitteln nicht mehr als einen Zwischenhändler zu haben — das ist eigentlich leichter, als es sich vielleicht anhören mag, denn Erzeugermärkte sprießen in den Städten schneller aus dem Boden als die ersten Erbsen im Frühling. Frisches, auf dem Markt gekauftes Obst und Gemüse ist lebendig; es ist voller Geschmack und wichtiger Nährstoffe. Die Ware ist entweder am selben Morgen oder, im ungünstigsten Fall, am Nachmittag zuvor geerntet worden.

Zu allen Zeiten war der Markt der Ort, an dem Städter auch einmal mit Bauern sprachen. Auf dem Markt sollte man nicht schüchtern sein — gehen Sie hin, sprechen Sie mit dem Bauern, stellen Sie ihm Fragen; Sie werden sehen, dass er liebend gerne über seine Produkte sprechen wird. Fragen Sie ihn, wo die Ware angebaut wurde. Fragen Sie, ob sie mit nachhaltigen Bewirtschaftungsmethoden angebaut wurde. Je mehr Fragen Sie stellen, desto besser.

Wenn Sie keinen Bauernmarkt in der Nähe haben, suchen Sie sich einen guten Gemüsehändler, so wie mein Freund Joe einer ist. Er weiß, was es gerade gibt und wo seine Waren herkommen. Wie die meisten Ladenbesitzer aus der Nachbarschaft ist er immer für einen kleinen Schwatz zu haben. Wir sind beide diskussionsfreudige Menschen, die sich oft über die Preisunterschiede zwischen regionalen, konventionell angebauten Erzeugnissen und Bioware ereifern können. Er versteht nicht, warum ich bereit bin, mehr für Biowaren zu zahlen, wenn ich seine frischen, konventionellen Produkte viel günstiger kaufen kann. Ich bin der Ansicht, Diskussionen über Nahrungsmittelproduktion sollten sich nicht immer um den Preis drehen. Würde man die Agrarsubventionen streichen und die Umweltkosten zu den Preisen für konventionelle Erzeugnisse hinzurechnen, wäre Bioware nicht nur wettbewerbsfähig, sondern unser Essen wäre auch weitaus weniger belastet.

ÖKOLOGISCHE LANDWIRTSCHAFT

Die Methoden des ökologischen Landbaus zielen darauf ab, die wechselseitigen Beziehungen aller Lebensformen untereinander hervorzuheben und zu fördern. Ökologische Landwirtschaft fördert Biodiversität, bei der die Dinge gedeihlich nebeneinander existieren und sich im natürlichen Lebensrhythmus entwickeln können; sie arbeitet mit der Natur und versucht nicht, sie mithilfe von Chemie zu beherrschen. Was die Landwirtschaft betrifft, so steht ja fest, dass auch ohne Chemie große Mengen an Obst und Gemüse angebaut werden können; das haben die Menschen jahrhundertelang getan. Die Römer brandrodeten die Wälder und pflügten die Asche und die Kohle wieder in den Boden, so reicherten sie den Boden mit Kohlenstoff an, bevor sie ihre Pflanzen anbauten. Sie waren sich der Bedeutung von Mischbepflanzungen bei der Unkrautbekämpfung bewusst und wussten auch um die Vorzüge von Mist und den darin enthaltenen Organismen. Lag ein Feld im Zuge der Fruchtfolge brach, ließ man darauf das Vieh weiden. Die Römer hatten, wenn auch nicht immer von Erfolg gekrönt, ganzheitliche Anbaumethoden entwickelt, durch die die Nachhaltigkeit und Produktivität des Bodens langfristig gesichert werden sollte.

Die ökologische Landwirtschaft verbindet ganzheitliche und biologische Methoden zur Wahrung von Gesundheit und Produktivität des Hofs bzw. Ökosystems. Den Erfolg eines landwirtschaftlichen Betriebs ausschließlich danach zu beurteilen, was über der Erde passiert, ist trügerisch, denn dies zeigt nur eine Seite der Medaille. Künstliche Düngemittel und Pestizide kann man nicht sehen. Für eine nachhaltige und produktive Bewirtschaftung muss der Landwirt Nützlinge und Mikroorganismen sowie eine stabile Regenwurmpopulation fördern. Der bescheidene Regenwurm nämlich ist der unbesungene Held unserer Landwirtschaft. Sein unterirdisches Treiben ist von großer Bedeutung für den Ernteerfolg. Die Würmer wandern durch das Erdreich und belüften so den Boden, was wiederum die Wurzeln bei der Aufnahme von Nähr- und Mineralstoffen unterstützt.

Auf einem ökologisch betriebenen Hof erfolgt die Bodenverbesserung durch den Einsatz von nützlichen Bodendeckern und Kompost. Der Einsatz von Gründüngungspflanzen hilft dabei, Kohlenstoff im Erdreich zu speichern, und verhindert gleichzeitig die Ausbreitung von wildwachsenden Pflanzen, von Unkraut. Entscheidend ist, dass die Felder zwischen den Ernten ruhen können und in Fruchtfolge angebaut werden. Weil unterschiedliche Pflanzen dem Boden unterschiedliche Nährstoffe entziehen, ist so der Boden niemals ganz ausgelaugt. Dass Biobauern keine künstlichen Pestizide oder Düngemittel einsetzen, muss nicht eigens betont werden.

MONOKULTUR

Intensive Landwirtschaft, häufig als Monokultur bezeichnet, ist eine relativ junge Bewirtschaftungsweise (dies ist die vorwiegende Methode für den konventionellen Anbau von Gemüse). Wie der Name schon sagt, wird dabei immer dieselbe Gemüseart auf einem bestimmten Stück Land angebaut. Monokultur erfordert durch einen hohen Mechanisierungsgrad einen geringen Einsatz an Arbeitskräften und ist in erschreckendem Maße abhängig von Dünge- und Pflanzenschutzmitteln. Beispiele für Gemüse und Pflanzen aus Monokultur sind Kartoffeln, Mais, Getreide, Soja und die ökologisch so bedenkliche Ölpalme. Palmöl wird heute von der Seife bis zum Essen und zum sogenannten Biosprit überall eingesetzt, es trägt zu einem großen Anteil an der weltweiten Entwaldung bei.

Ziel der Monokultur ist die Rationalisierung der Landwirtschaft, dies erfolgt durch Bündelung aller Ressourcen, um ein einziges Ziel zu erreichen. Pro Hektar soll auf kostengünstigste Weise der größtmögliche Ertrag erwirtschaftet werden, erreicht wird dies aber nur zu Lasten der Umwelt. Die Wissenschaft hat bei der Entwicklung und dem sogenannten ›Erfolg‹ der intensiven Landwirtschaft eine große Rolle gespielt.

DIE SCHÄDLICHEN AUSWIRKUNGEN SYNTHETISCHER DÜNGEMITTEL

Auf einem intensiv betriebenen Hof liegt der Schwerpunkt weniger auf der Erhaltung der Bodengesundheit als auf dem Einsatz synthetischer Düngemitteln aus Stickstoff, Phosphor und Kalium. Dies sind allesamt in der Natur vorkommende Mineralien, die für die Pflanzengesundheit lebensnotwendig sind, unglücklicherweise aber ist die Herstellung dieser künstlichen Düngemittel sehr energieintensiv und gar nicht nachhaltig. Phosphor und Kalium werden aus endlichen Ressourcen gewonnen, und der gasförmige Stickstoff muss in eine pflanzenverfügbare Form umgewandelt werden. Dieser Prozess erfordert den Einsatz einer beachtlichen Menge fossilen Brennstoffs.

Der Umweltschaden durch diese Dünge- und Pflanzenschutzmittel kann sehr weitreichend sein, und sind sie erst einmal im Boden, können sie nur schwer kontrolliert werden. Die Chemikalien können auswaschen und in Bäche und Flüsse gelangen oder ins Grundwasser durchsickern. Sind sie einmal in den Flüssen, führen die Stickstoffverdichtungen zu schädlichem Algenwachstum. Die Bauern versuchen zwar, das Absickern des Wassers einzudämmen, aber die Chemikalien finden dennoch ihren Weg in das Grundwassersystem.

GENTECHNISCH VERÄNDERTE PFLANZEN

Wissenschaftler haben die Samen einiger Gemüsesorten genetisch verändert, um bestimmte günstige Eigenschaften zu fördern. Alles von der Krankheitsresistenz bis hin zur Trockentoleranz wird verbessert, um maximale Erträge zu garantieren. Diese Pflanzen sind dann genetisch identisch. Einigen Wissenschaftlern macht diese fehlende Diversität der Gene Sorge, sie befürchten, gentechnisch veränderte Gemüsesorten könnten nicht in der Lage sein, unerwartete Krankheitserreger abzuwehren. Unsere langfristige Nahrungsmittelsicherheit ist gefährdet, wenn wir die heute vorhandene Biodiversität verlieren. Die zunehmende Förderung des Obst- und Gemüseanbaus in Monokulturen oder aus gentechnisch veränderten Pflanzen ist erschreckend, und dies wird auch in Zukunft eine ständige Quelle der Sorge sein. Letztendlich hängen alle Pflanzen und Tiere für ihre langfristige Überlebenschance von der genetischen Vielfalt ab.

Genforschung und künstlich erzeugte Dünge- und Pflanzenschutzmittel haben es den Erzeugern ermöglicht, die Grenze dessen, was nachhaltig auf einem einzelnen Stück Land produziert werden kann, zu verschieben. Die Zunahme der Ernteerträge ist in beträchtlichem Maße auf Kosten der Umwelt, der Wirtschaft und — insbesondere — unserer Gesundheit gegangen. In Australien wie auch in den meisten anderen Ländern gibt es Vorschriften über die Mindestwartezeit zwischen der Anwendung von Pestiziden und der Ernte. Dadurch sollen, bis wir die konventionellen Produkte verzehren, die chemischen Rückstände vernachlässigbar gering sein. Mag ja sein, aber ich esse doch lieber Gemüse, das ohne Chemie gewachsen ist, oder wenigstens Gemüse, das so wenig wie möglich mit Pestiziden in Berührung gekommen ist. Auch die vom gewissenhaftesten Biobauern angebauten Erzeugnisse können Spuren von Pflanzenschutzmitteln enthalten.

Für einige Leute ist heutzutage Landwirtschaft nur dann erfolgreich, wenn der Ernteertrag aus einem bestimmten Stück Land so groß wie möglich ist, unabhängig vom chemischen Input. Monsanto ist ein multinationaler Konzern, in dem genetisch verändertes (= GV) Saatgut und landwirtschaftliche Chemikalien für die kommerzielle Nahrungsmittelproduktion hergestellt werden. Manche Erzeuger haben sich vertraglich zur ausschließlichen Nutzung von Monsanto-Produkten verpflichtet. Aber erst jetzt realisieren viele von ihnen, auf was sie sich da eingelassen haben. Unglücklicherweise haben diese Bauern einen Fahrschein für einen von der Chemie gesteuerten Zug gekauft, der schnell außer Kontrolle gerät. Selbst wenn sie wollen, können sie nicht mehr einfach abspringen und zu einer nachhaltigeren Form der Landwirtschaft zurückkehren.

Inzwischen besteht die reale Gefahr, dass gentechnisch veränderte Nahrungspflanzen den Weg in unser Nahrungsmittelsystem finden. Monsanto und seine Tochterunternehmen sind verantwortlich für die Entwicklung gentechnisch veränderter Nahrungspflanzen. Das kann man als Geniestreich sehen oder aber als das Werk des Teufels, je nachdem, wo Sie in dieser Frage stehen. Man kann es als natürliche Weiterentwicklung dessen betrachten, was der Mensch tut, seitdem er zum ersten Mal Wildpflanzen zum Essen anbaute, oder aber, was viele denken, als eine Linie, die nie hätte überschritten werden dürfen. Es sind im Labor entworfene Pflanzen mit bestimmten Merkmalen wie Resistenz gegenüber Trockenheit, Schädlingen und Krankheitserregern und der Eigenschaft, wie im Fall der Tomate, reif und doch nicht weich und matschig zu werden. Der Anbau von diesen sogenannten GV-Nahrungspflanzen wird auch weiterhin kontrovers bleiben.

In den USA mussten einige Landwirte, die GV-Pflanzen einsetzen, wieder dahin zurückkehren, die Korbblütlerpflanze Conyza (ein Beispiel für ein gegen Herbizide resistentes ›Superunkraut‹) mit der Hand aus dem Boden zu rupfen. Landwirte, die gentechnisch veränderte Pflanzen anbauen, nutzen nämlich Herbizide, die das Unkraut vernichten und die Pflanzen bewahren. In diesem Fall blieb die GV-Nahrungspflanze zwar resistent gegenüber dem Herbizid, leider haben sich aber die Unkräuter angepasst und sind ebenso resistent geworden. Setzt der Bauer ein Herbizid einer anderen Marke gegen die Unkräuter ein, riskiert er die Vernichtung seiner Nahrungspflanzen. Das alles ist beängstigend und die einzige Lösung, diesen Teufelskreis von immer stärkeren chemischen Keulen aufzubrechen lautet: AUFHÖREN. Dies ist ein klassisches Beispiel dafür, wie der Mensch versucht, die Natur zu überlisten, es dabei aber letztlich alles nur noch schlimmer macht.

FÜR EINE BESSERE ZUKUNFT

Es mag schon sein, dass Australien ein ›lucky country‹ ist, ein glückliches Land, es ist aber auch ein sehr trockenes; der Klimawandel wird die Situation nur verschärfen. Mehr als zehn Jahre Trockenheit haben die landwirtschaftliche Industrie dazu gezwungen, ihre Art der Wasserverwendung zu überdenken. Bewässerungsanlagen haben etwas Zeit gewonnen, indem sie auf Tropfenbewässerung umgestellt wurden, wodurch der Wasserverlust aufgrund von Verdunstung reduziert wird.

Unsere agrarwirtschaftliche Landschaft verändert sich. Bedingt durch ansteigende Temperaturen wird sich in Australien das Klima des tropischen Nordens weiter nach Süden ausbreiten. Niederschläge werden schwieriger vorherzusagen sein, und der Temperaturanstieg wird in Australien zu klarerem Himmel führen, was mehr Ernteausfälle durch Nachtfröste zur Folge haben wird. Der Klimawandel wird verheerende Verschiebungen in Bezug darauf mit sich bringen, wie und wo unsere Lebensmittel erzeugt werden.

Aber das sind ja auch nicht nur schlechte Nachrichten; einige Landwirte werden von der globalen Erwärmung sogar profitieren. Die Ironie dabei ist, dass für einige Pflanzenarten wie Salat, Tomaten und Bohnen eine längere Wachstumsperiode positiv ist, während andere, die für ihr Wachstum kühle Nächte benötigen, dabei offensichtlich schlechter dran sind. Betriebe, die auf mehrjährige Pflanzen wie Äpfel und Birnen sowie allgemein die laubabwerfenden Obst- und Nussbäume setzen, werden hart getroffen werden. Diese Bäume brauchen die Kälte, erst nach dem Vernalisation genannten Durchleben niedriger Temperatur sprießen und blühen diese. Die Landwirte werden sich diesen neuen Bedingungen anpassen müssen, manch einer wird in günstigere Gegenden umsiedeln müssen. Qualität, Größe, Preis und, so wage ich zu behaupten, Geschmack wird durch die Unvorhersehbarkeit des Wetters beeinträchtigt werden, und wir werden dies so hinnehmen müssen. Es ist sehr wahrscheinlich, dass ich zu meinen Lebzeiten zu meinen Enkeln sagen werde: »Als ich jung war, schmeckten Äpfel ganz anders als heute.«

Ich glaube, dass Biolandwirte am Ende die Anerkennung erhalten werden, die sie verdienen, und dass sie die zukünftigen Sieger in der Landwirtschaft sein werden. Sie setzen sich ein für die Biodiversität und unterstützen viele verschiedene und individuelle Organismen darin, zusammen für eine gemeinsame Sache zu arbeiten. Man stelle sich einmal vor, unsere Gesellschaft würde es genauso machen — eine Gesellschaft fördern, die im Einklang mit der Natur lebt, die mit der Natur zusammenarbeitet, anstatt zu versuchen, sie zu beherrschen. Eine Vorstellung, bei der ich glücklich wäre, ein Teil davon zu sein.

Der Klimawandel wird viele Herausforderungen mit sich bringen, und wir werden nachhaltige und kreative Lösungen finden müssen. Vielleicht beginnt der Weg zu einer besseren Zukunft ja mit einer Veränderung unserer Einkaufsgewohnheiten. Regionale Produkte kaufen bei Bauern, denen die Umwelt am Herzen liegt. Obst und Gemüse müssen nicht perfekt aussehen, um gesund zu sein, aber ihr Anbau muss mit Rücksichtnahme auf die Umwelt und die nachfolgenden Generationen erfolgen. Wenn wir ökologisch angebaute Erzeugnisse kaufen, tun wir nicht nur etwas für die Vielfalt, sondern reduzieren gleichzeitig die Produktion und den Einsatz von Chemie und fördern nachhaltige Bewirtschaftungsmethoden.

ISS DEIN GEMÜSE AUF!

KOMMT IHNEN DAS BEKANNT VOR? VIELE VON UNS WERDEN MIT EINER ANGEBORENEN ABNEIGUNG GEGENÜBER ALLEM GRÜNZEUG AUF DEM TELLER GEBOREN, ABER DANK MUTTERS ÜBERZEUGUNGSKRAFT (SIE WEISS ES STETS AM BESTEN!) AKZEPTIEREN WIR AM ENDE, DASS ES DOCH GUT FÜR UNS IST. ICH VERSUCHE DEM GEMÜSE EINEN ANDEREN STEMPEL AUFZUSETZEN UND ES ZUM HELDEN DIESES BUCHS ZU MACHEN. CHEMIEFREIES UND MIT SORGFALT ANGEBAUTES GEMÜSE, DAS ZUR RICHTIGEN ZEIT GEERNTET WIRD, STRAHLT QUALITÄT AUS.

Die Gemüserezepte in diesem Kapitel sind grob nach Jahreszeiten gruppiert, in der ersten Hälfte nach Frühlings- und Sommergemüse und in der zweiten nach Herbst- und Wintergemüse. Einige stellen leckere eigenständige Gerichte dar, meistens sind es aber Beilagen, die mit den nachfolgenden Fleisch-, Fisch- und Meeresfrüchterezepten kombiniert werden können.

Ich möchte Sie dazu anregen, Ihr Gemüse aufzuessen und möglicherweise eine oder sogar zwei vegetarische Mahlzeiten pro Woche einzulegen. Nachhaltig gefangener Fisch, Hühner, Schwein, Lamm und Rind aus artgerechter Öko-Haltung gelten allgemein als teuer, aber ich hoffe, Sie bis zum Ende dieses Buches davon überzeugen zu können, dass ›teuer‹ sich nicht immer genau mit einem Geldbetrag ausdrücken lässt. Irgendwo in der Kette zahlt immer jemand oder etwas die wahren Produktionskosten. Leider sind es häufig die in intensiver Tierhaltung aufgezogenen Tiere oder die Umwelt, die diesen Preis zu zahlen haben. Hier passen die Begriffe Preis und Wert überhaupt nicht zusammen.

Mit ein paar vegetarischen Gerichten in der Woche bekommen Sie dagegen ein wirklich gutes Preis-Leistungs-Verhältnis und Ihre persönliche Ökobilanz profitiert auch noch dabei. Das gesparte Geld (ich spreche hier zu allen Fleischessern) durch das Essen von mehr Gemüse könnte dann für wirklich leckere, nach ethischen und ökologischen Grundsätzen produzierte Fleischerzeugnisse ausgegeben werden. Wenn Sie sich für Fleisch aus artgerechter Haltung oder Öko-Fleisch entscheiden, bestärken und unterstützen Sie damit gleichzeitig die Landwirte, die ihre Tiere wertschätzen und mit Sorgfalt aufziehen.

Nach ethischen Grundsätzen erzeugtes Obst und Gemüse muss man genießen und zelebrieren. Schöne Mahlzeiten in der Gesellschaft guter Freunde sind etwas Besonderes. Kombinieren Sie die Rezepte aus diesem Kapitel mit den Fisch- und Fleischrezepten je nach Jahreszeit und Anlass.

MARINIERTE RADIESCHEN MIT EINEM DRESSING AUS KORINTHEN, MINZE & SCHNITTLAUCH

6 PORTIONEN / BEILAGE

1 Bund Radieschen (6–8 Stück)
1 Selleriestange
200 g Sommerkürbis (z. B. Patisson)
100 g Korinthen
Saft einer Zitrone
1 TL Dijon-Senf
125 ml natives Olivenöl extra
Meersalz
frisch gemahlener schwarzer Pfeffer
½ Bund Schnittlauch
12 Minzeblätter
1 frische rote Peperoni, entkernt und in Julienne geschnitten

Von den Radieschen die Spitzen abschneiden, immer wieder halbieren, bis man schmale, an der dicksten Stelle etwa 5 mm starke Keile erhält. Die Selleriestange schräg in 2 mm dicke Scheiben schneiden. Den Kürbis in 2 mm dicke Scheiben schneiden.

Die Korinthen in einer Schüssel mit heißem Wasser übergießen und 10 Minuten einweichen, dann abgießen. Die Korinthen und das vorbereitete Gemüse in eine Schüssel geben und beiseitestellen. In einer anderen Schüssel den Zitronensaft mit dem Senf vermischen, dann das Olivenöl unterrühren und mit Meersalz und Pfeffer würzen. Schnittlauch und Minze fein schneiden (vom Schnittlauch etwas zum Garnieren beiseitelegen) und in das Dressing rühren. Das Dressing locker unter das Gemüse rühren und vor dem Servieren 30 Minuten marinieren lassen. Mit dem beiseitegelegten Schnittlauch und der Peperoni garnieren.

RADIESCHEN SIND ZWAR DAS GANZE JAHR ÜBER ERHÄLTLICH, IHRE HOCHSAISON ABER GEHT VON FRÜHLING BIS HERBST. RADIESCHEN SIND KNACKIG UND SAFTIG UND EIGNEN SICH ROH PERFEKT FÜR SALATE.

SAUTÉ AUS FRÜHLINGSERBSEN IN ZITRONENBUTTER

6 PORTIONEN / BEILAGE

250 g Zuckererbsen
250 g Knackerbsen
200 g Erbsen enthülst (das entspricht etwa 800g Erbsen mit Hülse)
100 g Butter bester Qualität
1 TL zerdrückter Knoblauch
2 ½ EL Zitronensaft
Meersalz
frisch gemahlener schwarzer Pfeffer
150 g getrockneter Ricotta (siehe Anmerkung)
sehr feine Zesten von ½ Bio-Zitrone
1 EL glatte Petersilie, gehackt
2 TL Oregano, gerebelt
1 frische rote Peperoni, entkernt und gehackt

Von den Zucker- und den Knackerbsen die Spitzen abschneiden und zusammen mit den enthülsten Erbsen beiseitestellen. In einem Kochtopf ausreichend Wasser mit einer großzügigen Prise Salz zum Kochen bringen. In einer Schüssel Eiswasser zum Abschrecken des Gemüses bereithalten. Die drei Erbsensorten in das sprudelnde Wasser geben, 2 Minuten kochen lassen, abgießen und im Eiswasser abschrecken. Das abgekühlte Gemüse durch ein Sieb gießen und abtropfen lassen.

Eine Pfanne auf hoher Stufe erhitzen und die Butter zugeben. Den Knoblauch in die schmelzende Butter geben und, sobald die Butter Bläschen bildet, das Gemüse hinzufügen, gut in der Pfanne schwenken, damit alles gleichmäßig erwärmt und von der Butter umhüllt wird. Den Zitronensaft zugeben, gut vermengen und mit Meersalz und Pfeffer abschmecken. Auf einer Platte anrichten, den Ricotta über dem Gemüse zerbröseln und mit der Zitronenschale, den Kräutern und der Peperonischote garnieren.

PLANEN SIE VORAUS BEIM KOCHEN ODER BLANCHIEREN VON GEMÜSE. VIELLEICHT KANN MAN DAS HEISSE WASSER AUFFANGEN UND WEITERVERWENDEN. OFT KANN MAN ETWAS ANDERES DARIN KOCHEN ODER ES KALT ZUM GIESSEN DES KRÄUTERGARTENS VERWENDEN.

Anmerkung: Getrockneter Ricotta – Ricotta secca – ist eine festere, leicht gesalzene Variante des frischen Ricotta von mildem, süßlichen Geschmack. Man findet ihn in italienischen Feinkostläden oder im Käsefachhandel.

FÜR DIESES REZEPT HABE ICH DIE EIER IM MIKROWELLENGERÄT GEDÄMPFT. DAS MAG EIN WENIG UNGEWÖHNLICH KLINGEN, ABER MIKROWELLENGERÄTE PRODUZIEREN EIN DRITTEL WENIGER TREIBHAUSGASE ALS EIN NORMALER ELEKTROHERD.

GEGRILLTER SPARGEL MIT GEDÄMPFTEN BIO-EIERN

4 PORTIONEN / VORSPEISE ODER FRÜHSTÜCK

3 Bund grüner Spargel (etwa 24 Stangen, ca. 1,5 kg)
gutes Olivenöl
4 Bio-Eier, Gewichtsklasse L
½ Rezept »Arme-Leute-Parmesan« (s. Seite 36)
Meersalz
frisch gemahlener schwarzer Pfeffer

Den Spargel waschen, trocknen und auf ein Schneidebrett legen. Von den Spargelenden den holzigen Teil abschneiden (etwa 2–4 cm). Die Spargelstangen großzügig mit etwa 1 EL Olivenöl gleichmäßig einpinseln und beiseitestellen.

Zum Dämpfen der Eier vier mikrowellenfeste Gefäße (mikrowellengeeignete Kaffeetassen sind dafür ideal) mit etwas Olivenöl einfetten. Jeweils ein Ei in eine Tasse aufschlagen, das Eigelb mit der Spitze eines scharfen Messers anritzen; das ist wichtig, damit es nicht aufplatzt. Die Tassen mit feuchtem Küchenpapier abdecken und gleichzeitig auf den Mikrowellenteller stellen. Die Eier bei niedriger Leistung in der Mikrowelle 5 Minuten garen (ich mache dies bei 30 % zuerst für 2 Minuten, danach kontrolliere ich nach jeweils 1 Minute erneut bis insgesamt 5 Minuten erreicht sind).

Eine Grillpfanne auf mittlerer Stufe vorheizen. Während die Eier kochen, den Spargel in der heißen Pfanne 2 Minuten braten, wenden und nochmals 2 Minuten braten.

Die Spargelstangen auf den Tellern anrichten. Jeweils ein Ei behutsam mitten auf den Spargel geben und großzügig »Arme-Leute-Parmesan« darüberstreuen. Mit Meersalz, Pfeffer und etwas Olivenöl würzen.

GNOCCHI MIT KIRSCHTOMATEN-SAUCE AUS DEM OFEN

6 PORTIONEN / HAUPTGERICHT

GNOCCHI
1 kg mittelgroße, mehligkochende Kartoffeln (z. B. Bintje), ungeschält
100 g Mehl, plus 35 g zusätzlich
1 Ei
40 g Butter
¾ TL Meersalz
frisch gemahlener weißer Pfeffer

KIRSCHTOMATENSAUCE
500 g Kirschtomaten, oben eingeritzt
1 kleine Stange Lauch, nur das Weiße, gut gewaschen und in feine Ringe geschnitten
4 Knoblauchzehen, fein gehackt
1 oder 2 Thai-Chilischoten, in feine Ringe geschnitten
100 ml natives Olivenöl extra
2 ½ EL Rotweinessig
½ Bund Thymian
Meersalz
frisch gemahlener schwarzer Pfeffer

Für die Gnocchi die ganzen Kartoffeln im auf 180°C (Gas Stufe 4) vorgeheizten Backofen 30–40 Minuten weich garen. Stechen Sie mit einem Messer in die Kartoffeln, um zu prüfen, ob sie gar sind: Lassen sie sich leicht einstechen, sind sie fertig. Die Kartoffeln aus dem Ofen nehmen; wenn sie abgekühlt sind, schälen und durch ein Passiersieb oder eine Kartoffelpresse in eine größere Schüssel pressen. Die Kartoffeln nicht zu stark bearbeiten, sonst werden die Gnocchi klebrig. Wenn die Kartoffelmasse abgekühlt ist, das Mehl, das Ei, die Butter, Salz und weißen Pfeffer hinzufügen und die Mischung behutsam kneten, so als würden Sie Brotteig machen. Den Kartoffelteig einige Minuten kneten, dann mit einem feuchten Tuch abdecken und 30 Minuten ruhen lassen (der Teig wird sehr weich sein).

Den Backofen auf 160°C (Gas Stufe 2–3) herunterschalten. Für die Tomatensauce die Kirschtomaten, den Lauch, den Knoblauch, die Chilischoten, das Olivenöl, den Essig und den Thymian (Blätter und Stängel) in eine ofenfeste Pfanne oder Ofenform legen. Mit etwas Meersalz und frisch gemahlenem schwarzem Pfeffer würzen und mit Backpapier und Alufolie locker abdecken. 30 Minuten im Backofen garen, dann die Abdeckung entfernen und weitere 15 Minuten backen lassen, damit die Sauce leicht einkocht und die Tomaten etwas bräunen. Die Form aus dem Ofen nehmen. Die Tomaten sollten in sich zusammengefallen sein; ist dies nicht der Fall, behutsam mit dem Kartoffelstampfer darauf drücken. Abschmecken, alles verrühren.

Das zusätzliche Mehl auf die Arbeitsfläche streuen und den Kartoffelteig in 4 Teile teilen. Aus jeder Portion eine lange, fingerdicke Rolle formen. Die Teigrollen mit einem scharfen Messer in 3 cm lange Stücke schneiden. In einem großen Topf Salzwasser zum Kochen bringen, die Hälfte der Gnocchi hineingeben und kochen, bis sie an der Oberfläche schwimmen. Mit einem Schaumlöffel herausnehmen, gut abtropfen lassen und auf Teller verteilen. Mit den übrigen Gnocchi ebenso verfahren. Mit einem Löffel die Kirschtomatensauce über die Gnocchi verteilen und servieren. Die Gnocchi schmecken auch sehr gut mit den gebratenen Pilzen mit Schalotten (Seite 55) oder jeder anderen Lieblingssauce.

DIESES GERICHT IST INSPIRIERT DURCH PAN BAGNAT, DEN KLASSIKER AUS DER PROVENCE. TRADITIONELL WIRD DAFÜR EIN BROT AUFGESCHNITTEN, AUSGEHÖHLT UND MIT SALADE NICOISE GEFÜLLT. HÄUFIG SIEHT MAN ABER AUCH VARIANTEN MIT GEBACKENEM ODER GEGRILLTEM GEMÜSE. ICH HABE DAVON DAS BROT UND DAS GEMÜSE ÜBERNOMMEN, SCHICHTE ABER ALLES IN EINE FORM.

AUBERGINEN-MOZZARELLA-AUFLAUF

6 PORTIONEN / HAUPTGERICHT

- 185 ml natives Olivenöl extra
- 2 Auberginen, in 1 cm dicke Scheiben geschnitten
- 1 altbackenes Sauerteigbrot oder Ciabatta
- 1 Rezept Tomatensauce (Rezept unten)
- 1 große Handvoll Basilikumblätter, gezupft
- 300 g Büffelmozzarella, in Stücke gezupft
- natives Olivenöl extra, zum Beträufeln
- 50 g frisch geriebener Parmesan
- Meersalz
- frisch gemahlener schwarzer Pfeffer

Den Backofen auf 180°C (Gas Stufe 4) vorheizen. 3 EL vom Olivenöl in einer großen beschichteten Pfanne auf mittlerer Stufe erhitzen. Die Auberginen portionsweise auf jeder Seite 3 Minuten leicht bräunen. Herausnehmen und auf Küchenpapier abtropfen lassen. Die übrigen Auberginenscheiben auf dieselbe Weise verarbeiten.

Das Brot in 5 mm dicke Scheiben schneiden. Eine große, tiefe Auflaufform gut einfetten. Den Boden der Form mit einer Schicht Brot auslegen und diese großzügig mit Tomatensauce und etwas Basilikum bedecken. Eine Schicht Auberginen und Mozzarella über die Sauce legen und mit etwas Olivenöl beträufeln. Mit den übrigen Schichten ebenso verfahren, bis alle Zutaten aufgebraucht sind. Parmesan darüber streuen, mit Meersalz und frisch gemahlenem schwarzem Pfeffer würzen und 30 Minuten goldbraun backen. Mit grünem Salat servieren.

TOMATENSAUCE

- 2 EL natives Olivenöl extra
- 1 Zwiebel, geschält und fein gehackt
- 2 Knoblauchzehen, geschält und zerdrückt
- 800 ml passierte Tomaten (Passata di pomodoro) oder die entsprechende Menge aus passierten frischen Tomaten

Das Olivenöl auf mittlerer Stufe in einer Pfanne erhitzen und die Zwiebel 5 Minuten darin glasig dünsten, Knoblauch zugeben und 2 Minuten mitdünsten. Die Tomaten einrühren, aufkochen lassen, die Hitze reduzieren und 10 Minuten köcheln lassen.

GRÜNE BOHNEN MIT SAUCE AUS ROTER PAPRIKA & TOMATEN

6 PORTIONEN / BEILAGE

300 g reife, geschälte Tomaten (siehe Anmerkung auf Seite 104)
600 g grüne Bohnen
1 kleine rote Paprika
1 kleine Zwiebel
100 ml natives Olivenöl extra
1 TL Knoblauch, zerdrückt
¼ TL geräuchertes Paprikapulver, süß
Meersalz
frisch gemahlener schwarzer Pfeffer

Die geschälten Tomaten würfeln, man benötigt etwa 250 g Fruchtfleisch. Die grünen Bohnen an beiden Enden kürzen, halbieren und in eine Schüssel geben. Die Paprika und die Zwiebel in 5 mm dicke Würfel schneiden und beiseitestellen. Eine Pfanne auf mittlerer Stufe erhitzen und die Hälfte des Olivenöls zugeben. Die Zwiebel, die Paprika und den Knoblauch hinzufügen und behutsam braten, bis die Zwiebel und der Knoblauch braun werden. Die Bohnen dazugeben, unterrühren und weitere 2 Minuten braten. Die Tomatenwürfel mit dem übrigen Olivenöl unterrühren und 2–3 Minuten leise köcheln lassen. Vor dem Servieren mit dem Paprikapulver und Meersalz sowie Pfeffer würzen.

LAUCH GESCHMORT IN WEISSWEIN & THYMIAN

4 PORTIONEN / BEILAGE

12 dünne Lauchstangen
250 ml Weißwein
40 g Butter
¼ Bund Thymian
1 Lorbeerblatt
1 Prise Meersalz
1 Prise frisch gemahlener weißer Pfeffer

Den Backofen auf 160°C (Gas Stufe 2-3) vorheizen. Die Wurzeln und äußeren Blätter der Lauchstangen entfernen, den grünen Teil der Blätter abschneiden. Gründlich waschen. Die Lauchstangen in 4 cm lange Stücke schneiden, mit dem Wein, der Butter, dem Thymian und dem Lorbeerblatt in eine Auflaufform legen. Meersalz und weißen Pfeffer darüberstreuen und mit einem Deckel oder mit Alufolie abdecken. Im Backofen etwa 20 Minuten backen, bis der Lauch gar ist. Alternativ dazu kann das Gericht auch in der gleichen Zeit in einer feuerfesten Form bei niedriger Hitze auf der Herdplatte gegart werden.

GRATIN MIT ZUCCHINI, TOMATEN, OLIVEN UND FETAKÄSE

6 PORTIONEN / BEILAGE

500 g vollreife Roma-Tomaten
1 kg Zucchini
4 EL natives Olivenöl extra
1 große Zwiebel, gehackt
6 Knoblauchzehen, geschält und fein gehackt
100 g Kalamata-Oliven
200 g Fetakäse, zerbröselt
1 Handvoll Basilikumblätter
Meersalz
frisch gemahlener schwarzer Pfeffer
50 g »Arme-Leute-Parmesan« (Rezept unten)

Den Backofen auf 180°C (Gas Stufe 4) vorheizen. Zum Häuten der Tomaten die Schale am Boden kreuzförmig anritzen. Die Tomaten in eine hitzefeste Schüssel legen und mit kochendem Wasser übergießen. Nach 30–60 Sekunden in einer Schüssel mit Eiswasser abschrecken und vom Kreuz ausgehend die Haut abziehen. Die Tomaten längs vierteln, in 1 cm große Würfel schneiden und beiseitestellen. Die Zucchini ebenfalls der Länge nach vierteln und dann in 1 cm dicke Scheiben schneiden.

Das Olivenöl in einer tiefen Pfanne auf mittlerer Stufe erhitzen. Die Zwiebel und den Knoblauch darin 10 Minuten anbraten, bis sie leicht gebräunt sind. Die Tomaten, die Zucchini, die Oliven, den Fetakäse und das Basilikum hinzufügen, mit Meersalz und Pfeffer würzen und alles gut vermengen. Alles in eine große ofenfeste Form umfüllen und 30 Minuten backen, bis die Zucchini gar sind. Vor dem Servieren mit dem »Arme-Leute-Parmesan« bestreuen.

ARME-LEUTE-PARMESAN ERGIBT 150 G

1 große Handvoll Ciabatta vom Vortag, ohne Kruste
4 EL natives Olivenöl extra
1 kleine junge Zwiebel, fein gewürfelt
1 Knoblauchzehe, fein gehackt
fein geschnittene Zeste einer ½ Bio-Zitrone
½ Bund Petersilie, fein gehackt
Meersalz, schwarzer Pfeffer

Das Brot in kleine, etwa 1 cm große Stücke reißen. Eine Pfanne auf mittlerer Stufe erhitzen und das Olivenöl und die Zwiebel zugeben. Die Zwiebel anbraten, bis sie goldbraun ist, dann die Brotwürfel und etwas Olivenöl hinzufügen und das Brot knusprig rösten. Den Knoblauch hinzugeben und 1 Minute mitbraten, dann die Zitronenschale hinzufügen, alles gut miteinander vermengen und weitere 2 Minuten braten. Die Petersilie unterrühren und das Ganze mit Salz und Pfeffer würzen.

ICH KENNE DIE GENAUEN URSPRÜNGE DIESES ARME-LEUTE-PARMESANS NICHT, ABER DIE GESCHICHTE LAUTET ETWA SO: IN ITALIEN WAR PARMESAN FRÜHER SEHR TEUER, UND SO KAMEN DIE BAUERN AUF DIE IDEE, IHRE NUDELN UND GEMÜSEGERICHTE MIT GERÖSTETEN BROTBROCKEN ZU BESTREUEN. DIESE KOMBINATION AUS KNOBLAUCH, ZWIEBEL, KRÄUTERN UND BROT IST SO SCHMACKHAFT UND KNUSPRIG, DASS DAS RESULTAT DARAUS FAST SCHON DEKADENT WIRKT – UND SO GAR NICHT WIE EIN GERICHT FÜR ARME LEUTE.

salmon 13.50
or bacon
Fresh seasonal
Organic muesli
toasted
Turkish fruit
toast - white,
Buttermilk pancakes
Mexican breakfast -
roast capsicum,
Omelette 1.
Free range
Extras 3- mushies
4- smoked
Coffee sm 3- lg 3.50
tea 3- chai 3.50
LSD latte soy dandelion 4-
Hot chocolate sm 3 lg 3.5
Belgian Hot choc sm 4.50
white × milk × dark lg 5.50
Milkshakes 4.50 vanilla
caramel × strawberry-lime
chocolate
Smoothies 5.90 mango
banana × raspberry × blueberry
Icy fruit frappe 5.90
San Pellegrino Mineral
water - sm 3- lg 6
Iced coffee or choc 4.50
Soy 50c extra

TAGLIARINI MIT GEBRATENEM BROKKOLI, SARDELLEN & CHILI

6 PORTIONEN / HAUPTGERICHT

600 g frische Eier-Tagliarini
500 g Brokkoli
200 ml natives Olivenöl extra
1 kleine Zwiebel, fein gewürfelt
1 EL Knoblauch, zerdrückt
2 Thai-Chilischoten, in feine Ringe geschnitten
6 Sardellenfilets
fein geriebene Schale und Saft von 1 Bio-Zitrone
Meersalz
frisch gemahlener schwarzer Pfeffer
1 Rezept »Arme-Leute-Parmesan« (Seite 36) oder 100 g echten Parmigiano Reggiano

3 Liter Wasser in einen großen Topf geben und eine kleine Handvoll Salz zugeben. Den Topf abdecken und auf hoher Stufe kräftig aufkochen lassen. Den Deckel abnehmen und die Nudeln im sprudelnden Wasser 1–2 Minuten kochen lassen. Die Nudeln in einem Sieb über einer großen Schüssel abgießen, um das Wasser aufzufangen. Rasch unter fließendem kalten Wasser die Nudeln abschrecken, bis sie kalt sind. Die Nudeln im Sieb abtropfen lassen und beiseitestellen.

Vom Brokkolistrunk unten 5 mm abschneiden, dann den Strunk direkt unterhalb der Röschen abschneiden. Nun hat man einerseits den Strunk, andererseits die Brokkoliröschen. Den Brokkolistrunk so zurechtschneiden, dass man vier flache Kanten erhält, damit er leichter und gefahrloser in Scheiben geschnitten werden kann. Den Strunk nun längs in 3 mm breite Streifen schneiden, dann nochmals längs in Stäbchen schneiden. Nun quer in 3 mm große Würfel schneiden. Die Röschen voneinander trennen und so dünn wie möglich schneiden, sodass sie fast auseinanderfallen.

Das aufgefangene Nudelwasser wieder in den großen Topf schütten und zum Kochen bringen. In der Zwischenzeit eine Pfanne auf mittlerer Stufe erhitzen und das Olivenöl zugeben. Wenn das Öl heiß ist, die Zwiebel, den Knoblauch und den gewürfelten Brokkolistrunk hineingeben und garen, bis der Brokkoli weich und die Zwiebel goldbraun ist. Die Brokkoliröschen im kochenden Wasser 2 Minuten blanchieren, abgießen und rasch in die Pfanne geben, gut umrühren und weitere 5 Minuten garen.

Den Chili, die Sardellenfilets und die Zitronenschale und den -saft zugeben und alle Zutaten gut miteinander vermengen. Den Herd höher stellen und die Nudeln in die Pfanne geben. Alles gut verrühren, damit die Nudeln von der Sauce bedeckt sind und gut warm werden. Die Sauce probieren und mit Meersalz und frisch gemahlenem schwarzem Pfeffer abschmecken. Die Nudeln auf Suppentellern portionieren und mit »Arme-Leute-Parmesan« oder echtem Parmesan überstreuen.

BROKKOLI WÄCHST OHNE GROSSE CHEMISCHE EINGRIFFE, ES IST ALSO, ABGESEHEN VON EINER GRUNDSATZFRAGE, NICHT UNBEDINGT GERECHTFERTIGT, DEM BIO-BROKKOLI DEN VORZUG ZU GEBEN. ICH WÜRDE IHNEN RATEN, SELBST BEI IHREM HÄNDLER HERAUSZUFINDEN, AN WELCHEN TAGEN ER ZUM MARKT GEHT, UND IHR OBST UND GEMÜSE DANN AN DIESEN TAGEN ZU KAUFEN.

KONVENTIONELL ANGEBAUTE BLATTGEMÜSE SOLLTEN SEHR GRÜNDLICH GEWASCHEN WERDEN. SALATBLÄTTER SIND FÜR INSEKTEN UNWIDERSTEHLICH, WESHALB DIE ERZEUGER EIN GANZES ARSENAL AN CHEMISCHEN ABWEHRMITTELN GEGEN SIE INS FELD FÜHREN.

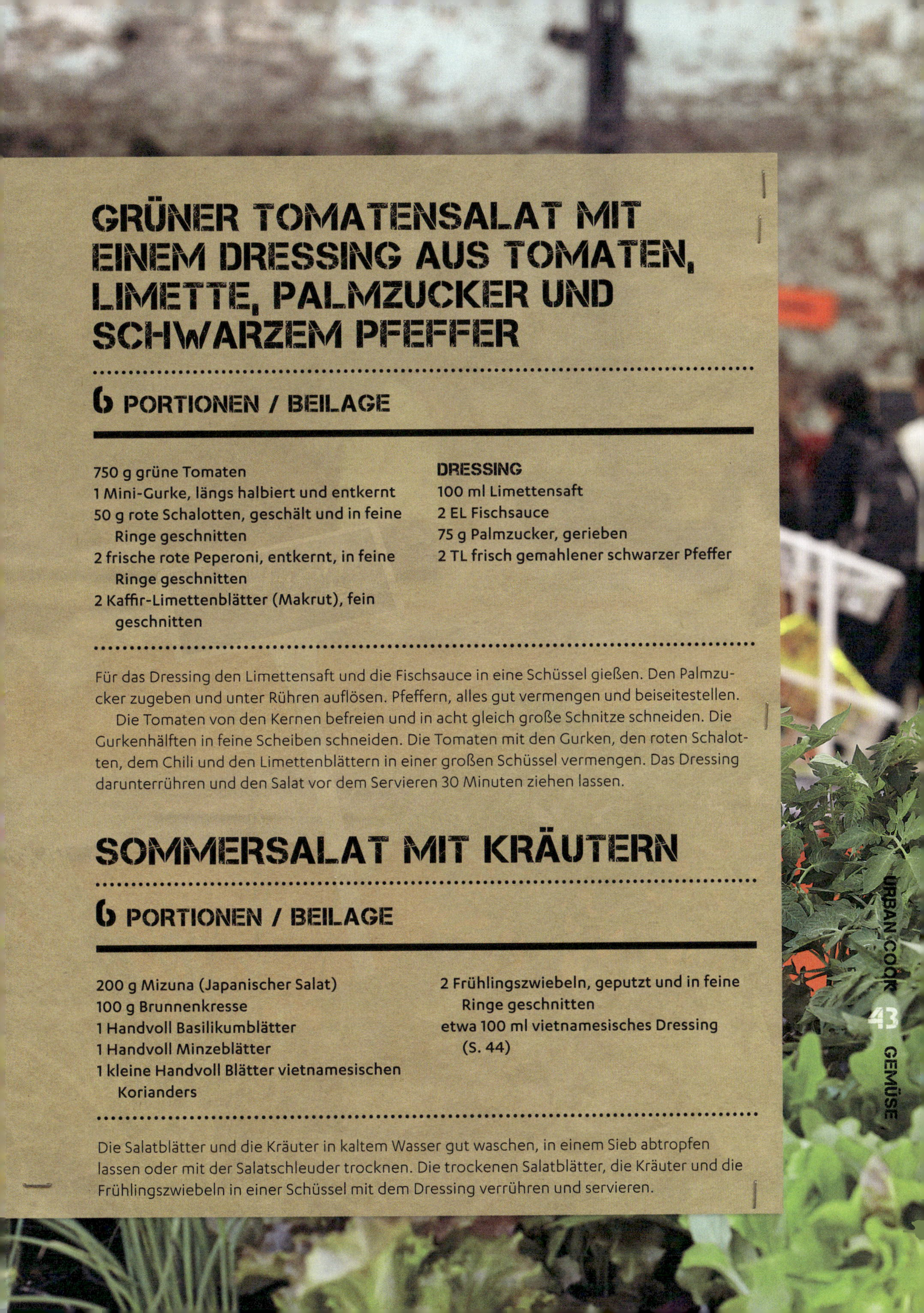

GRÜNER TOMATENSALAT MIT EINEM DRESSING AUS TOMATEN, LIMETTE, PALMZUCKER UND SCHWARZEM PFEFFER

6 PORTIONEN / BEILAGE

750 g grüne Tomaten
1 Mini-Gurke, längs halbiert und entkernt
50 g rote Schalotten, geschält und in feine Ringe geschnitten
2 frische rote Peperoni, entkernt, in feine Ringe geschnitten
2 Kaffir-Limettenblätter (Makrut), fein geschnitten

DRESSING
100 ml Limettensaft
2 EL Fischsauce
75 g Palmzucker, gerieben
2 TL frisch gemahlener schwarzer Pfeffer

Für das Dressing den Limettensaft und die Fischsauce in eine Schüssel gießen. Den Palmzucker zugeben und unter Rühren auflösen. Pfeffern, alles gut vermengen und beiseitestellen.

Die Tomaten von den Kernen befreien und in acht gleich große Schnitze schneiden. Die Gurkenhälften in feine Scheiben schneiden. Die Tomaten mit den Gurken, den roten Schalotten, dem Chili und den Limettenblättern in einer großen Schüssel vermengen. Das Dressing darunterrühren und den Salat vor dem Servieren 30 Minuten ziehen lassen.

SOMMERSALAT MIT KRÄUTERN

6 PORTIONEN / BEILAGE

200 g Mizuna (Japanischer Salat)
100 g Brunnenkresse
1 Handvoll Basilikumblätter
1 Handvoll Minzeblätter
1 kleine Handvoll Blätter vietnamesischen Korianders
2 Frühlingszwiebeln, geputzt und in feine Ringe geschnitten
etwa 100 ml vietnamesisches Dressing (S. 44)

Die Salatblätter und die Kräuter in kaltem Wasser gut waschen, in einem Sieb abtropfen lassen oder mit der Salatschleuder trocknen. Die trockenen Salatblätter, die Kräuter und die Frühlingszwiebeln in einer Schüssel mit dem Dressing verrühren und servieren.

GEGRILLTE AUBERGINE MIT DAIKON

6 PORTIONEN / BEILAGE

½ Daikon (japanischer Rettich)
2 TL Meersalz
1 EL Zucker
100 ml Erdnussöl, plus etwas zum Einpinseln
1 kleine Zwiebel, in feine Ringe geschnitten
6 kleine schmale Auberginen
60 g Erdnüsse, geröstet und zerkleinert
2 Frühlingszwiebeln, geputzt und schräg in feine Ringe geschnitten
1 große Handvoll Korianderblätter
2 Thai-Chilischoten, in feine Ringe geschnitten
Vietnamesisches Dressing (Rezept unten)

Den Daikon schälen und auf der groben Seite einer Gemüsereibe reiben. Dies sollte etwa 140 g geriebenen Rettich ergeben. Mit dem Salz und dem Zucker in eine Schüssel geben und gut vermengen. 30 Minuten beiseitestellen, dann den Rettich gut ausdrücken und den Saft wegschütten, das Rettichfleisch aufbewahren.

Das Erdnussöl in einem Kochtopf mit schwerem Boden auf 180°C erhitzen oder so lange, bis ein in das Fett gelegter Brotwürfel innerhalb von 15 Sekunden goldbraun wird. Die Zwiebel in zwei Portionen knusprig goldbraun anbraten, dabei gelegentlich umrühren, damit die Zwiebelringe nicht zusammenkleben. Aus dem Öl nehmen und auf Küchenpapier abtropfen lassen.

Eine Grillpfanne auf mittlerer Stufe erhitzen. Die Auberginen längs halbieren und großzügig mit dem übrigen Erdnussöl einpinseln. Auf jeder Seite etwa 3 Minuten grillen, bis das Fleisch weich ist (dabei darauf achten, dass die Haut nicht anbrennt). Die Auberginenhälften auf einer Platte anrichten und den Daikon, die gebratenen Zwiebeln, die Erdnüsse, die Frühlingszwiebeln, den Koriander und die fein geschnittene Peperonischote darübergeben. Mit dem vietnamesischen Dressing anrichten. Heiß oder kalt servieren.

VIETNAMESISCHES DRESSING ERGIBT 240 ML

1 Stück Zitronengras, 6 cm, nur das Weiße davon, fein geschnitten
125 ml Ananassaft
2 EL helle Sojasauce
1 EL Reisessig
1 EL feiner Zucker
1 EL Chiliöl
2 TL eingelegte rote Peperoni, gehackt

Für das Dressing das Zitronengras in einem Mörser zu einer glatten Paste zerreiben. Zusammen mit dem Ananassaft, der Sojasauce, dem Essig und dem Zucker in einen kleinen Kochtopf geben. Aufkochen lassen und den Topf vom Herd nehmen. Das Chiliöl und die gehackten Peperoni unterrühren und alles abkühlen lassen. Das Dressing hält sich im Kühlschrank bis zu 4 Tage.

DIE VERWENDUNG REGIONALER ERZEUGNISSE VERRINGERT DIE FOOD MILES, ALSO DEN AUSSTOSS VON TREIBHAUSGASEN, DIE BEIM TRANSPORT VOM ERZEUGERHOF BIS ZU IHNEN NACH HAUSE ANFALLEN. SIE KÖNNTEN VERSUCHEN, STYROPORKÄSTEN WIEDERZUVERWERTEN UND DARIN KRÄUTER UND GEMÜSE SELBST ZU ZIEHEN – DAS MACHT SPASS.

PAPRIKA SÜSSSAUER MIT ANANAS UND BASILIKUM

6 PORTIONEN / BEILAGE

je 1 große grüne und rote Paprika
1 Zwiebel, geschält
200 g Ananas, geschält
2 große Tomaten
1 Selleriestange
2 EL Pflanzenöl
1 Knoblauchzehe, zerdrückt
100 g Honig + 2 EL Zucker
100 ml Reisessig
1 große Handvoll Basilikumblätter
Meersalz
frisch gemahlener schwarzer Pfeffer

Die Paprika, die Zwiebeln, die Ananas und die Tomaten in 1 cm große Würfel schneiden. Die Selleriestange schräg in feine Scheiben schneiden. Eine Pfanne auf mittlerer Stufe erhitzen und das Öl zugeben. Wenn das Öl heiß ist, die Zwiebel hineingeben und 2 Minuten braten. Den Knoblauch und die Paprika hinzufügen und braten, bis das Gemüse beginnt, weich zu werden. Dann die Ananas, die Tomaten und den Sellerie hinzuzufügen und anschließend den Honig, den Zucker und den Essig. 5 Minuten kochen lassen, dabei gelegentlich umrühren. Das Basilikum einrühren und dann mit Meersalz und Pfeffer abschmecken.

GURKEN-SELLERIE-SALAT MIT JOGHURT-DRESSING

6 PORTIONEN / BEILAGE

3 Mini-Gurken, insgesamt etwa 400 g
2 Selleriestangen
1 große Handvoll Kirschtomaten
1 rote Peperoni, in feine Ringe geschnitten
2 EL Zitronensaft
1 Handvoll Korianderblätter, grob gehackt
1 TL Kreuzkümmel, gemahlen
2 TL Zucker
¼ TL süßes Paprikapulver
250 g griechischer Joghurt, natur
Meersalz
frisch gemahlener schwarzer Pfeffer

Die Gurken längs vierteln, dann in 1 cm breite Stücke schneiden und beiseitestellen. Den Sellerie in feine Scheiben schneiden und die Kirschtomaten halbieren. Alle Zutaten bis auf den Joghurt in eine Schüssel geben und gut vermischen. Den Joghurt erst kurz vor dem Servieren zugeben und alles mit Meersalz und Pfeffer abschmecken. Passt gut zu Schweinefleisch, Geflügel oder gegrilltem Fisch.

BACKTO
EDEN

WAS ICH TUE, UM DIE WELT EIN STÜCK BESSER ZU MACHEN

DER KLIMAWECHSEL UND SEINE AUSWIRKUNGEN AUF DEN PLANETEN SIND ALLGEGENWÄRTIG, ES HANDELT SICH DABEI UM DAS WICHTIGSTE THEMA UNSERER ZEIT. ICH GLAUBE, ALLE UNSERE ENTSCHEIDUNGEN, DIE WIR TAGTÄGLICH TREFFEN, TRAGEN ENTWEDER ZUR KLIMAERWÄRMUNG BEI ODER HELFEN DABEI, ETWAS DAGEGEN ZU TUN. DER PESSIMISMUS DER KLIMASKEPTIKER SOLLTE UNS NICHT DAVON ABHALTEN, ETWAS TUN ZU WOLLEN, DENN SELBST DER KLEINSTE SCHRITT KÖNNTE DER ANFANG EINER VERÄNDERUNG SEIN. SEIT ICH VATER BIN, IST MIR DIE BEDEUTUNG DIESER EINSTELLUNG WIRKLICH DEUTLICH GEWORDEN.

Wir müssen nicht allesamt verbissene Öko-Aktivisten werden, was aber jeder tun kann, ist sich zu bemühen, etwas über die Herstellung unserer Nahrungsmittel zu lernen und vernünftig einzukaufen. Ich meine, wir sollten darauf achten, nicht zu viel auf einmal einzukaufen, dafür lieber häufiger — und somit dafür zu sorgen, dass weniger Nahrungsmittel weggeworfen werden. Alljährlich vernichten wir Millionen Tonnen von Obst und Gemüse, die nicht verzehrt werden. Das stellt nicht nur eine Zeit- und Energieverschwendung für den Landwirt dar; es bedeutet auch, im wahrsten Sinne des Wortes, Geld und wertvolle Ressourcen wegzuwerfen. Halten Sie einen Moment inne und denken Sie einmal über die Umweltkosten unserer Verschwendung nach.

Obst und Gemüse, das wirklich nicht mehr gegessen werden kann, sollte vernünftig entsorgt werden. Organischer Abfall, der in den normalen Hausmüll geworfen wird, landet auf der Deponie. Hier wird er verrotten und sich mit der Zeit in einen toxischen Brei verwandeln, der schädliches Methangas in die Atmosphäre abgibt. Wenn derselbe Verrottungsprozess in einem luftigen Kompostbehälter vonstatten geht, verwandeln Sauerstoff, Würmer und Mikroorganismen den Abfall in einen kostbaren organischen Dünger. Ich habe draußen beim Restaurant eine 400 kg fassende Komposttonne. Wir kompostieren alle Gemüsereste aus der Küche, den dort entstandenen organischen Dünger verwende ich dann in unserem sehr bescheidenen Garten. Zu Hause selbst Kompost herzustellen, ist nicht schwer.

Ich gehe zweimal pro Woche auf den Bio-Obst- und Gemüsemarkt, um für das Red Lantern frisches Gemüse zu kaufen. Daneben kaufe ich auch konventionell angebautes Gemüse, das zweimal pro Woche geliefert wird; in der Regel sind das mehr die außergewöhnlichen asiatischen Kräuter und Gemüsesorten, die von vietnamesischen Bauern außerhalb von Sydney angebaut werden. Alles in allem bekommt das Restaurant also viermal pro Woche frisches Obst und Gemüse. Auf diese Weise muss viel weniger gekühlt werden, und die Frische ist gewährleistet. Außerdem muss auf diese Weise kaum etwas weggeworfen werden. Im Restaurantgewerbe machen Sie kein Geld mit Lebensmitteln, die Sie in die Tonne werfen, denselben Ansatz wende ich auch bei den Portionen auf dem Teller an.

Soweit mir bekannt ist, verlässt niemand das Red Lantern hungrig, aber ich achte immer darauf, potenzielle Verschwendung zu reduzieren. Ich bemühe mich stets um ein ausgewogenes Verhältnis zwischen den Portionen auf dem Teller und den Erwartungen der Kunden. Ich bin überzeugt, dass sich nicht nur das, was wir essen, sondern auch, wie viel wir essen, auf unsere Gesundheit und die Umwelt auswirkt.

GRÜNER PAPAYA-SALAT MIT SCHLANGENBOHNEN & TOMATE

6 PORTIONEN / BEILAGE

1 kleine grüne Papaya, geschält und geraspelt (man benötigt etwa 300 g zerkleinerte Papaya)
150 g Schlangenbohnen
250 g Kirschtomaten
2 große Handvoll asiatische Kräuter, gemischt
125 ml Limette-Chili-Dressing (Rezept siehe unten)
40 g gebratene, rote Schalotten
40 g Erdnüsse, geröstet

Die vorbereitete Papaya in eine große Rührschüssel geben. Die Schlangenbohnen in 4 cm lange Stücke schneiden und in kochendem Salzwasser 2 Minuten lang blanchieren. In Eiswasser abschrecken und abtrocknen lassen. Die Kirschtomaten halbieren und die Kräuter fein schneiden, einige Kräuter ungeschnitten aufbewahren zum Garnieren.

Die Schlangenbohnen, Tomaten und Kräuter in die Schüssel zu den Papaya geben. Das Dressing darübergießen und kräftig vermischen, dabei sollten die Zutaten ruhig etwas gepresst werden. Den Salat in eine Servierschüssel geben und mit den gebratenen Schalotten, den Erdnüssen und den übrigen Kräutern garnieren.

Anmerkung: Man kann im Asiashop ein spezielles Werkzeug kaufen, mit dem man die Papaya wunderbar (und gefahrlos) raspeln kann, oder man schneidet sie einfach zuerst in feine Scheiben und dann in lange, dünne Streifen.

LIMETTEN-CHILI-DRESSING ERGIBT 250 ML

1 Knoblauchzehe, geschält
1 Thai-Chilischote
50 g Palmzucker, gerieben
2 ½ EL helle Sojasauce
100 ml Limettensaft
2 TL Chiliöl
25 ml Pflanzenöl
1 EL Koriander, gehackt

Den Knoblauch und die Chilischote in einem Mörser zu einer feinen Paste verarbeiten. Den Palmzucker hinzufügen und die Zutaten weiter vermengen. Die Sojasauce dazugeben und gut verrühren, bis sich der Zucker aufgelöst hat. Dann die übrigen Zutaten hinzufügen und alles unter Rühren gut vermengen. Dieses Dressing schmeckt am besten frisch, hält sich aber auch bis zu 2 Tage im Kühlschrank.

ASIATISCHES BLATTGEMÜSE GEDÜNSTET MIT TAMARI-SOJASAUCE

6 PORTIONEN / BEILAGE

600 g gemischtes asiatisches Blattgemüse, beispielsweise Pok Choy, chinesischer Brokkoli (Kai-lan) und Choy Sum
2 ½ EL Tamari-Sojasauce
100 ml Gemüsebrühe oder Wasser
1 TL Kartoffelstärke
40 g rote Schalotten, gebraten
40 g Erdnüsse, gehackt
1 Handvoll Korianderblätter
2 Thai-Chilischoten, in feine Ringe geschnitten
1 TL Bio-Sesamöl, geröstet

Das Blattgemüse putzen und in 5 cm lange Stücke schneiden. In einer großen Schüssel waschen, dann abtropfen lassen und beiseitestellen. Das Gemüse in einem Bambusdämpfer auf einen großen Topf mit kochendem Wasser setzen und bissfest garen.

In der Zwischenzeit die Tamari-Sojasauce und die Brühe in einem Topf zum Kochen bringen. Die Kartoffelstärke mit 1 EL Wasser anrühren und zur Tamari-Sojasauce geben. Unter Rühren leicht andicken und vom Herd nehmen. Das Gemüse auf einer Platte anrichten und mit einem Löffel die Sauce darüber verteilen. Mit den Schalotten, den Erdnüssen, dem Koriander und dem Chili garnieren und das Sesamöl darüberträufeln.

GEBACKENE ZWIEBELN

4 PORTIONEN / BEILAGE

8 kleine Zwiebeln, ungeschält
40 g Butter
12 Knoblauchzehen, ungeschält
200 ml Weißwein
1 Lorbeerblatt
gehackte Petersilie zum Anrichten
Meersalz
frisch gemahlener schwarzer Pfeffer

Den Backofen auf 160°C (Gas Stufe 2–3) vorheizen. Die Zwiebel mit der Wurzel nach unten auf ein Schneidebrett legen. Nun senkrecht halbieren und den größten Teil der Haut an der Zwiebel lassen. Mit den übrigen Zwiebeln ebenso verfahren.

Eine ofenfeste Pfanne auf dem Herd auf mittlerer Stufe erhitzen. Die Butter in der Pfanne schmelzen und die Zwiebel mit der Schnittfläche nach unten hineinlegen. Etwa 5 Minuten braten, bis die Zwiebeln anfangen zu bräunen. Die Knoblauchzehen, den Wein und das Lorbeerblatt hinzufügen, locker mit Alufolie abdecken und 20 Minuten im Backofen garen, bis die Zwiebeln weich sind. Vor dem Servieren die Zwiebeln von der Haut befreien, mit Meersalz und Pfeffer würzen und die Petersilie darüberstreuen.

DIE MEISTEN GEZÜCHTETEN UND ASIATISCHEN PILZE FINDET MAN DAS GANZE JAHR ÜBER, WILDE PILZE ALLERDINGS HABEN IN DER REGEL NUR IM HERBST SAISON. DIESES GERICHT SCHMECKT GUT IN JEDER KOMBINATION MIT UNTERSCHIEDLICHEN PILZEN – VERSUCHEN SIE ES AUCH MIT BUTTERRÖHRLINGEN, PFIFFERLINGEN UND MATSUTAKE.

GEBRATENE PILZE MIT SCHALOTTEN & OREGANO

4 PORTIONEN / BEILAGE

4 EL natives Olivenöl extra
600 g gemischte Pilze (z. B. Shiitake, Shimeji, Austernpilze)
100 g Schalotten, in feine Ringe geschnitten
2 Knoblauchzehen, geschält und fein gehackt
2 EL Oregano, gerebelt
1 EL fein geriebene Schale einer Bio-Zitrone
Meersalz, schwarzer Pfeffer

Die Pilze putzen. Eine Pfanne auf mittlerer bis hoher Stufe erhitzen, zuerst das Olivenöl, dann die Pilze hinzuzufügen und die Pfanne gut schwenken, um die Pilze zu verteilen. Auf mittlere Hitze herunterschalten und die Schalotten mit dem Knoblauch hinzuzufügen. 5 Minuten kochen, dabei hin und wieder die Pfanne schwenken, um die Zutaten gleichmäßig zu garen. Oregano und Zitronenschale hinzufügen und weitere 2 Minuten garen. Mit Meersalz und frisch gemahlenem schwarzem Pfeffer würzen und servieren.

BORLOTTI-BOHNEN MIT DUFTKRÄUTERN & OLIVENÖL

6 PORTIONEN / BEILAGE

4 Knoblauchzehen, geschält und gehackt
100 ml natives Olivenöl extra
1 Selleriestange, 1 Karotte, 1 Zwiebel, jeweils in 5 mm große Würfel geschnitten
600 g frische Borlotti-Bohnen ohne Hülse
1 l Gemüsebrühe
10 g gemischte Duftkräuter, grob gehackt, etwa Rosmarin, Thymian und Oregano
Meersalz, schwarzer Pfeffer

Den Knoblauch bei mittlerer Hitze mit 4 EL Olivenöl in einen Topf geben. 2 Minuten braten, dann den Sellerie, die Karotten- und die Zwiebelwürfel hinzufügen. 5 Minuten kochen lassen, dann die Borlotti-Bohnen dazugeben und alles vermengen. Die Brühe zugießen und aufkochen lassen, die Hitze reduzieren, mit Backpapier abdecken und 30 Minuten lang unter gelegentlichem Rühren leise köcheln lassen. Die Bohnen sind gar, wenn sie zwar zart, aber noch bissfest sind. Die Kräuter unterrühren und weitere 2 Minuten garen lassen. Mit Meersalz und frisch gemahlenem schwarzem Pfeffer würzen und dann das übrige Olivenöl unterrühren. Die Bohnen können heiß oder auch kalt gegessen werden.

KOMBINIERT MAN ZUTATEN, DIE ZUR SELBEN ZEIT SAISON HABEN, GELINGEN EINFACHE UND LECKERE GERICHTE. DAS BELEGT DIESER TRADITIONELLE SALAT AUS KAROTTEN UND ORANGEN NACH NAHÖSTLICHEM REZEPT, BEIDES HAT VOR ALLEM IM HERBST SAISON. DIE ZUGABE VON SHERRY-ESSIG IST ALLERDINGS NICHT ALTHERGEBRACHT, ICH MAG IHN ABER GERNE DARIN, DA ER DEM SALAT EINE LEICHTE SÄURE VERLEIHT.

ROHKOSTSALAT AUS KAROTTEN, ORANGEN & SCHWARZEN JOHANNISBEEREN

6 PORTIONEN / BEILAGE

- 100 g getrocknete schwarze Johannisbeeren
- 2 Navelorangen
- 600 g geraspelte Karotte (4 Karotten)
- 1 Handvoll Minzeblätter, grob gehackt
- 1 frische rote Peperoni, in feine Ringe geschnitten (nach Belieben entkernt)
- 3 EL Sherry-Essig
- 125 ml natives Olivenöl extra
- Meersalz
- frisch gemahlender schwarzer Pfeffer

Die Johannisbeeren in kochendem Wasser 5 Minuten einweichen. Abgießen und abkühlen lassen.

Von den Orangen die Enden gerade abschneiden, die übrige Schale mit dem Messer von oben nach unten, der Kontur der Orange folgend, abschneiden. Die weiße Haut soll dabei vollständig entfernt werden. Zum Filetieren der Orange die Stücke zwischen der Trennhaut herausschneiden, den Saft auffangen. Die Filets zusammen mit dem Saft in einer Schüssel zur Seite stellen. Mit der zweiten Orange ebenso verfahren.

Die geriebene Karotte, die Minzeblätter, die Peperoni, die Johannisbeeren, die Orangenfilets und den Orangensaft in einer Schüssel vermengen. Den Essig und das Olivenöl zugießen und gut verrühren. Mit Meersalz und frisch gemahlenem schwarzem Pfeffer abschmecken und servieren.

MEINE PILZ-SUPPE SPEZIAL

4 PORTIONEN / VORSPEISE

40 g weiche Butter
1 EL natives Olivenöl extra
4 Frühlingszwiebeln
200 g Matsutake, in feine Scheiben geschnitten
2 Knoblauchzehen, geschält und fein gehackt
200 g Portobello-Pilze, geputzt
200 g Enokitake, geputzt (siehe Anmerkung)
1 l Gemüsebrühe
Meersalz
frisch gemahlener schwarzer Pfeffer
1 frische rote Peperoni, in feine Ringe geschnitten
50 g frisch geriebener Parmesan

Butter und Olivenöl in einer kleinen Schüssel verrühren. Die Frühlingszwiebeln putzen und jeweils den unteren weißen Teil abschneiden. Diesen in einem Mörser zu einer Paste verreiben. Den grünen Teil der Frühlingszwiebeln fein schneiden und beiseitestellen.

Eine Pfanne auf mittlerer bis hoher Stufe erhitzen und ein Drittel des Butter-Öl-Gemischs zugeben. Sobald es anfängt zu brutzeln, die Matsutake und ein Drittel des Knoblauchs zugeben. Die Pilze in der Pfanne schwenken, bis sie ringsum leicht gebräunt sind, und in einen großen Topf umfüllen. Genauso verfährt man mit den Portobello-Pilzen und den Enokitake, dazu das übrige Butter-Öl-Gemisch und den restlichen Knoblauch verwenden. Die gebratenen Pilze in den Topf geben.

Dann die Paste aus Frühlingszwiebeln und die Brühe hinzugeben. Auf den Herd stellen und aufkochen lassen. Mit Meersalz und frisch gemahlenem schwarzem Pfeffer abschmecken und die Suppe auf vier Tellern verteilen. Mit den fein geschnittenen Frühlingszwiebeln, dem Chili und dem Parmesan anrichten.

Anmerkung: In vielen Rezepten und auf manchen Märkten findet man die sogenannten Portobello-Pilze. Der Name bezeichnet schlichtweg große, braune Zuchtchampignons.

GEDÜNSTETE KOPFSALATBLÄTTER GEFÜLLT MIT GEBRATENEN PILZEN, KARTOFFELN & SPINAT

4–6 PORTIONEN / VORSPEISE

250 g Kartoffeln, ganz, mit Schale
(1 oder 2 je nach Größe)
2 Stück Kopfsalat
250 g Spinat, geputzt
250 g gemischte Pilze, geputzt
4 EL natives Olivenöl extra
1 Zwiebel, in Würfel geschnitten
2 Knoblauchzehen, fein gehackt
1 TL Thymian, gehackt
¼ TL Muskatnuss, gemahlen
Meersalz
frisch gemahlener schwarzer Pfeffer
100 g Ricotta-Käse

Die Kartoffel in einem kleinen Topf mit Salzwasser zum Kochen bringen. Den Herd herunterstellen und die Kartoffel leise köchelnd garen. Abgießen und leicht abkühlen lassen, dann pellen und in 1 cm große Würfel schneiden und beiseitestellen.

Die Salatblätter ablösen, gut waschen und in einem Sieb oder mit der Salatschleuder trocknen. Die Salatblätter nach größeren und kleineren sortieren (man benötigt etwa 35 große Blätter, die zum Einwickeln der Füllung verwendet werden). Den Spinat waschen, abtropfen lassen und mit den kleineren Salatblättern grob hacken.

Die Pilze mit einem feuchten Tuch abreiben und in Scheiben schneiden. Eine Pfanne auf mittlerer Stufe erhitzen und das Olivenöl sowie die Zwiebel zugeben. Die Hitzezufuhr erhöhen, die Pilze, den Knoblauch und den Thymian hinzugeben und die Pilze so lange garen, bis alle Flüssigkeit verdunstet ist. Die gehackten Spinat- und Salatblätter erhitzen, bis sie zusammenfallen, und dann die Kartoffel hinzugeben. Weiterkochen, bis die Kartoffel fast die gesamte Flüssigkeit von Spinat und Salat aufgenommen hat, dann den Topf vom Herd nehmen. Mit der Muskatnuss, dem Meersalz und dem frisch gemahlenen schwarzen Pfeffer abschmecken. Den Ricotta-Käse untermengen und die Mischung abkühlen lassen.

Die großen Salatblätter auf einem Schneidebrett auslegen und etwa 1 EL der abgekühlten Füllung auf jedes Blatt geben. Die Seiten der Blätter nach innen falten und das Blatt zu einem Päckchen aufrollen. So fortfahren, bis die gesamte Füllung verarbeitet ist.

Einen Bambusdämpfer auf einen großen Topf mit kochendem Wasser setzen. Portionsweise die Päckchen darin jeweils 3 Minuten dämpfen, aus dem Bambusdämpfer nehmen und servieren.

ASIEN-PILZE & PFANNENGERÜHRTE LOTUSWURZELN MIT INGWER

4 PORTIONEN / BEILAGE

100 g frische Lotuswurzel
1 EL Erdnussöl
2 TL Ingwer, fein gerieben
1 TL Knoblauch, fein gehackt
300 g gemischte Pilze (z. B. Enokitake, Austernpilze, Shiitake)
1 ½ EL Austernsauce
1 TL Zucker
1 Prise Meersalz
2 Frühlingszwiebeln, schräg in feine Ringe geschnitten
1 frische rote Peperoni, schräg in feine Ringe geschnitten

Die Lotuswurzel schälen und in 3 mm dicke Scheiben schneiden. 5–8 Minuten in Salzwasser weich kochen und in Eiswasser abschrecken. Abgießen und abkühlen lassen.

Einen Wok stark erhitzen, das Erdnussöl, den Ingwer, den Knoblauch und die geputzten Pilze hinzugeben und alles gut miteinander vermengen. Die Lotuswurzel, die Austernsauce, den Zucker und das Meersalz hinzufügen. 2–3 Minuten weiterrühren, bis die Lotuswurzel heiß ist. Die Frühlingszwiebeln und die Peperoniringe hinzugeben, gut verrühren und servieren.

GEDÄMPFTER CHINESISCHER BROKKOLI MIT AUSTERN-PFLAUMEN-SAUCE

4 PORTIONEN / BEILAGE

125 ml Austernsauce
3 EL Pflaumensauce
2 TL Zucker
1 Prise Meersalz
3 EL heißes Wasser
2 Bund chinesischer Brokkoli (Kai-lan)

Für die Sauce die Austernsauce, die Pflaumensauce, den Zucker, das Salz und das heiße Wasser in einer Schüssel vermischen.

Vom unteren Teil des Brokkolis 1 cm abschneiden und den Rest in 5 cm lange Stücke schneiden. In einem Dämpfeinsatz über kochendes Wasser setzen und 3 Minuten dämpfen. Das überschüssige Wasser von den Brokkoli abtropfen lassen und auf einer Platte anrichten. Großzügig mit Austern-Pflaumen-Sauce vermischen.

RAGOUT AUS KARAMELLISIERTEM FENCHEL, VALENCIA-ORANGEN, TOMATEN & OLIVEN

6 PORTIONEN / BEILAGE

2 Fenchelknollen, jeweils etwa 600 g
4 Valencia-Orangen
100 ml natives Olivenöl extra
2 ½ EL Weißweinessig
200 g Kirschtomaten, halbiert
100 g schwarze Oliven
1 Handvoll glatte Petersilie, grob gehackt
Meersalz
frisch gemahlener schwarzer Pfeffer

Die Fenchelspitzen kürzen und die kleineren Stiele aufbewahren. Den unteren Teil der Fenchelknolle abschneiden und die Knolle halbieren. So lange jeweils weiter halbieren, bis man insgesamt acht Stücke hat, die an der dicksten Stelle etwa 1,5 cm stark sind. Mit der zweiten Fenchelknolle ebenso verfahren.

Von 2 Orangen die Enden gerade abschneiden, die übrige Schale mit dem Messer von oben nach unten, der Kontur der Orange folgend, abschneiden. Die weiße Haut soll dabei vollständig entfernt werden. Zum Filetieren der Orange die Stücke zwischen der Trennhaut herausschneiden. Die Filets in eine Schüssel geben. Aus den übrigen zwei Orangen den Saft auspressen und beiseitestellen.

Eine große Pfanne auf mittlerer Stufe erhitzen und das Olivenöl zugeben. Sobald das Öl heiß ist, aber noch nicht qualmt, den Fenchel und die Fenchelstiele hineinlegen. Sie sollten flach und nicht zu dicht liegen. Eventuell muss man den Fenchel portionsweise braten. Den Fenchel etwa 4 Minuten garen, bis er leicht karamellisiert ist, wenden und auf der anderen Seite ebenfalls bräunen. Den aufbewahrten Orangensaft und den Essig hinzugeben und weiter kochen, bis die Flüssigkeit um ein Drittel reduziert ist. Die Tomaten, die Oliven und die Orangenfilets hinzugeben und weitere 5 Minuten kochen. Die Pfanne vom Herd nehmen und die Petersilie unterrühren. Mit Meersalz und frisch gemahlenem schwarzem Pfeffer abschmecken und servieren. Dieses Gericht schmeckt sowohl heiß als auch kalt gut.

SALAT AUS CHINAKOHL, GEBRATENEN NUDELN & ERDNÜSSEN

6 PORTIONEN / HAUPTGERICHT ODER BEILAGE

2 EL Knoblauch, geschält und gehackt
125 ml Pflanzenöl
1 kg Chinakohl
½ rote Zwiebel, in feine Ringe geschnitten
1 große Handvoll Perilla-Blätter, in feine Streifen geschnitten
1 große Handvoll Minzeblätter, in feine Streifen geschnitten
1 große Handvoll vietnamesische Korianderblätter, in feine Streifen geschnitten
100 g zerkleinerte, geröstete Erdnüsse
90 g frische Eiernudeln (siehe Anmerkung)

DRESSING

3 EL Tamari-Sojasauce
2 EL Reisessig
2 EL Wasser
2 TL Sesamöl
1 EL feiner Zucker

Für das Dressing alle Zutaten in einer kleinen Schüssel mischen und verrühren, bis der Zucker aufgelöst ist, und beiseitestellen.

Knoblauch und Öl in einem kleinen Topf auf mittlerer Stufe erhitzen. Behutsam braten, bis der Knoblauch goldbraun ist (nicht überhitzen). Den Knoblauch über einem Metallsieb abgießen und auf Küchenpapier abtropfen lassen.

Den Kohl so fein wie möglich schneiden, gut waschen und in einem Sieb trocknen lassen. Den Kohl dann mit der Zwiebel, den Kräutern, dem gebratenen Knoblauch und den gerösteten Erdnüssen in eine Schüssel geben. Das Dressing über den Salat gießen und gut verrühren. Die gebratenen Nudeln über dem Salat zerbrechen, vorsichtig unterheben und servieren.

Anmerkung: Man kann gebratene Nudeln in Asia-Läden kaufen oder sie leicht selbst herstellen, indem man frische Eiernudeln frittiert. Achten Sie darauf, dass die Nudeln völlig trocken sind, und frittieren Sie sie in einem Topf mit schwerem Boden bei 180°C goldbraun und knusprig. Falls Sie kein Thermometer haben, erhitzen Sie das Pflanzenöl so lange, bis ein Brotwürfel darin innerhalb von 15 Sekunden goldbraun wird; dann hat das Öl genau die richtige Temperatur.

ROTE BETE AUS DEM BACKOFEN

4 PORTIONEN / BEILAGE

1 Bund Rote Bete (etwa 500 g oder 4 Stück)
6 Knoblauchzehen, ungeschält
8–10 Zweige Thymian
natives Olivenöl extra
310 g Steinsalz
ein 8 cm langes Stück Meerrettich, geschält und gerieben
Meersalz
frisch gemahlener schwarzer Pfeffer

Den Backofen auf 180°C (Gas Stufe 4) vorheizen. Die Blätter von der Roten Bete entfernen, dabei etwa 2 cm vom Stiel oberhalb der Knolle stehen lassen. Wird die Haut verletzt, verliert die Knolle an Farbe und natürlichem Saft und somit auch an Geschmack. Die Rote Bete gründlich in kaltem Wasser abschrubben und mit den Knoblauchzehen und den Thymianzweigen in eine Schüssel geben. Reichlich Olivenöl darübergießen und gut mit der Roten Bete und dem Knoblauch vermengen.

Das Steinsalz auf ein Backblech geben und die Rote Bete, den Knoblauch und den Thymian darauflegen. Durch das Steinsalz wird vermieden, dass der untere Teil der Roten Bete anbrennt. Locker mit Alufolie abdecken und 30 Minuten backen. Die Alufolie entfernen und den Knoblauch herausnehmen und beiseitestellen. Die Rote Bete umdrehen, wieder mit der Alufolie abdecken und weitere 30 Minuten backen. Nach dieser Zeit mit einem Spieß prüfen, ob die Rote Bete gar ist — der Spieß sollte leicht in die Rote Bete eindringen.

Wenn die Rote Bete ausreichend abgekühlt ist, vorsichtig die Haut entfernen, vierteln und auf einer Servierschale anrichten. Das Knoblauchfleisch über der Roten Bete aus den Zehen herausdrücken, einen Spritzer Olivenöl zugeben und die Rote Bete mit dem Meerrettich anrichten. Mit Meersalz und frisch gemahlenem schwarzem Pfeffer abschmecken.

SALAT AUS GEBACKENER ROTER BETE MIT CHICORÉE, WALNÜSSEN UND SCHNITTLAUCH-JOGHURT-DRESSING

4 PORTIONEN / BEILAGE

20 g Butter
50 g Walnusshälften
1 Bund Rote Bete (etwa 500 g oder 4 Stück), gebacken (siehe Seite 66)
3 Chicorée-Köpfe
2 Frühlingszwiebeln

SCHNITTLAUCH-JOGHURT-DRESSING
fein geriebene Schale und Saft von ½ Bio-Orange
2 EL Sherry-Essig
2 EL natives Olivenöl extra
100 g griechischer Joghurt, natur
Meersalz
frisch gemahlener schwarzer Pfeffer
½ Bund Schnittlauch, fein geschnitten

Eine Pfanne auf mittlerer Stufe erhitzen und die Butter zugeben. Wenn die Butter geschmolzen ist, die Walnüsse hinzugeben und goldbraun braten, dann herausnehmen und auf Küchenpapier abtropfen lassen. Abkühlen lassen.

Die gebackene Rote Bete in 2 cm dicke Schnitze schneiden. Die Blätter vom Chicorée lösen, waschen und trocknen lassen. Die Frühlingszwiebeln schräg in 2 cm lange Stücke schneiden.

Für das Schnittlauch-Joghurt-Dressing die Orangenschale mit dem Orangensaft und dem Essig in eine Schüssel geben. Das Olivenöl und den Joghurt hinzugeben und verquirlen. Mit Meersalz und frisch gemahlenem schwarzem Pfeffer abschmecken und den Schnittlauch unterrühren.

Für den Salat zuerst die Rote Bete auf einer Platte anrichten und dann die Chicorée-Blätter, die in Stücke geschnittene Frühlingszwiebel und die Walnüsse. Das Dressing gleichmäßig mit einem Löffel über den Zutaten verteilen. Nach Geschmack kann man den Salat zusätzlich mit weich gekochten Bio-Eiern garnieren.

REMOULADE AUS KNOLLENSELLERIE

4 PORTIONEN / BEILAGE

2 Sellerieknollen (ca. 750 g)
2 EL Kapern, in Salz eingelegt, abgespült
2 EL glatte Petersilie, gehackt
2 EL Estragon, gerebelt
100 g Knoblauchmayonnaise
(Rezept siehe unten)
Meersalz
frisch gemahlener schwarzer Pfeffer

Die Sellerieknollen putzen, schälen und grob reiben, man benötigt etwa 750 g. Den Sellerie mit den Kapern, der Petersilie, dem Estragon und der Knoblauchmayonnaise in eine Schüssel geben. Mit Meersalz und Pfeffer abschmecken und gut verrühren.

KNOBLAUCHMAYONNAISE ERGIBT 250 G

3 Knoblauchzehen
2 Eigelb
1 EL Dijon-Senf
1 EL Zitronensaft
¼ TL Meersalz
¼ TL frisch gemahlenen schwarzen Pfeffer
200 ml Pflanzenöl
2 ½ EL Olivenöl

Die Knoblauchzehen in einem Mörser zu einer Paste verreiben. Den Knoblauch mit den Eigelb, dem Senf, dem Zitronensaft, Salz und Pfeffer in eine Edelstahlschüssel geben. Die Zutaten gut miteinander verrühren. Das Pflanzenöl und das Olivenöl vermischen, dann tropfenweise langsam in die Eiermasse einrühren, bis man etwa 50 ml des Öls eingearbeitet hat. Das restliche Öl in einem feinen Strahl einlaufen lassen — fertig ist die Mayonnaise.

FRITTIERTE OKRAS MIT TOMATEN-CHILI-JAM

6 PORTIONEN / BEILAGE

500 g Okraschoten
2 l Pflanzenöl zum Frittieren
2 Eiklar
180 g Kartoffelstärke

TOMATEN-CHILI-JAM
500 g Strauchtomaten
100 ml Erdnussöl
1 rote Zwiebel, geschält und fein gewürfelt
1 EL Knoblauch, geschält und fein gehackt
5 frische rote Peperoni, entkernt, fein geschnitten
2 Thai-Chilischoten, entkernt und fein gehackt
2 EL Galgant, gerieben
250 g Palmzucker, gerieben
60 g Tamarindenpaste
Meersalz

Die Okraschoten gründlich unter fließendem kalten Wasser waschen und mit einem Geschirrtuch trocknen.

Für das Tomaten-Chili-Jam zuerst die Tomaten häuten. Dazu die Schale der Tomaten am Boden kreuzförmig anritzen. Die Tomaten in eine hitzefeste Schüssel legen und mit kochendem Wasser übergießen. Nach 30–60 Sekunden in einer Schüssel mit Eiswasser abschrecken und vom Kreuz ausgehend die Haut abziehen. Vierteln und fein hacken.

In einer Pfanne auf mittlerer Stufe das Erdnussöl erhitzen und dann Zwiebeln und Knoblauch hinzugeben. Behutsam anbraten, bis der Knoblauch anfängt zu bräunen und die Zwiebel weich wird, dann die Peperoni- und die Chilischoten sowie den Galgant hinzufügen und 2 Minuten braten. Den Palmzucker zugeben und unter vorsichtigem Rühren auflösen. Die Tomaten unterrühren und das Jam zum Sieden bringen. Weiterköcheln und das Jam einkochen lassen, bis es andickt, dabei immer wieder umrühren, damit es nicht am Boden anlegt. Am Schluss die Tamarindenpaste unterrühren und mit Meersalz abschmecken. Auf Zimmertemperatur herunterkühlen.

Das Pflanzenöl in einem Kochtopf mit schwerem Boden auf 180°C erhitzen oder bis ein in das Fett gelegter Brotwürfel innerhalb von 15 Sekunden goldbraun wird. Die Eiklar in einer Schüssel leicht aufschlagen, dann alle Okraschoten hineingeben.

Die Hälfte der Kartoffelstärke mit den Okras in der Schüssel vermischen. Wenn nötig, zusätzliche Kartoffelstärke zugeben, damit die Okras gut umhüllt sind. Die Okras portionsweise im Öl knusprig frittieren, herausnehmen und auf Küchenpapier abtropfen lassen. Die Okras mit dem Tomaten-Chili-Jam servieren.

KLEINE DINGE KÖNNEN GROSSEN EINDRUCK MACHEN

WENN ICH AUF DEN MARKT GEHE, UM FRISCHES OBST UND GEMÜSE ZU KAUFEN, NEHME ICH GERNE MEINE SECHSJÄHRIGE TOCHTER MIA MIT. DAS MACHE ICH SCHON, SEIT SIE DREI IST.

Am Anfang hielt ich es einfach für eine lustige Vater-Tochter-Geschichte, habe dann aber schnell gemerkt, dass sie alles rund ums Essen immer spannender fand. Inzwischen ist sie es gewöhnt und genießt das geschäftige Treiben, all die Anblicke und Gerüche auf dem Markt. Über den Markt zu gehen und die frischen Produkte auf den Obst- und Gemüseständen anzuschauen, ist eine zeitlose Erfahrung — daran hat sich seit Jahrhunderten kaum etwas geändert. Ein unbearbeitetes Produkt zu berühren und in der Hand zu halten, ist sicher ein schlichtes, aber doch lohnendes Vergnügen. Es stellt ein Bindeglied dar zu dem Boden, in dem es gewachsen ist. Es gibt wohl keine schönere Art einzukaufen, Zeit mit meiner Tochter zu verbringen — und ihr dabei gleichzeitig meine Liebe zu Lebensmitteln zu vermitteln, erfüllt mich mit Hoffnung, der Hoffnung, dass nachhaltig produzierte und nahrhafte Lebensmittel in unverdorbenen Händen sicher sind.

KIPFLER-KARTOFFELN MIT KNOBLAUCH, ZITRONENTHYMIAN & CHILI

4 PORTIONEN / BEILAGE

750 g kleine Kipfler-Kartoffeln, ungeschält
1 EL Meersalz
1 Knoblauchknolle
150 ml natives Olivenöl extra
½ Bund Zitronenthymian
2 frische rote Peperoni, in feine Ringe geschnitten
Meersalz, gemahlener schwarzer Pfeffer

Die Kartoffeln in einen Topf mit kaltem Wasser legen. Salz zugeben und auf hoher Stufe zum Kochen bringen. Sprudelnd 8 Minuten kochen lassen, dann vom Herd nehmen und abgießen. Die Kartoffeln längs halbieren und die Haut trocknen lassen.

Ein Geschirrtuch über die Knoblauchknolle legen und mit einem Holzhammer kräftig daraufschlagen. Dabei sollten sich die einzelnen Zehen trennen, belassen Sie den größten Teil der Haut auf dem Knoblauch. Eine Pfanne auf mittlerer Stufe erhitzen und die Hälfte des Olivenöls zugeben. Die Kartoffeln und den Knoblauch hinzugeben und langsam so weit erhitzen, dass sie anfangen zu braten. Unter gelegentlichem Rühren 10 Minuten langsam anbraten, bis die Kartoffeln goldgelb sind. Den Zitronenthymian und die Peperoni hinzufügen und weitere 5 Minuten garen. Salzen und pfeffern.

KOHLRABI-PÜREE

4 PORTIONEN / BEILAGE

2 Kohlrabi, geschält und geviertelt
1 kleine Zwiebel, geschält und geviertelt
2 Knoblauchzehen, geschält
2 Nelken
1 Lorbeerblatt
kalte Milch, zum Bedecken
275 g Crème double
1 EL frischer Meerrettich, gerieben
1 EL körniger Senf
Meersalz, gemahlener schwarzer Pfeffer

Die Kohlrabi, die Zwiebel, den Knoblauch, die Nelken und das Lorbeerblatt in einem Topf mit Milch übergießen, sodass alles bedeckt ist. Den Topf fast zum Kochen bringen, dann herunterstellen und in etwa 20 Minuten den Kohlrabi garen. Die Crème double hinzugeben und weiter leise köcheln lassen, bis alles eine recht dickflüssige Konsistenz hat. Die Nelken und das Lorbeerblatt entfernen und den Inhalt in einen Mixer geben. Den Meerrettich und den Senf hinzufügen und die Mischung glatt pürieren. Salzen und pfeffern.

ROSENKOHL MIT KNOBLAUCH UND FRÜHLINGSZWIEBELN

6 PORTIONEN / BEILAGE

750 g Rosenkohl
1 Bund Frühlingszwiebeln
4 EL natives Olivenöl extra
20 g Butter
2 Knoblauchzehen, fein gehackt
500 ml Gemüsebrühe
1 EL Rohrohrzucker
Meersalz, gemahlener schwarzer Pfeffer

Die Röschen halbieren, gründlich waschen und in einem Sieb trocknen lassen. Das Weiße der Frühlingszwiebeln in 4 cm lange Stücke schneiden, die Hälfte des grünen Teils schräg schneiden und zum Garnieren beiseitestellen.

Eine große Pfanne auf mittlerer Stufe erhitzen und das Olivenöl, die Butter und den Knoblauch zugeben und 1 Minute braten. Den Rosenkohl mit der Schnittfläche nach unten in zwei Portionen darin goldbraun anbraten. Den gesamten Rosenkohl zusammen mit dem Weiß der Frühlingszwiebeln, der Brühe und dem Zucker in die Pfanne geben. Zum Kochen bringen und dann die Hitze reduzieren und 10 Minuten köcheln lassen. Das übrige Öl hinzugeben und abschmecken. Mit dem Grün der Frühlingszwiebeln garnieren.

GEBACKENER KÜRBIS MIT PINIENKERN-SALBEI-BUTTER

6 PORTIONEN / BEILAGE

750 g Kürbis, ohne Schale, in 3 cm große Würfel geschnitten
4 Knoblauchzehen, geschält, grob gehackt
2 ½ EL Olivenöl
50 g Pinienkerne
100 g Butter
½ Bund Salbei, gezupft
Meersalz, gemahlener schwarzer Pfeffer

Den Backofen auf 200°C (Gas Stufe 6) vorheizen. Den Kürbis mit dem Knoblauch und dem Olivenöl in eine Schüssel geben, salzen, pfeffern und gut vermischen. In eine Bratform geben und in 30 Minuten goldbraun garen. Den Kürbis auf einer Platte oder in einer Schüssel anrichten. Die Pinienkerne bei mittlerer Hitze in der Butter braten, bis sie leicht Farbe annehmen, dann den Salbei hinzufügen. Gut rühren, bis der Salbei knusprig und die Pinienkerne goldbraun sind. Die festen Bestandteile der Butter sind nun dunkel und sehr aromatisch. Die Salbeibutter über den Kürbis geben.

BRAUNER LINSENEINTOPF MIT GEMÜSE & THYMIAN

4 PORTIONEN / HAUPTGERICHT

370 g braune Linsen
20 g Butter
2 EL natives Olivenöl extra
2 Selleriestangen, fein gehackt
2 Karotten, fein gehackt
1 Stange Lauch, nur das Weiße,
gewaschen und fein gehackt
5–6 Zweige Thymian
500 ml Gemüsebrühe
1 Knoblauchzehe, geschält
2 Lorbeerblätter
Meersalz
frisch gemahlener schwarzer Pfeffer
1 große Handvoll glatte Petersilie,
grob gehackt
½ Zitrone

Die Linsen in kaltem Wasser 1 Stunde einweichen und abtropfen lassen. In einem großen Topf in der Butter und dem Olivenöl den Sellerie, die Karotten und den Lauch braten, bis das Gemüse weich ist. Den Thymian hinzugeben und alles gut verrühren. Die Linsen dazugeben und so viel Brühe in den Topf gießen, bis alles bedeckt ist. Die Knoblauchzehe und die Lorbeerblätter hinzufügen und alles aufkochen, die Hitze reduzieren und in etwa 20 Minuten die Linsen garen.

Zum Anrichten mit Meersalz und Pfeffer abschmecken, die Petersilie unterrühren und einen Spritzer Zitronensaft darübergeben.

WÜRZIGES KICHERERBSEN-TOMATEN-CURRY

6 PORTIONEN / HAUPTGERICHT

400 g getrocknete Kichererbsen, über Nacht eingeweicht
2 Knoblauchzehen, geschält
1 Zwiebel, geviertelt
100 ml Pflanzenöl
500 g Zwiebeln, in feine Ringe geschnitten
4 Knoblauchzehen, fein gehackt
1 Zweig Zitronengras, nur das Weiße davon, fein gehackt
1 EL malaysische Curry-Mischung, rot
2 TL Kurkuma, gemahlen
1 TL Galgant, gemahlen
100 g Palmzucker, gerieben
2 Dosen Tomaten (à 400 g), gehackt
Meersalz
weißer Pfeffer
Saft von 1 Zitrone
1 Bund Koriander, die Blätter gehackt

Die Kichererbsen abgießen und abspülen. In einem großen Topf mit kaltem Wasser bedecken und zum Kochen bringen. Die Knoblauchzehen und die Zwiebelviertel hinzugeben und etwa 1 Stunde kochen, bis die Kichererbsen weich sind. Abgießen und beiseitestellen.

In der Zwischenzeit das Curry vorbereiten. Das Öl in einem großen Topf auf mittlerer Stufe erwärmen und die Zwiebelringe darin glasig dünsten. Den gehackten Knoblauch und das Zitronengras hinzugeben und alles gut vermengen. Auf niedriger Stufe weitergaren, bis die Zwiebeln gut gebräunt sind. Die Currymischung, das Kurkumapulver, das Galgant und den Palmzucker hinzugeben und alles verrühren, bis der Zucker schmilzt, dann die Tomaten hineingeben. Alles zum Kochen bringen, dann die Hitze reduzieren und weitere 10 Minuten köcheln lassen. Die Kichererbsen dazugeben und weitere 10 Minuten köcheln lassen. Zum Servieren mit Meersalz, weißem Pfeffer und Zitronensaft abschmecken und abschließend die Korianderblätter unterrühren.

WINTERLICHE GEMÜSESUPPE

6 PORTIONEN / VORSPEISE

- 400 g getrocknete Borlotti-Bohnen, über Nacht in kaltem Wasser eingeweicht
- 1 Zwiebel, geviertelt
- 2 Knoblauchzehen
- 1 Lorbeerblatt
- ½ Bund Thymian, davon die Blättchen
- 2 Speiserüben, in 1 cm große Würfel geschnitten
- 2 Steckrüben, in 1 cm große Würfel geschnitten
- ½ Wirsing, grob zerkleinert
- 2 Karotten, in 1 cm große Würfel geschnitten
- 3 Selleriestangen, grob gehackt
- 4 EL Olivenöl
- ½ Zitrone
- Meersalz, gemahlener schwarzer Pfeffer

Die Borlotti-Bohnen abgießen und abspülen. In einem großen Topf mit 3 l Wasser bedecken, die Zwiebel, die Knoblauchzehen, das Lorbeerblatt und den Thymian hineingeben und alles zum Kochen bringen. Die Hitze reduzieren und köcheln lassen, bis die Bohnen gerade weich werden. Die Hälfte der Bohnen herausnehmen und mit etwas vom Kochwasser im Mixer zu einem Püree verarbeiten. Alle übrigen Wintergemüse in den Topf geben und gar kochen — das dauert etwa 15–20 Minuten. Zum Servieren das Borlotti-Bohnenpüree und Olivenöl unter die Suppe rühren, einen kräftigen Spritzer Zitronensaft hinzugeben und salzen und pfeffern.

GRÜNKOHL SÜSSSAUER

4 PORTIONEN / BEILAGE

- 2 Köpfe Grünkohl
- 2 Köpfe rotlaubiger Grünkohl ›Redbor‹
- 2 EL natives Olivenöl extra
- 1 Zwiebel, in feine Ringe geschnitten
- 125 ml Apfelessig
- 125 ml Portwein
- 55 g Rohrohrzucker
- 60 g Sultaninen
- ½ Stange Zimt
- 1 frisches Lorbeerblatt
- Meersalz
- frisch gemahlener schwarzer Pfeffer

Den unteren Teil der Kohlköpfe abschneiden, den Kohl fein schneiden. Olivenöl in einem großen Suppentopf auf mittlerer Stufe erhitzen. Den Kohl und die Zwiebeln hinzugeben und unter gelegentlichem Rühren 10 Minuten kochen. Den Essig, den Portwein, den Rohrzucker, die Sultaninen, den Zimt und das Lorbeerblatt hineingeben und alles zum Kochen bringen. Die Hitze herunterschalten und alles zugedeckt etwa 1 Stunde leise köcheln, bis der Kohl gar ist. Hin und wieder umrühren. Mit Meersalz und Pfeffer abschmecken. Dieses Gericht passt hervorragend zur gegrillten Lammkeule auf Seite 202.

GEBACKENER GEMÜSESALAT MIT KÜCHENKRÄUTERN & BALSAMESSIG

6 PORTIONEN / BEILAGE

3 Kartoffeln
2 Karotten
1 große Steckrübe
3 Speiserüben
1 Süßkartoffel
6 kleine Zwiebeln
1 Knoblauchknolle
2 EL Olivenöl, plus etwas zusätzlich zum Besprenkeln
1 große Handvoll Basilikum, grob gehackt
1 kleine Handvoll glatte Petersilie, grob gehackt
Balsamessig
Meersalz
frisch gemahlener schwarzer Pfeffer

Den Backofen auf 180°C (Gas Stufe 4) vorheizen. Die Kartoffeln, die Karotten, die Steckrübe, die Speiserüben und die Süßkartoffel in etwa 5 x 3 cm große Stücke schneiden. Die Kartoffelstücke abgedeckt in einem mikrowellengeeigneten Behälter mit 2 EL Wasser auf höchster Stufe 3 Minuten garen, bis sie fast weich sind. Die Kartoffelstücke mit den anderen Gemüsesorten sowie den Zwiebeln und der Knoblauchknolle in eine Schüssel geben. Das Olivenöl darübergießen und gleichmäßig unter das Gemüse mengen. Die Gemüsestücke locker in einer Schicht in eine große Ofenform legen und etwa 40 Minuten backen, bis das Gemüse Farbe angenommen hat und innen weich ist.

Das fertig gegarte Gemüse in eine große Schüssel geben und den Knoblauch darüber aus den Häuten pressen, die Kräuter dazugeben und großzügig mit Balsamessig und Olivenöl besprenkeln. Mit Meersalz und Pfeffer würzen und auf einer Servierplatte anrichten. Heiß oder kalt servieren.

TOPINAMBUR MIT BUTTER & SALBEI

4 PORTIONEN / BEILAGE

600 g Topinambur
70 g Butter
1 EL natives Olivenöl extra
½ Bund Salbei, gezupft
Meersalz, gemahlener schwarzer Pfeffer
½ Zitrone

Den Backofen auf 200°C (Gas Stufe 6) vorheizen. Die Topinambur-Knollen unter fließendem kaltem Wasser abbürsten. Gut trocknen und längs halbieren. Eine ofenfeste Bratpfanne bei mittlerer Hitze auf den Herd stellen und 50 g der Butter sowie das Olivenöl hineingeben. Wenn die Butter anfängt zu schäumen, die Topinambur-Knollen hinzufügen. In der Butter schwenken, bis sie Farbe annehmen. Die Pfanne in den vorgeheizten Backofen geben und 15 Minuten backen. Die Topinambur sind gar, wenn sich ein Spieß leicht einstechen lässt.

Die Bratpfanne wieder bei mittlerer Hitze auf die Herdplatte stellen und die übrige Butter sowie den Salbei hinzufügen. Der Salbei sollte knusprig braten und die Butter duften. Zum Anrichten mit Meersalz und frisch gemahlenem schwarzem Pfeffer würzen, den Salbei unterrühren und einen Spritzer Zitronensaft darübergeben.

BLUMENKOHL-GRUYÈRE-GRATIN

6 PORTIONEN / BEILAGE

50 g Butter
50 g Mehl
500 ml Milch
½ Zwiebel, gespickt mit 4 Nelken
1 Knoblauchzehe, leicht angedrückt
100 g Gruyère, gerieben
Meersalz
frisch gemahlener weißer Pfeffer
600 g Blumenkohl, in Röschen zerteilt
1 EL glatte Petersilie, gehackt

Für die Gratinsauce die Butter auf mittlerer Stufe in einem Topf zerlassen, das Mehl zugeben und verrühren. 2 Minuten anschwitzen, aber nicht bräunen lassen. Vom Herd nehmen und leicht abkühlen lassen. Mit einem Schneebesen die Milch kräftig unterrühren, damit die Sauce nicht klumpt, dann die Zwiebel und die Knoblauchzehe hinzugeben. Den Topf wieder auf den Herd stellen und rühren, bis die Sauce anfängt zu köcheln. Nach 20 Minuten vom Herd nehmen. Entweder die Sauce durch ein Sieb passieren oder mit einem Löffel die Zwiebel und den Knoblauch aus der Sauce nehmen. Solange die Sauce noch heiß ist, den Käse unterrühren und mit Salz und weißem Pfeffer abschmecken.

Den Blumenkohl dünsten, bis er gerade zart wird. In eine Gratinform geben und mit der Sauce übergießen. Unter den Grill stellen und backen, bis die Sauce goldbraun ist. Mit der Petersilie garnieren.

FI ME E

INHALT

SCH &
ERES-
RÜCHTE
87

FISCH UND MEERESFRÜCHTE

ICH LIEBE DAS ANGELN, UND DIE LEIDENSCHAFT DAFÜR VERDANKE ICH MEINEM VATER. DAD IST EIN BESESSENER ANGLER. ALS KINDER VERBRACHTEN WIR VIEL ZEIT MIT ANGELN UND ZELTEN AN DEN KÜSTEN DES NÖRDLICHEN NEW SOUTH WALES' UND DES SÜDÖSTLICHEN QUEENSLANDS. EIN ANGELAUSFLUG AM WOCHENENDE WAR EIN EREIGNIS, AUF DAS WIR UNS ALLE FREUTEN. MEIN VATER BEREITETE SICH DANN IMMER GEWISSENHAFT VOR UND STUDIERTE DIE WÖCHENTLICHEN ANGELBERICHTE WIE EIN WETTFREUND DIE SPORTERGEBNISSE. DIE BESTEN FANGPLÄTZE, LUFTDRUCK UND WINDGESCHWINDIGKEIT, ALLES WURDE SORGFÄLTIG VERMERKT. EIN GANZ BESONDERES UTENSIL, DEM HINTER VATERS SESSEL EIN EHRENPLATZ ZUKAM, WAR EINE ABGEGRIFFENE AUSGABE DER GEZEITENTABELLE. DIESES UNVERZICHTBARE BUCH KONNTE VORAUSSAGEN, OB GEZEITEN UND MONDPHASE GUT ZUEINANDER PASSTEN, WAS SICH POSITIV AUF UNSERE ERFOLGSAUSSICHTEN AUSWIRKEN KONNTE.

Wenn das Wochenende dann nahte, ging im ganzen Haus ein emsiges Treiben los. »Ihr holt besser schon mal das Zelt und schaut nach, ob es sauber und trocken ist«, riet uns mein Vater. »Ihr müsst die Stangen und Heringe kontrollieren. Sind alle Zeltleinen dabei? Ist das Außenzelt ordentlich zusammengelegt?« Es war uns völlig klar, dass dieses Kontrollritual völlig unnötig war, denn wir hatten ja am Wochenende zuvor alles peinlich genau weggelegt — ganz wie unser Vater es angeordnet hatte.

Wir checkten unsere Angelruten und -leinen, denn »jeder Angler ist selbst für seine Ausrüstung verantwortlich«. Meine Angelrute und die Spule waren stets picobello; nach jedem Angelausflug habe ich das Salz gründlichst abgewaschen. Meine erste Angelrute benutzte ich daher auch jahrelang. Die Bambusrute, die mein Vater schon als Teenager hatte, ist immer noch in einem gutem Zustand — und er ist jetzt 70. »Wenn du gut für etwas sorgst, wird es auch für dich sorgen«, sagte er uns immer. Wenn ich über den Zustand unserer heutigen Umwelt nachdenke, wird mir klar, wie klug die Worte meines Vaters eigentlich waren.

Einen Fisch zu angeln und diesen dann gemeinsam mit der Familie zu verzehren, ist ein tolles Gefühl. Ich bin sicher, dies ist mit ein Grund für die Beliebtheit des Angelsports. Ich gehe immer noch gerne angeln, auch wenn es schwierig geworden ist, dafür die Zeit zu finden. Seit Mitte der 1990er-Jahre kann ich mich total für die Kunst des Fliegenfischens begeistern — die Spannung bei der Jagd und eine perfekt geworfene Fliege können fast, wenn auch nicht ganz, den Adrenalinstoß ersetzen, den man hat, wenn man einen Fisch an der Angel hat und ihn ans Ufer drillt. Die meisten Fische, die ich angle, werden nach kurzer Pause wieder freigegeben. Den Fisch ruhen zu lassen, bevor man ihn wieder freilässt, erhöht seine Überlebenschance, die Fische aber, die ich behalte, finden einen schnellen Tod. Heute ist meine Bewunderung für die Angelkunst etwas ganz anderes als früher, als ich ein Junge war. Damals wurde der Erfolg eines Angeltrips am Ende des Tages am Gewicht der Tasche über meiner Schulter gemessen. Als Kinder hatten wir keine Ahnung von einer Fangquote;

Fische wurden nur wieder ausgesetzt, wenn sie zu klein waren, oder aber Dad nutzte sie als Köder, um seinen geliebten Tailor, einen Blaubarsch, zu fangen.

Bei Sportanglern galt der Blaubarsch lange als bester Fisch. Er kann bis zu 10 kg schwer werden, wird aber meist zwischen 750 g und 1,5 kg gefangen. Im Juli und August zog der Blaubarsch von der Südostküste Australiens an der Küste von New South Wales entlang nach Queensland zu den Laichplätzen um Fraser Island. Und so plante Dad unsere Ferien immer um diese Wanderung der Tailor herum.

Ich weiß noch, wie Dad und sein Kumpel Seite an Seite, neben Hunderten anderer Männer, am Deich standen. Kamen dann die Fische, gab es ein wahres Blutbad. Es war ein Spektakel; Männer, die Angelleinen mit Sardinen als Köder ins Wasser auswarfen, während andere die Fische an Land kurbelten, sie aus dem Wasser auf die Felsen hinaufzogen, die silberne Haut der Fische glänzte im weichen Licht der Sonne, die hinter dem Ozean aufging. Sind sie einmal gefangen, werden die Blaubarsche ausgeblutet. Man drückt dazu seine Finger auf der einen Seite in die Kiemen und auf der anderen Seite wieder heraus, schlitzt die Kehle auf und lässt das Blut herauslaufen. Diese irgendwie barbarisch anmutende Praxis soll den Fisch schmackhafter machen. Der Geruch von fetten Sardinen lag schwer in der Luft, und das Kreischen der unzähligen Möwen, die nach dem Köder tauchten, vervollständigte das primitive Schauspiel.

Ich half die mit Fisch gefüllten Leinensäcke zum Auto zu schleppen, und als wir sie zählten, kamen wir fast auf 100 Fische. Ich fand es toll, mit meinem Vater zu angeln und dann die Fische zu schuppen, auszunehmen und zu filetieren, aber instinktiv wusste ich, dass diese Art zu angeln nichts mit Nachhaltigkeit zu tun hatte. Allerdings habe ich das als Junge weit naiver ausgedrückt. »Dad, wenn wir weiter so viele Fische angeln, werden im Ozean bald keine mehr übrig sein.«

Die Menschheit hat schon mehrfach in der Geschichte die Ressourcen der Meere schamlos ausgebeutet. Als im 18. Jahrhundert Wale und Seehunde gejagt wurden, konnten diese nur deshalb ihren Verfolgern entkommen, weil die verwendete Ausrüstung unzulänglich war. Mit dem aufkommenden Industriezeitalter wurden die Fischereischiffe immer stärker mechanisiert, sie wurden stabiler und konnten über längere Zeiträume auf offener See bleiben. Da die Schiffe nun auch einen Motor hatten, konnten sie Wale und Seehunde verfolgen und so ganze Schulen ausrotten. Mit der Einführung von Kühlanlagen konnte dann der Fang gleich an Bord verarbeitet und gefroren werden. Dies sollte, in Verbindung mit dem menschlichen Hang zu Habgier und Ausbeutung, zum Anfang vom Ende vieler Fischereibetriebe weltweit führen.

Heute sind die Karten eindeutig zugunsten der kommerziellen Fischerei gemischt. Riesige Fabrikschiffe, die gleich monatelang auf See bleiben können, arbeiten im Verbund mit kleineren Fangschiffen. Fabrikschiffe sind, wie der Name schon sagt, schwimmende Fischverarbeitungsfabriken, so ausgestattet, dass ein ganzes Heer von Fischern rund um die Uhr arbeiten kann. Die kleineren Schiffe brechen früh morgens in die Fanggebiete auf und bringen ihren Fang zu den Fabrikschiffen. Hier werden die Meerestiere sortiert, ausgenommen, zerlegt und dann eingefroren.

Ohne Kontrollmechanismen wären die industriellen Fangflotten in der Lage, die Fischbestände in den Weltmeeren auszulöschen.

METHODEN DER KOMMERZIELLEN FISCHEREI

Kommerzielle Fischer sind im Allgemeinen auf einzelne Fischarten aus und setzen dazu eine der drei grundlegenden Fischereimethoden ein: Schleppnetze, Langleinen mit beköderten Haken oder Köderfallen.

Netze können von Trawlern gezogen werden, an einem bestimmten Punkt befestigt oder über den Meeresboden getrieben werden. Mit Kiemennetzen werden unselektiv riesige Mengen Fisch gefangen, darunter auch solche, die gar nicht zur Zielart gehören, und Meeressäugetiere; Grundschleppnetze hingegen schöpfen alles am Meeresgrund ab, was hineingerät. Granatbarsch und Königs-Escolar (Orange Roughy) sind zwei bekannte Beispiele für mit Netz gefangene Arten — um die Bestände dieser Fischarten besteht Anlass zu ernsthafter Sorge.

Bei der Langleinenfischerei kommt eine mit bis zu 15 000 Köderhaken versehene Leine zum Einsatz. Für Zielarten wie Gelbflossen-Thun, Schwertfisch und Goldmakrele wird gefrorener Köderfisch auf den Haken befestigt und die Leine treibt an der Wasseroberfläche, für Schnapper, Zackenbarsch oder Tiefseedorsch wird die Leine horizontal entlang des Meeresbodens ausgebracht. Eine ähnliche Technik, bei der die Leine senkrecht nach unten ausgebracht und durch Gewichte am Boden verankert ist, ermöglicht auch das Fangen von Tiefseefischen. Zielarten dieser Methode sind Wrackbarsche, Tiefseedorsche und Antarktischer Schwarzfisch. Zwar sind die Auswirkungen auf den Lebensraum Ozean bei der Langleinenfischerei geringer, allerdings gehen dabei unselektiv alle Fischarten und sogar Seevögel, Schildkröten und geschützte Haiarten ins Netz.

Fischfallen werden sowohl zum Fang von Fisch als auch von Krustentieren eingesetzt und verursachen die wenigsten Schäden. Fische wie Zackenbarsche, Kabeljau und Schnapper, aber auch Krabben und Hummer werden auf diese Weise gefangen.

DIE VERHEERENDEN AUSWIRKUNGEN VON GRUNDSCHLEPPNETZEN

Von den drei kommerziell vorwiegend genutzten Fangmethoden ist die des Einsatzes von Grundschleppnetzen die mit den schlimmsten ökologischen Folgen für die Meere. Wie der Name schon sagt, wird hierbei ein trichterförmiger Netzsack beschwert und hinter einem Boot über den Meeresgrund geschleppt. An der Netzöffnung aufgehängte Ketten schleifen über den Meeresboden und treiben am Boden lebende Arten nach oben in das Netz hinein. Diese Methode zielt auf Arten wie Garnelen, Butt, Seezunge und den am Boden lebenden Antarktischen Schwarzfisch. Unglücklicherweise landen dabei aber auch geschützte Meerestiere wie Schildkröten, Rochen und Haie in den Netzen. Ich biete im Restaurant hin und wieder Antarktischen Schwarzfisch an, denn dies ist ein beliebter Speisefisch; da ich aber gegen die Fischerei mit Grundschleppnetz bin, achte ich darauf, nur Antarktischen Schwarzfisch aus Leinenfischerei zu verwenden.

Damit sich die Netze nicht an Korallen oder Felsen verfangen, sind Rollen daran angebracht. Diese sollen den Netzen über Hindernisse hinweghelfen, haben aber eher den Effekt von Dampfwalzen, die alles niedermachen, was ihnen in den Weg kommt. So zerstören sie den Lebensraum der vielen kleinen Lebewesen, die die unterste Stufe der Nahrungskette im Meer ausmachen.

Die furchtbaren Auswirkungen von Grundschleppnetzen können verringert werden, wenn man die Fischer überzeugen kann, Netze zu verwenden, in denen der Beifang durch spezielle Rinnen entkommen kann, und wenn man sie außerdem dazu ermutigt, nicht solche Zielarten zu fangen, in deren Lebensraum Rollen an den Netzen nötig wären. Dazu können auch wir beitragen, indem wir keinen Fisch aus solchen Gebieten kaufen. Mit der Grundschleppnetz-Fischerei auf sandigem Boden lassen sich trotz geringerer Auswirkungen auf die Umwelt immer noch einige große Speisefische fangen, darunter Plattkopf, Wittling, Seezunge und Brasse. Die in diesen Gebieten lebenden Fische sind in der Regel robuster und vermehren sich schneller; sie sind zwar nicht vor Überfischung gefeit, erreichen aber schneller ihre Geschlechtsreife, was den durch die Fischerei ausgeübten Druck etwas ausgleicht.

Es gibt andere Wege wie beispielsweise die ›Lampara‹-Methode, Lichtfischerei, und die Fischerei mit Ringwadennetzen, durch die die Fischer präziser bestimmte Zielarten erreichen können. Fischer können sich dabei das Schwarmverhalten vieler Fischarten zunutze machen und ganze Schwärme mit ihren Netzen einkreisen. Zu den mit dieser Methode in australischen Gewässern gefangenen Fisch gehören Brasse, Wittling und Mulloway. Die Netze verursachen weniger Umweltschäden, und die Zahl der ungewollten Beifänge wird minimiert.

REDUZIERUNG DES BEIFANGS

Beifang kann in zwei Kategorien aufgeteilt werden: geschützte Arten, die zufällig gefangen werden und Nicht-Zielarten, die in den Netzen hängenbleiben und aussortiert werden, weil sie keinen kommerziellen Wert besitzen oder nicht hätten gefangen werden sollen, weil die zulässige Fangquote schon erreicht wurde.

Auf internationaler Ebene existieren Fangquotensysteme, um die jährlich gefangene Fischmenge zu begrenzen. Sie scheinen ein notwendiges Übel zu sein. Ist die Fangquote ausgeschöpft, muss der gesamte, über die festgelegte Menge hinausgehende Fisch ausgesondert werden, unabhängig davon, ob die Tiere tot sind oder sterben werden. In Australien werden Fichereilizenzen für spezielle Fischarten ausgestellt. Fangen Fischer aus Versehen in ihrem Netz Fische, für die sie keine Lizenz haben, oder übersteigt der Fang ihre Fangquote, müssen sie den Fisch ins Wasser zurückwerfen, ansonsten riskieren sie hohe Bußgelder.

In Australien erkennt die Fischereibehörde (Australian Fishery Management Authority) inzwischen an, wie wichtig die Reduzierung des Beifangs für die Nachhaltigkeit aller Fischereizonen des Commonwealth ist, und es wird untersucht, ob die Rückwurfpraxis der die Fangquote übersteigenden Fische minimiert werden kann, indem diese in die eigentliche Quote mit einbezogen werden. Die Erprobung von Fanggeräten, bei denen weniger Nicht-Zielarten gefangen werden, ist eine der Methoden zur Reduzierung von Beifang. Eine andere Strategie, um die Zahl der nach den Ködern tauchenden Seevögel zu reduzieren, ließ sich ganz einfach umsetzen, indem man die Langleinen-Fischer darum gebeten hat, ihre Leinen nicht am frühen Morgen auszulegen, wenn die Vögel am aktivsten sind. Hoffen wir, dass sich auch die anderen Maßnahmen, die zur Verringerung des Beifangs geprüft werden, als so unkompliziert erweisen.

AQUAKULTUR — VORTEILE UND NACHTEILE

Die Aquakultur soll vor über 4000 Jahren in China ihren Ursprung haben. Heute stammt etwa ein Drittel der von uns konsumierten Menge an Fisch und Meeresfrüchten aus Aquakultur, und der Gesamtanteil an der Versorgung soll bis zum Jahr 2030 bis auf mindestens 50 % ansteigen. Dabei ist der Rückgang von Wildfisch nicht der einzige Faktor, der zu den steigenden Wachstumsraten in der Aquakultur beiträgt; auch der inzwischen allgemein anerkannte ernährungswissenschaftliche Vorteil von Fisch hat die Nachfrage erhöht.

Als Aquakultur wird die intensive Züchtung von Meer- oder Süßwasserfischen, Krusten- und Schalentieren bezeichnet. All diese Lebewesen werden mit industrieller Nahrung gefüttert und wachsen in einer Umgebung heran, die auf Optimierung der Aufzuchtbedingungen ausgerichtet und wissenschaftlich überwacht wird. In Australien lassen sich dank der besonderen klimatischen Bedingungen etwa 60 verschiedene Arten in Fischfarmen züchten. Fische, Krusten- und Schalentiere werden in küstennahen Gezeitenzonen, in Offshore-Anlagen oder in speziellen Einrichtungen an Land gezüchtet. Das Ganze ist nicht frei von Kritik — schlecht umgesetzte Aquakultur kann sich negativ auf die Umwelt auswirken.

Die Form der Aquakultur, die vielleicht am wenigsten Auswirkungen mit sich bringt, ist die Aufzucht von Muscheln. Arten wie Austern, Jakobsmuscheln und Miesmuscheln sind Filtrierer, sie benötigen sauberes Wasser, um zu gedeihen. Die Muscheln filtern Phytoplankton und Zooplankton aus dem Wasser und müssen nicht künstlich gefüttert werden. Miesmuscheln und Austern werden an Seilen, in Netzsäcken oder auf Eisentischen gezüchtet. Die Seile und Säcke werden in bestimmten Abständen angeordnet, damit Säugetiere wie Delphine weniger Gefahr laufen, beim Durchschwimmen der Farm hängen zu bleiben.

Seefisch kann in Netzkäfigen an Offshore-Standorten gezüchtet werden. Die Netzkäfige werden mit Fischen besetzt, die aus gefangenen Populationen an Land in Brutstätten gezüchtet worden sind, mit Fischen, die vorgezüchtet und dann ausgesetzt wurden (Sea-Ranching) oder aus Wildpopulationen stammen und in den Käfigen zusammengetrieben werden, wo sie für den Markt gemästet werden.

Fisch aus Brutstätten wird aus Fischlaich produziert, der manuell gewonnen und dann befruchtet wird. Die Brütlinge werden bis zu einer bestimmten Größe aufgezogen und dann in Netzkäfige gebracht, die in einem nahegelegenen Hafen festgemacht sind. Sind alle Fische in den Gehegen, werden diese langsam bis zu ihrer Position vor der Küste gezogen. Im Gegensatz dazu handelt es sich beim Sea-Ranching vorwiegend um Jungtiere großer pelagischer Arten wie Thun. Flugzeuge erkunden die Position von Fischschwärmen und führen die Boote dann dorthin, um die Fische in die Netzkäfige auf offener See zu treiben. Die aus Netzen hergestellten Käfige treiben auf der Wasseroberfläche. Ihre Form hängt ab von der darin gezüchteten Fischart, meist aber schaut der Netzkäfig knapp über der Oberfläche heraus und breitet sich unterhalb davon im Wasser aus, so können die Fische nicht entkommen, werden aber gleichzeitig vor Raubfischen geschützt.

Die Fischzucht in Netzkäfigen auf offener See kann jedoch zu schwerwiegenden Umweltschäden führen. Da sich die Käfige im offenen Meer befinden, ist es schwierig, die bei der Aufzucht anfallenden überschüssigen Futtermengen, Medikamente oder Exkremente zurückzuhalten. Werden die Netze nicht sorgfältig überprüft, kann es vorkommen, dass die Zuchtfische entkommen und mit den Wildfischen um Futter und Lebensraum in Konkurrenz treten. Krankheiten breiten sich bei Massentierhaltung immer rasch aus und Fischfarmen bilden da keine Ausnahme. Gegen die Ausbreitung von Krankheiten werden Antibiotika eingesetzt, diese Stoffe gelangen in das Wasser und werden von den anderen Fischen aufgenommen. Fischfarmen können aber auch ohne Antibiotika betrieben werden, und das wird hoffentlich in der Zukunft die gängige Praxis sein. Wer sich wegen Antibiotika im Fisch

Gedanken macht, sollte derzeit noch davon ausgehen, dass alle Fischarten aus Zuchtfarmen dem ausgesetzt waren. Glauben Sie mir, hätte der Fisch, den Sie kaufen wollen, keine Antibiotika bekommen, hätten Sie davon erfahren — dies ist ein Kriterium, das dem Erzeuger einen enormen Marktvorteil gegenüber seinen Konkurrenten verschaffen würde.

Fische und Krebstiere können auch in Teichen oder Tanks gezüchtet werden, wo das Ökosystem innerhalb der Teiche überwacht und kontrolliert wird. Dieses Herstellungsverfahren gilt momentan als das umweltfreundlichste und nachhaltigste. Die Fische haben keine Möglichkeit zu entkommen und mit der Wildpopulation zu konkurrieren, Antibiotika dürfen zwar eingesetzt werden, aber Krankheitsausbrüche sind generell leichter in den Griff zu bekommen. Ein wichtiger Aspekt bei diesem Produktionsverfahren ist auch, dass alles nicht verzehrte Futter und der Kot der Fische gefiltert und behandelt werden kann. Das Teichwasser wird durch Umwälzpumpen unaufhörlich gereinigt. Der abgeschöpfte Abfall kann zu Dünger verarbeitet und in der Landwirtschaft eingesetzt werden. Leider bringt diese Art der Fischzucht aber so hohe Kosten mit sich, dass sie in finanzieller Hinsicht die am wenigsten attraktive ist.

Angesichts schwindender Fischbestände könnte man meinen, Aquakultur sei die Alternative schlechthin, dies sehen allerdings nicht alle so. Ein Argument dagegen ist, dass die Zuchtwirtschaft zusätzlichen Druck auf die Wildfischbestände ausübt, weil sie der Nahrungskette im Meer große Mengen an Futterfischen entzieht. Futterfische werden gefangen und zu Fischmehl und Tran verarbeitet, was dann an die Fische in Aquakultur verfüttert wird (Fischmehl kann aus Gräten und Fischresten hergestellt werden, die bei der Verarbeitung anfallen, ist dann allerdings minderwertiger). Vor allem wegen der starken Abhängigkeit der Aquakultur von Futterfischbeständen stellen Gegner die Nachhaltigkeit dieses Wirtschaftszweigs infrage. Momentan wird die steigende Nachfrage an Fischmehl vonseiten der Aquakultur-Industrie durch eine sich verringernde Nachfrage nach Fischmehl in anderen landwirtschaftlichen Zweigen ausgeglichen. Die Gesamtmenge an Fisch, die für Fischmehl gefangen wird, ist über das letzte Jahrzehnt relativ stabil geblieben, die Aquakultur ist in dem Zeitraum jedoch konstant um 4 % pro Jahr gewachsen. Ich glaube, es bestehen kaum Aussichten, die Fischmehlproduktion aus wildlebenden Fischen so zu steigern, dass der Bedarf gedeckt werden kann.

Ein weiteres Argument ist, dass Aquakultur eine ineffiziente Methode der Fischzucht ist, denn pro Kilo Gewicht verbraucht ein Fisch mehrere Kilo wild gefangenen Futterfisch (in der Form von Fischmehl und Tran). Damit ist die Futterverwertungsrate gemeint; ein Maß, das von Lebensmittelproduzenten zur Beurteilung der Produktivität eingesetzt wird. Je weniger Nahrung ein Tier zu sich nehmen muss, um zuzunehmen, umso profitabler ist es. Einige Arten verwerten ihr Futter effizienter als andere, daher ist die Futterverwertungsrate je nach Fischart anders. Auch wenn ich dieses Argument nachvollziehen kann, fand ich es doch nie völlig überzeugend. Fische in Gefangenschaft sind vor Raubfischen geschützt und müssen für ihre nächste Mahlzeit nicht so weit schwimmen; sie setzen einen größeren Teil ihres Futters in Körpermasse um. Wildfischarten stehen unter der ständigen Bedrohung durch Raubfische und müssen auf ihrer Futtersuche oft große Distanzen zurücklegen; sie müssten mehr Nahrung zu sich nehmen (wilde Futterfische), um denselben Gewichtszuwachs zu erreichen. Gegner der Aquakultur scheinen diese Tatsache bei ihrer Argumentation außer Acht zu lassen.

Ich räume jedoch ein, dass alternative bestandsschonende Nahrungsquellen entwickelt werden müssen, wenn die Aquakultur eine Zukunft haben soll. Die Industrie arbeitet an Lösungen gemeinsam mit Wissenschaftlern der Commonwealth Scientific and Industrial Research Organisation (CSIRO), die einen aus an Land lebenden Pflanzen und Tieren gewonnenen Ersatz für das Fischmehl auf der Basis von Futterfischen entwickeln. Momentan bieten Lupinen (eine mehrjährige Pflanze, deren Samen einen hohen Proteingehalt haben) dabei die vielversprechendsten Aussichten.

DIE MACHT DER VERBRAUCHER

Es ist möglich, Fisch zu züchten und dabei alle Negativfaktoren zu umgehen, allerdings nur bei wesentlich höheren Produktionskosten. Sind Sie bereit, zur Deckung dieser Kosten mehr für Fisch und Meeresfrüchte auszugeben, was letztlich Ihnen und der Umwelt zugutekommen wird? Genau dies ist die Frage, die sich zukünftig immer mehr Menschen in der hochentwickelten Welt stellen werden.

Ein ermutigendes Beispiel für die Förderung der Bio-Aquakultur aus dem Einzelhandel bietet die amerikanische Biokette Whole Foods. Dort hat man sich auf die Herausforderung eingelassen und bietet nur Fische und Meerestiere aus wildlebenden Beständen an, die das MSC-Siegel (Marine Stewardship Council) tragen — eine unabhängige gemeinnützige Organisation zur Zertifizierung bestandsschonender Fischereien — oder aus ökologisch und ethisch vertretbaren Züchtungen stammen. Die Tiere aus Zuchtfarmen werden nach strengen Verfahrensvorschriften gezüchtet und die Produktionsanlagen werden von unabhängigen Stellen geprüft, um die Einhaltung der Normen zu gewährleisten. Die Erzeuger sind verpflichtet, die Umweltauswirkungen der Aquakultur zu minimieren, Wasserverschmutzung zu vermeiden und für eine nachhaltige Futterversorgung zu sorgen. Der Fisch darf keine Antibiotikarückstände aufweisen und seine Herkunft muss von den Brutstätten bis zur Verarbeitung lückenlos zurückzuverfolgen sein. In meinen Augen ist die Rückverfolgbarkeit ein zentrales Thema und wird in Zukunft zum Maßstab werden für alle wesentlichen Formen der Landwirtschaft und der Aquakultur.

Mit fundierten Kenntnissen und vernünftiger Tierhaltung ist es möglich, die Methoden der Züchtung von Fisch und Meerestieren zu verbessern. Wissenschaftler arbeiten an der Identifizierung der Gene, die die für den Handel günstigen Eigenschaften von wildlebendem und gezüchtetem Fisch bestimmen. Mit diesen Erkenntnissen werden die Erzeuger in der Lage sein, speziell solchen Fisch zu züchten, der gut mit alternativem Futter ernährt werden kann und Krankheiten gegenüber resistenter ist. Erzeuger, die nach ökologischen und ethischen Kriterien arbeiten, haben eine echte Chance, sich von der Masse abzusetzen. Die Herausforderung für die Verbraucher besteht darin, diese Erzeuger zu erkennen.

Die Biokette Whole Foods hat ein Programm zur Rückverfolgbarkeit eingeführt — vielleicht sollte die gesamte Fischereiwirtschaft hier mit an Bord gehen. Der Kampf um Marktanteile sollte nach den ökologischen Referenzen der einzelnen Erzeuger geführt werden und nicht danach, wer das billigste Produkt auf den Markt bringt. Wir müssen bereit sein, für ethisch nachhaltig produzierte Meerestiere mehr zu bezahlen, Grundlage dafür aber ist Vertrauen. Die Fischereiwirtschaft muss von unabhängigen Stellen überwacht werden und die Etikettierung des Endprodukts muss standardisiert sein, damit der Verbraucher die Produkte gut unterscheiden kann.

Egal ob wir wild gefangenen oder gezüchteten Fisch essen, eines ist sicher: Wir alle müssen uns unserer eigenen Rolle dabei bewusst sein, wenn wir die Fischbestände für zukünftige Generationen bewahren möchten. Fischer und Fischzüchter reagieren auf die Entscheidungen der Verbraucher. Wenn wir uns weigern, ethisch nicht vertretbare Waren zu kaufen, werden diese bald auch nicht mehr angeboten.

Ich glaube, wir vergessen manchmal, welche Macht wir als Verbraucher eigentlich haben. Es ist an der Zeit, dass wir alle (nachdenkend und entsprechend entscheidend) beim Einkaufen unsere Muskeln spielen lassen.

WENN SIE ES SICH NICHT ZUTRAUEN, EINEN GANZEN FISCH ZU FILETIEREN, BITTEN SIE IHREN FISCHHÄNDLER, ES IHNEN ZU ZEIGEN. SO LERNEN SIE NICHT NUR ETWAS DAZU, SONDERN KÖNNEN AUCH ZU HAUSE AUS DEN GRÄTEN EINE BRÜHE ZUBEREITEN.

KALMAR GEBRATEN MIT KNOBLAUCH, CHILI UND FRÜHLINGSZWIEBELN

4 PORTIONEN / VORSPEISE

600 g Kalmar, ganz (oder tiefgefrorene Kalmartuben, gesäubert)
100 ml natives Olivenöl extra
2 TL Knoblauch, gehackt
2 TL Chiliflocken
4 Frühlingszwiebeln, schräg in feine Ringe geschnitten (einige davon zum Garnieren zurücklegen)
1 EL Zitronen- oder Limettensaft
Meersalz
frisch gemahlener schwarzer Pfeffer

Den Kalmar zum Säubern auf ein Schneidebrett legen, mit den Fingern in den Kalmar greifen und vorsichtig die Innereien und die Fangarme vom Körper abziehen. Mit einem scharfen Messer den Mund von den Fangarmen trennen. Mund und Innereien wegwerfen. Mit den Fingern die seitlichen Flügel vom Körper abziehen und die Haut entfernen. Die Haut auf den Fangarmen wird nicht entfernt. Man hat nun zwei Teile, die Tuben und die Fangarme. Den Kalmar unter fließendem, kaltem Wasser waschen und mit Küchenpapier trockentupfen.

Legen Sie die Tuben auf ein sauberes Schneidebrett, mit der Spitze des Kalmars vom Körper weg zeigend. Mit der Spitze eines scharfen Messers von oben in die seitlich am Kalmar verlaufende feine Linie einschneiden. Bis nach unten aufschneiden und die Tuben aufklappen wie ein Buch. Den Kalmar nun von oben rechts nach unten links in einem Winkel von 45° einritzen, dabei das Fleisch nicht ganz durchschneiden. Auf dieselbe Weise von oben links nach unten rechts schneiden, sodass sich auf dem Kalmar ein Rautenmuster ergibt. Den Kalmar der Länge nach halbieren und die Stücke so drehen, dass der obere Teil nach links und der untere Teil nach rechts zeigt. Den Körper in 2 cm breite und die Fangarme in 4 cm lange Stücke schneiden.

Eine große Pfanne auf hoher Stufe erhitzen und das Olivenöl zugeben. Wenn das Öl heiß ist (aber noch nicht qualmt), den Kalmar hineingeben. 1 Minute mit einem Holzlöffel in der Pfanne verteilen, dann den Knoblauch, die Chiliflocken und die Frühlingszwiebeln hineingeben. Den Kalmar etwa 3 Minuten weiter in der Pfanne bewegen, bis er gar ist. Den Zitronen- oder Limettensaft zugeben und mit Meersalz und frisch gemahlenem schwarzem Pfeffer würzen. Mit dem übrigen Grün der Frühlingszwiebeln garnieren und servieren.

KALMARE GIBT ES REICHLICH, SIE SIND NICHT ZU TEUER UND KÖNNEN GEGRILLT, GEBRATEN ODER GEFÜLLT UND GEDÜNSTET WERDEN. SIE SIND WIRKLICH VIELSEITIG, NUTZEN SIE DAS AUS UND EXPERIMENTIEREN SIE.

AUSTERN SIND DIE ULTIMATIVE ÖKOLOGISCH VERTRETBARE EXTRAVAGANZ. SIE ERNÄHREN SICH VON PLAKTON, INDEM SIE GROSSE MENGEN WASSER AUFNEHMEN UND DIE NÄHRSTOFFE HERAUSFILTERN. AUSTERN SIND UMWELTGIFTEN GEGENÜBER SEHR EMPFINDLICH UND KÖNNEN NUR IN REINSTEM WASSER GEDEIHEN.

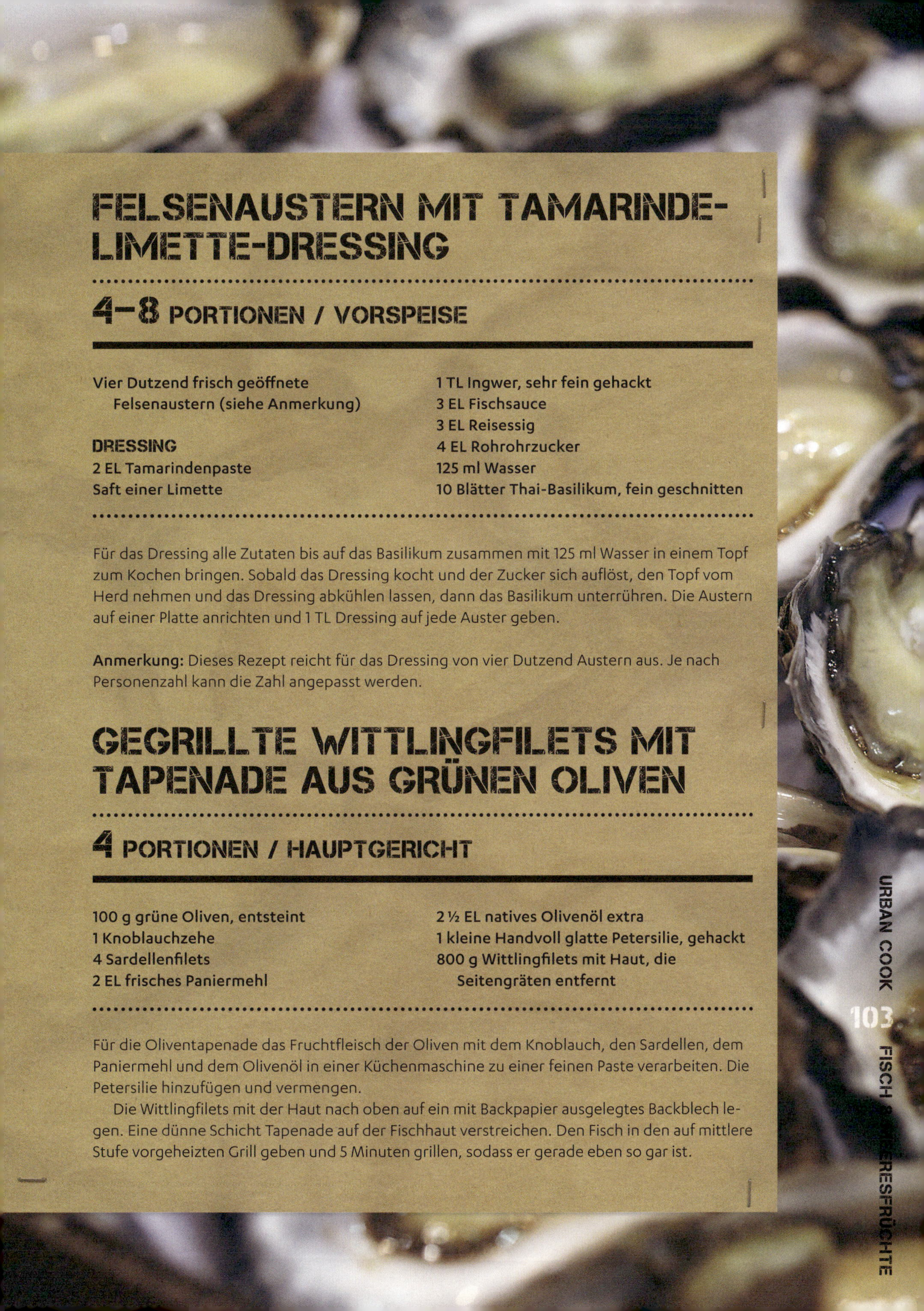

FELSENAUSTERN MIT TAMARINDE-LIMETTE-DRESSING

4–8 PORTIONEN / VORSPEISE

Vier Dutzend frisch geöffnete
Felsenaustern (siehe Anmerkung)

DRESSING
2 EL Tamarindenpaste
Saft einer Limette
1 TL Ingwer, sehr fein gehackt
3 EL Fischsauce
3 EL Reisessig
4 EL Rohrohrzucker
125 ml Wasser
10 Blätter Thai-Basilikum, fein geschnitten

Für das Dressing alle Zutaten bis auf das Basilikum zusammen mit 125 ml Wasser in einem Topf zum Kochen bringen. Sobald das Dressing kocht und der Zucker sich auflöst, den Topf vom Herd nehmen und das Dressing abkühlen lassen, dann das Basilikum unterrühren. Die Austern auf einer Platte anrichten und 1 TL Dressing auf jede Auster geben.

Anmerkung: Dieses Rezept reicht für das Dressing von vier Dutzend Austern aus. Je nach Personenzahl kann die Zahl angepasst werden.

GEGRILLTE WITTLINGFILETS MIT TAPENADE AUS GRÜNEN OLIVEN

4 PORTIONEN / HAUPTGERICHT

100 g grüne Oliven, entsteint
1 Knoblauchzehe
4 Sardellenfilets
2 EL frisches Paniermehl
2 ½ EL natives Olivenöl extra
1 kleine Handvoll glatte Petersilie, gehackt
800 g Wittlingfilets mit Haut, die
Seitengräten entfernt

Für die Oliventapenade das Fruchtfleisch der Oliven mit dem Knoblauch, den Sardellen, dem Paniermehl und dem Olivenöl in einer Küchenmaschine zu einer feinen Paste verarbeiten. Die Petersilie hinzufügen und vermengen.

Die Wittlingfilets mit der Haut nach oben auf ein mit Backpapier ausgelegtes Backblech legen. Eine dünne Schicht Tapenade auf der Fischhaut verstreichen. Den Fisch in den auf mittlere Stufe vorgeheizten Grill geben und 5 Minuten grillen, sodass er gerade eben so gar ist.

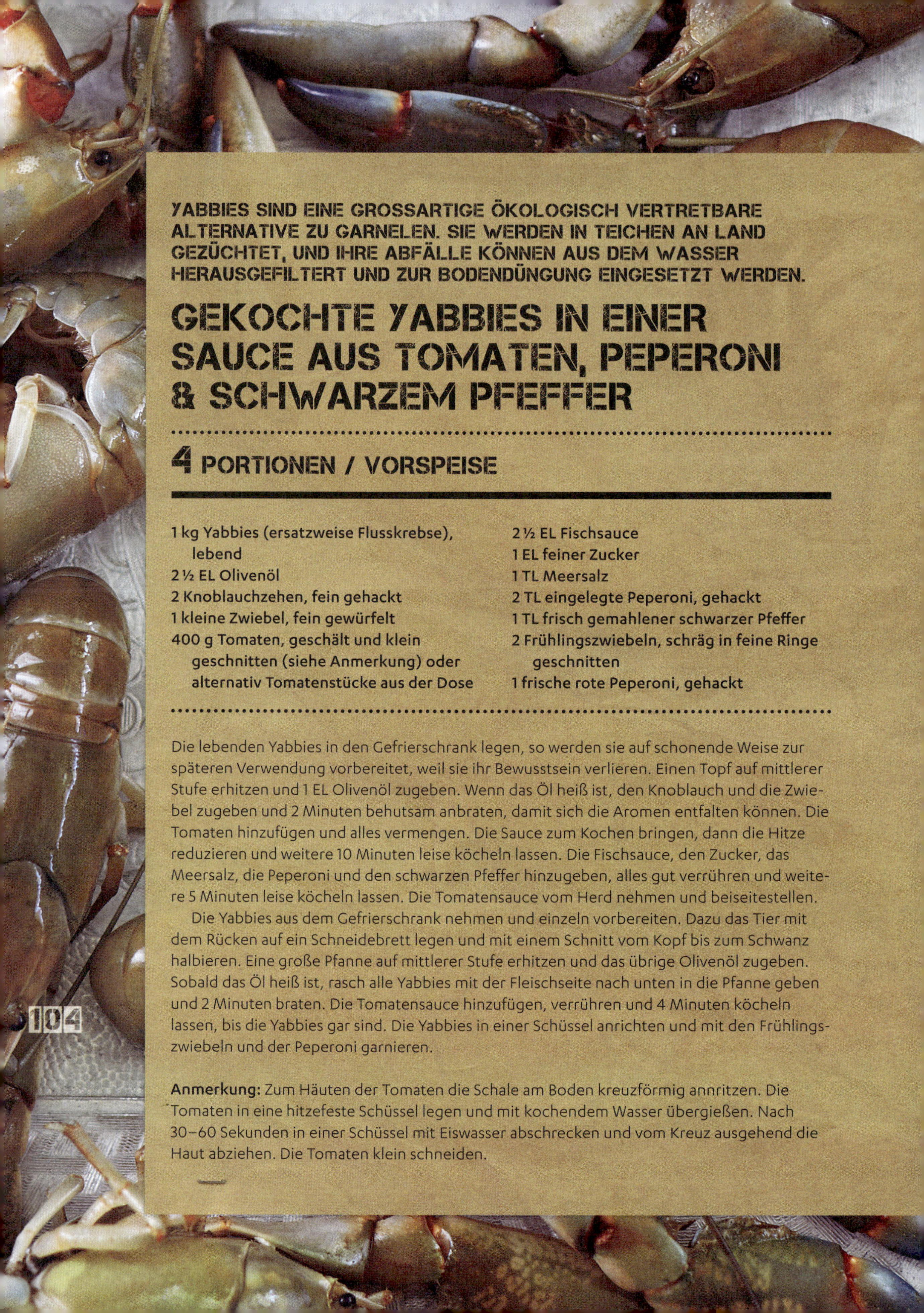

YABBIES SIND EINE GROSSARTIGE ÖKOLOGISCH VERTRETBARE ALTERNATIVE ZU GARNELEN. SIE WERDEN IN TEICHEN AN LAND GEZÜCHTET, UND IHRE ABFÄLLE KÖNNEN AUS DEM WASSER HERAUSGEFILTERT UND ZUR BODENDÜNGUNG EINGESETZT WERDEN.

GEKOCHTE YABBIES IN EINER SAUCE AUS TOMATEN, PEPERONI & SCHWARZEM PFEFFER

4 PORTIONEN / VORSPEISE

- 1 kg Yabbies (ersatzweise Flusskrebse), lebend
- 2 ½ EL Olivenöl
- 2 Knoblauchzehen, fein gehackt
- 1 kleine Zwiebel, fein gewürfelt
- 400 g Tomaten, geschält und klein geschnitten (siehe Anmerkung) oder alternativ Tomatenstücke aus der Dose
- 2 ½ EL Fischsauce
- 1 EL feiner Zucker
- 1 TL Meersalz
- 2 TL eingelegte Peperoni, gehackt
- 1 TL frisch gemahlener schwarzer Pfeffer
- 2 Frühlingszwiebeln, schräg in feine Ringe geschnitten
- 1 frische rote Peperoni, gehackt

Die lebenden Yabbies in den Gefrierschrank legen, so werden sie auf schonende Weise zur späteren Verwendung vorbereitet, weil sie ihr Bewusstsein verlieren. Einen Topf auf mittlerer Stufe erhitzen und 1 EL Olivenöl zugeben. Wenn das Öl heiß ist, den Knoblauch und die Zwiebel zugeben und 2 Minuten behutsam anbraten, damit sich die Aromen entfalten können. Die Tomaten hinzufügen und alles vermengen. Die Sauce zum Kochen bringen, dann die Hitze reduzieren und weitere 10 Minuten leise köcheln lassen. Die Fischsauce, den Zucker, das Meersalz, die Peperoni und den schwarzen Pfeffer hinzugeben, alles gut verrühren und weitere 5 Minuten leise köcheln lassen. Die Tomatensauce vom Herd nehmen und beiseitestellen.

Die Yabbies aus dem Gefrierschrank nehmen und einzeln vorbereiten. Dazu das Tier mit dem Rücken auf ein Schneidebrett legen und mit einem Schnitt vom Kopf bis zum Schwanz halbieren. Eine große Pfanne auf mittlerer Stufe erhitzen und das übrige Olivenöl zugeben. Sobald das Öl heiß ist, rasch alle Yabbies mit der Fleischseite nach unten in die Pfanne geben und 2 Minuten braten. Die Tomatensauce hinzufügen, verrühren und 4 Minuten köcheln lassen, bis die Yabbies gar sind. Die Yabbies in einer Schüssel anrichten und mit den Frühlingszwiebeln und der Peperoni garnieren.

Anmerkung: Zum Häuten der Tomaten die Schale am Boden kreuzförmig annritzen. Die Tomaten in eine hitzefeste Schüssel legen und mit kochendem Wasser übergießen. Nach 30–60 Sekunden in einer Schüssel mit Eiswasser abschrecken und vom Kreuz ausgehend die Haut abziehen. Die Tomaten klein schneiden.

IM WOK GERÜHRTE MIESMUSCHELN MIT KAFFIR-LIMETENBLÄTTERN, INGWER & KNOBLAUCH

4 PORTIONEN / VORSPEISE

1 kg Miesmuscheln
1 EL Erdnussöl
ein Stück junger Ingwer, 4 cm, geschält und fein geschnitten
2 Knoblauchzehen, fein gehackt
2 rote Schalotten, in feine Ringe geschnitten
6 Kaffir-Limettenblätter (Makrut), sehr fein geschnitten
500 ml Gemüsebrühe
2 ½ EL Fischsauce
1 TL Zucker
1 EL Kartoffelstärke
1 große Handvoll Korianderzweige
2 Limetten, in Spalten geschnitten

Die Muscheln unter fließendem kaltem Wasser sauber abbürsten und die Barthaare entfernen. Nochmals waschen. Angebrochene oder offene Muscheln, die sich beim Antippen der Schale nicht schließen, wegwerfen.

Einen Wok oder eine große Pfanne auf mittlerer Stufe erhitzen. Das Erdnussöl, den Ingwer, den Knoblauch und die Schalotten hineingeben und anbraten, damit sich die Aromen entfalten können. Die Muscheln und die Limettenblätter in die Pfanne geben und gut mit den Zutaten verrühren. Die Brühe und die Fischsauce über die Muscheln gießen, die Hitzezufuhr erhöhen und den Topf abdecken. Ab und zu die Muscheln im Topf rütteln oder mit einem Holzlöffel rühren. Muscheln, die sich geöffnet haben, herausnehmen und in eine große Schüssel geben.

Wenn alle geöffneten Muscheln aus dem Wok genommen wurden (solche, die sich nicht geöffnet haben, müssen weggeworfen werden) die Hitze reduzieren und den Zucker hinzufügen; abschmecken und wenn nötig mit Meersalz nachwürzen.

Die Kartoffelstärke mit 1 EL Wasser anrühren und zur Sauce geben. Den Koriander dazugeben und dann die Muscheln zurück in den Wok geben und alles miteinander vermengen. Die Muscheln in eine weite Servierschüssel umfüllen und auf einem Teller die Zitronenspalten dazu reichen.

FOR AFT

FISCHKAUF & VERANTWORTUNG

ES KANN SCHON KOMPLIZIERT SEIN, ÖKOLOGISCH UND ETHISCH KORREKT EINZUKAUFEN, DENN UNSERE ENTSCHEIDUNG FÜR ODER GEGEN EIN BESTIMMTES PRODUKT WIRD BESTIMMT DURCH UNSEREN JEWEILIGEN KENNTNISSTAND.

Wenn wir wildlebendem Fisch aus nachhaltiger Fischerei kaufen wollen, ist es genauso wichtig zu wissen, wie er gefangen wird, als auch, welche Arten empfehlenswert und welche zu vermeiden sind. Manche Fischarten sind in einer Region ernstlich bedroht, weisen in einer anderen hingegen große Bestände auf; es passiert, dass man Fisch kauft, der als ökologisch vertretbar gilt, der aber auf nicht vertretbare Weise gefangen wurde. Es ist daher wichtig, ein gutes Verhältnis zum Fischhändler aufzubauen; er weiß mehr ...

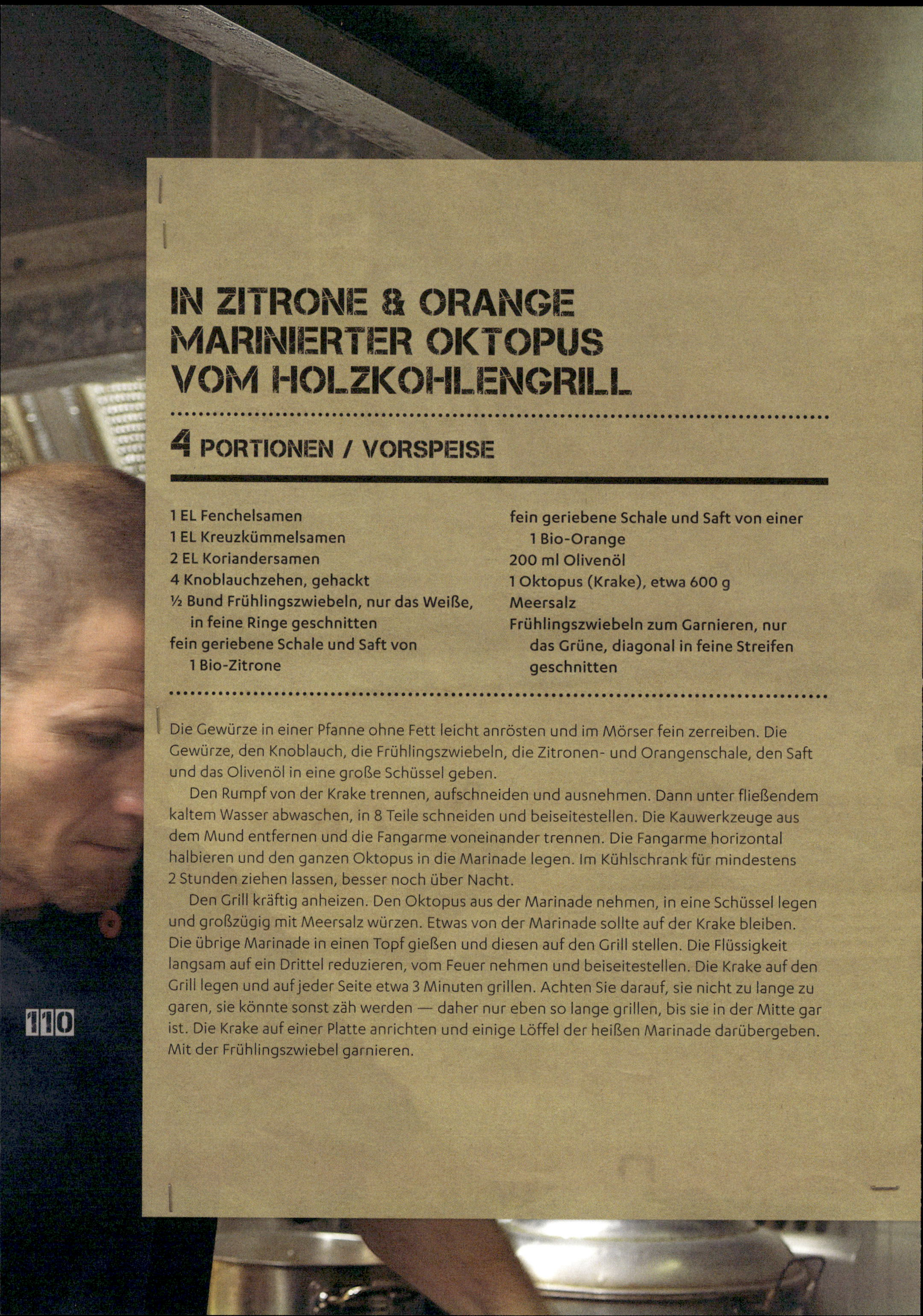

IN ZITRONE & ORANGE MARINIERTER OKTOPUS VOM HOLZKOHLENGRILL

4 PORTIONEN / VORSPEISE

1 EL Fenchelsamen
1 EL Kreuzkümmelsamen
2 EL Koriandersamen
4 Knoblauchzehen, gehackt
½ Bund Frühlingszwiebeln, nur das Weiße, in feine Ringe geschnitten
fein geriebene Schale und Saft von 1 Bio-Zitrone
fein geriebene Schale und Saft von einer 1 Bio-Orange
200 ml Olivenöl
1 Oktopus (Krake), etwa 600 g
Meersalz
Frühlingszwiebeln zum Garnieren, nur das Grüne, diagonal in feine Streifen geschnitten

Die Gewürze in einer Pfanne ohne Fett leicht anrösten und im Mörser fein zerreiben. Die Gewürze, den Knoblauch, die Frühlingszwiebeln, die Zitronen- und Orangenschale, den Saft und das Olivenöl in eine große Schüssel geben.

Den Rumpf von der Krake trennen, aufschneiden und ausnehmen. Dann unter fließendem kaltem Wasser abwaschen, in 8 Teile schneiden und beiseitestellen. Die Kauwerkzeuge aus dem Mund entfernen und die Fangarme voneinander trennen. Die Fangarme horizontal halbieren und den ganzen Oktopus in die Marinade legen. Im Kühlschrank für mindestens 2 Stunden ziehen lassen, besser noch über Nacht.

Den Grill kräftig anheizen. Den Oktopus aus der Marinade nehmen, in eine Schüssel legen und großzügig mit Meersalz würzen. Etwas von der Marinade sollte auf der Krake bleiben. Die übrige Marinade in einen Topf gießen und diesen auf den Grill stellen. Die Flüssigkeit langsam auf ein Drittel reduzieren, vom Feuer nehmen und beiseitestellen. Die Krake auf den Grill legen und auf jeder Seite etwa 3 Minuten grillen. Achten Sie darauf, sie nicht zu lange zu garen, sie könnte sonst zäh werden — daher nur eben so lange grillen, bis sie in der Mitte gar ist. Die Krake auf einer Platte anrichten und einige Löffel der heißen Marinade darübergeben. Mit der Frühlingszwiebel garnieren.

ALS PRAKTISCHEN EINKAUFSHELFER FÜR NACHHALTIG GEFISCHTE MEERESTIERE EMPFEHLEN SICH UNTER ANDEREM FOLGENDE LINKS: WWW.MSC.ORG/DE; WWW.FRIENDOFTHESEA.ORG/DE UND WWW.WWF.DE/THEMEN/MEERE-KUESTEN/FISCHEREI-UND-FISCHZUCHT

MORWONG-FILET MIT KAPERN-PETERSILIE-BUTTERSAUCE

4 PORTIONEN / HAUPTGERICHT

2 x 600 g ganze Morwongs, filetiert (dies ergibt 4 Filets von jeweils etwa 200 g)
1 EL natives Olivenöl extra
100 g Butter
2 EL in Salz eingelegte Kapern, gut abgespült
1 TL Knoblauch, fein gehackt
1 EL fein gehackte Schalotte oder Frühlingszwiebel
1 kleine Handvoll glatte Petersilie, gehackt
Zitronensaft oder Verjus zum Servieren
Meersalz
frisch gemahlener schwarzer Pfeffer

Die Filets mit der Haut nach oben auf ein Schneidebrett legen. In jedes Filet drei diagonale, etwa 3 mm tiefe Schnitte durch die Haut einschneiden. Eine Pfanne auf mittlerer bis hoher Stufe erhitzen. Wenn die Pfanne gut heiß ist, das Olivenöl und 20 g der Butter hinzugeben. Sobald die Butter geschmolzen ist und zu schäumen beginnt, den Fisch behutsam mit der Hautseite nach unten in die Pfanne legen. Die Hitze leicht verringern und den Fisch etwa 4 Minuten braten, dann wenden, den Herd ausstellen und weitere 2 Minuten braten. Die genaue Garzeit hängt von der Filetstärke ab, aber mit etwas Übung werden Sie das auf den Punkt genau hinbekommen.

Die Filets auf angewärmten Tellern anrichten. Die Pfanne mit Küchenpapier auswischen und auf hoher Stufe erneut erhitzen. Die restliche Butter hineingeben, und sobald sie schäumt, die Kapern, den Knoblauch und die Schalotten zugeben. Alles verrühren, dann die Petersilie hinzufügen und braten, bis die Butter goldbraun ist. Die Pfanne vom Herd nehmen und einen Spritzer Zitronensaft oder Verjus darübergeben. Die Sauce mit Meersalz und frisch gemahlenem schwarzem Pfeffer abschmecken und gleichmäßig über dem Fisch verteilen.

MAN SCHÄTZT, DASS 25 % DER WELTWEITEN FANGMENGE ALS BEIFANG ANGESEHEN WIRD UND EINFACH INS MEER ZURÜCKGEWORFEN WIRD. DIE FISCHE SIND DABEI ENTWEDER TOT ODER HALBTOT.

GEDÄMPFTER BARRAMUNDI MIT TAMARI- UND AUSTERNSAUCE

2 PORTIONEN / HAUPTGERICHT

1 großer Barramundi, 600–700 g
1 EL Erdnussöl
¼ TL chinesisches Fünf-Gewürze-Pulver
¼ TL Meersalz
¼ TL weißer Pfeffer, gemahlen
2 Knoblauchzehen, geschält und fein geschnitten
ein Stück Ingwer, 2 cm, in feine Scheiben geschnitten
1 EL Austernsauce
3 EL Tamari-Sojasauce
½ TL Zucker
2 EL heißes Wasser
1 Frühlingszwiebel, schräg in feine Ringe geschnitten
1 frische rote Peperoni, schräg in feine Ringe geschnitten

Einen mit Wasser gefüllten Dämpftopf aus Metall bei großer Hitze zum Kochen bringen. Sollte Ihr Dämpftopf nicht groß genug für den Fisch sein, schneiden Sie den Barramundi in 2 cm breite Streifen und garen diese in einem kleineren Dämpftopf.

Den Barramundi innen und außen unter fließendem, kaltem Wasser waschen und mit Küchenpapier trockentupfen. Den Fisch mit 2 TL Erdnussöl einpinseln und mit dem Fünf-Gewürze-Pulver, dem Salz und dem weißen Pfeffer würzen. Das restliche Öl auf ein zur Verstärkung doppelt gefaltetes Stück Alufolie geben und den Fisch darauflegen. Den Knoblauch und den Ingwer darüberstreuen und den Fisch etwa 18 Minuten im Dämpfeinsatz über sprudelnd kochendem Wasser garen, bis der Fisch fest ist und sich mit der Gabel leicht zerteilen lässt. Wenn Sie den Fisch in Stücken garen, prüfen Sie nach 10 Minuten, ob er gar ist.

Inzwischen die Austernsauce und die Tamari-Sojasauce mit dem Zucker und 2 EL heißem Wasser verrühren, bis sich der Zucker aufgelöst hat. Den fertigen Fisch auf einem Teller anrichten und mit der Sauce übergießen. Mit der Frühlingszwiebel und dem Chili garnieren und mit Jasminreis servieren.

DIE MEISTEN LEUTE BEVORZUGEN DEN SÜSSLICHEN, REINEN GESCHMACK VON MEERWASSER-BARRAMUNDI. ICH SELBST MAG LIEBER DEN LEICHT ERDIGEN GESCHMACK DER SÜSSWASSER-BARRAMUNDIS. DIESE WERDEN IN EINEM GESCHLOSSENEN AQUAKULTUR-SYSTEM GEZÜCHTET, DAS WENIGER ÖKOLOGISCHE NACHTEILE MIT SICH BRINGT.

GEBRATENE MEERÄSCHE (MULLET) IN EINER SCHARFEN KRÄUTER-KNOBLAUCH-MARINADE

4 PORTIONEN / HAUPTGERICHT

750 g Meeräschen-Filets, mit Haut, entgrätet
125 ml natives Olivenöl extra
Meersalz
frisch gemahlener schwarzer Pfeffer
8 Knoblauchzehen, ungehäutet, mit dem Messerrücken zerdrückt
2 Schalotten, fein gewürfelt
3 getrocknete rote Peperoni, grob gehackt
2 EL Kräuter, gehackt, beispielswiese Oregano, Thymian und Majoran, zu gleichen Anteilen
1 Lorbeerblatt
3 EL Verjus

Die Fischfilets in 3 x 9 cm große Stücke schneiden. Die Stücke mit 2 EL des Olivenöls in eine Schüssel geben und mit dem Meersalz und dem frisch gemahlenem schwarzem Pfeffer würzen. Gut mischen, damit der Fisch gleichmäßig mit dem Öl umhüllt ist, und beiseitestellen.

Das restliche Olivenöl und die Knoblauchzehen in einen kleinen Topf geben und auf niedriger Stufe erwärmen. Den Knoblauch braten, bis er leicht braun wird, dann die Schalotten und die Peperoni zugeben. Wenn der Knoblauch goldbraun und die Schalotten glasig sind, die Pfanne vom Herd nehmen und beiseitestellen.

Eine große gusseiserne Pfanne auf mittlerer Stufe erhitzen. Wenn die Pfanne heiß ist, etwas Öl und die Fischstücke mit der Hautseite nach unten hineingeben und braten, bis die Haut knusprig ist. Den Fisch in der Pfanne wenden und sofort den Herd ausschalten.

Den Topf mit dem Öl, dem Knoblauch, den Schalotten und dem Chili wieder auf hoher Stufe erhitzen und die Kräuter und das Lorbeerblatt hineingeben. Wenn die Kräuter anfangen zu brutzeln, den Topf vom Herd nehmen und vorsichtig das Verjus dazugießen. Den Fisch auf eine Servierplatte mit Rand legen, die heiße Marinade im Topf kräftig rühren und gleichmäßig über den Fisch gießen. Den Fisch vor dem Servieren 2 Stunden lang ziehen lassen. Dieses Gericht eignet sich, serviert auf knusprigem Brot, auch herrlich für ein Picknick.

MEERÄSCHEN WERDEN IN DER REGEL IM TANDEMVERFAHREN MIT ZWEI BOOTEN MIT RINGWADENNETZEN IN STRANDNÄHE GEFANGEN. DIES IST DIE SCHONENDSTE FANGMETHODE FÜR ALLE NICHT-ZIELFISCHARTEN, DIE SONST ALS BEIFANG IM NETZ LANDEN WÜRDEN.

INDISCHES CURRY AUS REGENBOGENFORELLE IN JOGHURT

2 PORTIONEN / HAUPTGERICHT

2 Regenbogenforellen, ganz, à 400 g
etwa 100 ml Pflanzenöl
2 Zwiebeln, in feine Ringe geschnitten
1 TL Kurkuma, gemahlen
1 TL Kreuzkümmel, gemahlen
2 TL Koriander, gemahlen
2 TL rotes Currypulver
1 TL Senfpulver
1 Ingwerstück, 2 cm, sehr fein gehackt
2 Knoblauchzehen, geschält und sehr fein gehackt
1 Stange Zimt
2 Nelken
6 Kardamom-Kapseln
750 ml Hühnerbrühe oder Wasser
50 g Sultaninen
375 g griechischer Joghurt, natur
1 TL Maisstärke
2 TL Rohrohrzucker
12 Kirschtomaten, halbiert
2 EL Korianderblätter, gehackt

Die Forelle innen und außen unter fließendem, kaltem Wasser waschen und mit Küchenpapier trockentupfen. Den Fisch auf ein Schneidebrett legen und die Köpfe abtrennen (sie können auch der Länge nach halbiert und in dem Curry mitgekocht werden, wenn man mag). Die Forelle vom Kopf zum Schwanz hin in 2 cm breite Streifen schneiden.

Eine große Pfanne auf hoher Stufe erhitzen und ein Drittel des Pflanzenöls hineingeben. Wenn das Öl heiß ist, die Fischstücke in zwei bis drei Portionen auf jeder Seite 1 Minute anbraten. Die Stücke aus der Pfanne nehmen, auf Küchenpapier abtropfen lassen und beiseitestellen.

Die Pfanne auswischen und auf mittlerer Stufe wieder erhitzen. Das restliche Öl hineingeben und die Zwiebeln unter häufigem Rühren 15 Minuten anbräunen. In der Zwischenzeit die gemahlenen Gewürze, das Curry- und das Senfpulver mit dem Ingwer und dem Knoblauch in einer Schüssel vermischen. Wenn die Zwiebeln gut angebräunt sind, die Gewürzmischung unterrühren und weitere 5 Minuten braten. Den Zimt, die Nelken und die Kardamom-Kapseln dazugeben und alle Gewürze weitere 2 Minuten zusammen köcheln. Nach und nach die Brühe dazugießen und zum Kochen bringen, die Hitze reduzieren und 10 Minuten köcheln lassen.

Inzwischen die Sultaninen in einer Schüssel mit heißem Wasser übergießen und 10 Minuten einweichen, dann abgießen. In einer Schüssel den Joghurt mit der Maisstärke verquirlen. Die Pfanne vom Herd nehmen und den Joghurt unter das Curry mischen. Die Pfanne zurück auf den Herd stellen und den Zucker, die Kirschtomaten und die Sultaninen hinzufügen. Das Curry zum Sieden bringen, die Fischstücke hineinlegen und behutsam etwa 4 Minuten garen. Gegebenenfalls mit Salz abschmecken und mit dem Koriander garnieren. Mit Basmatireis servieren.

AUSWÄRTS ESSEN – IHR BEITRAG ZU EINER NACHHALTIGEN ZUKUNFT

SETZT MAN PREIS UND GEWICHT IN RELATION, STELLEN FISCHE UND MEERESTIERE EINDEUTIG DAS TEUERSTE TIERISCHE EIWEISS DAR. DIE FISCHEREI IST DIE EINZIGE NAHRUNGSMITTELINDUSTRIE, DIE VORWIEGEND VON WILDLEBENDEN BESTÄNDEN ABHÄNGT, AUCH WENN DIES IM WANDEL BEGRIFFEN IST. WETTERLAUNEN, TREIBSTOFFPREISE, DIE NOMADISCHE NATUR DER FISCHE – ALL DIES FLIESST IN DEN PREIS EIN, DEN WIR ZU ZAHLEN HABEN. ES IST MANCHMAL FÜR RESTAURANTS SCHWIERIG, DIE FISCHGERICHTE AUF DER KARTE AUFZULISTEN, DENN DER GRUNDPREIS KANN STARK VARIIEREN, WAS SICH NATÜRLICH AUF DIE GEWINNSPANNE AUSWIRKT. EIN KLUGER KÜCHENCHEF WIRD FISCH DER JAHRESZEIT ENTSPRECHEND EINKAUFEN (JA, AUCH FISCH IST EIN SAISONALES PRODUKT) UND NIEMALS DEN PREIS AUF DIE KARTE SCHREIBEN, ES SEI DENN, DER EINKAUFSPREIS IST GARANTIERT. DIES IST DER GRUND, WARUM MAN AUF DER SPEISEKARTE OFT „FISCH DES TAGES" ODER „MARKTPREIS" LIEST.

Fischlieferanten haben keine leichte Aufgabe; sie müssen einerseits gewinnbringend arbeiten und andererseits auch darauf eingehen, was ein Küchenchef bereit ist zu zahlen. Welchen Fisch Küchenchefs einkaufen und wie viel sie bereit sind, dafür zu zahlen, hängt wiederum davon ab, was Sie als Kunde am ehesten bestellen werden und was Sie Ihrerseits bereit sind, dafür zu zahlen. Letztlich ist es der Gast, den der Küchenchef zufriedenstellen muss. Sie als unsere Gäste müssen die Gerichte interessant finden, sonst können wir zumachen. Aus Erfahrung weiß ich, welchen Fisch Restaurants am liebsten anbieten, nämlich den, der sich fast unabhängig von der Beilage immer gut verkauft. Schauen Sie mal, ob die Fischarten auf meiner Liste mit denen übereinstimmen, die Sie zuletzt gegessen haben oder die Sie am ehesten essen würden: Snapper, Barramundi (Wildfang) und Thunfisch. Die enorme Nachfrage nach diesen Arten setzt den Preis, den wir dafür zahlen, unter immer stärkeren Druck, und leider wird sich ihre Beliebtheit langfristig auf die Bestände auswirken. Erstaunlicherweise steht bei vielen Küchenchefs der nachhaltige Bestandschutz auf der Rangliste ihrer Auswahlkriterien nicht besonders weit oben – Beliebtheit, Qualität und Preis scheinen wichtiger zu sein. Diese Faktoren müssen sicherlich berücksichtigt werden, wenn ein Restaurant überlebensfähig sein soll. Und dennoch – wenn wir die Ökologie der Meere schützen wollen, müssen Gäste und Küchenchefs letztlich zusammenwirken und ihren Beitrag zum Umweltschutz leisten.

Köche müssen sich mit den unzähligen weniger bekannten Fischarten kreativ auseinandersetzen und Sie, der Gast, müssen ihm die Chance dazu geben; ansonsten bleiben wir in einem Kreislauf gefangen, der sich auf die wenigen gefragten Arten stützt. Ich versuche, im Red Lantern auch immer wieder weniger bekannte Fischarten anzubieten, beispielsweise Leatherjacket, Mullet (Meeräsche) und Morwong, denn für mich sind sie die nachhaltigere Lösung. Ich hatte mal mehr mal weniger Erfolg damit, aber ich werde so weitermachen, denn ich bin überzeugt, es sind die kleinen Schritte, die Dinge, die wir Tag für Tag machen können, die den Bestand der Meere, diese großartige Ressource, schützen werden.

ICH VERWENDE GERNE WESTERN ROCK LOBSTER (AUSTRALISCHE LANGUSTE), WENN ER SAISON HAT. ES IST EINE DER WENIGEN MIT NACHHALTIGEN METHODEN GEFANGENEN ARTEN.

GEBRATENE LANGUSTE MIT KNOBLAUCH, TOMATE & DUFTKRÄUTERN

4 PORTIONEN / VORSPEISE

1 Languste, 1,8 kg, lebend
2 EL Maisstärkemehl
100 ml Olivenöl
6 Knoblauchzehen, in feine Scheiben geschnitten
1 Zwiebel, fein gewürfelt
1 Selleriestange, fein gewürfelt
2 EL Tomatenmark
500 ml trockener Roséwein
2 Tomaten
1 EL Oregano, gerebelt
1 EL glatte Petersilie, gehackt
1 EL Basilikum, gehackt
Meersalz
frisch gemahlener schwarzer Pfeffer

Für eine humane Vorbereitung die Languste 1–2 Stunden in den Gefrierschrank legen, damit sie das Bewusstsein verliert. Die Languste auf ein Schneidebrett legen und mit einem scharfen Messer oder einem Beil den Kopf entfernen und beiseitelegen. Längs halbieren, den Rogen entfernen und wegwerfen. (Sie können den Rogen mit Mehl bestäuben und frittieren und dann dieses Gericht damit garnieren.) Den Schwanz der Langusten an den weichen Abschnitten des Panzers in Medaillons schneiden.

Die Langustenmedaillons mit dem Stärkemehl bestäuben und beiseitestellen. Eine große Pfanne auf mittlerer Stufe erhitzen und die Hälfte des Olivenöls zugeben. Sobald das Öl heiß ist, die Medaillons auf jeder Seite 1 Minute braten, herausnehmen und beiseitestellen.

Die Pfanne mit Küchenpapier auswischen und wieder erhitzen. Das restliche Öl zugeben und den Langustenkopf 2 Minuten braten. Den Knoblauch, die Zwiebel und den Stangensellerie hinzufügen und weiter braten, bis das Gemüse weich, aber noch nicht braun ist. Das Tomatenmark einrühren und nach und nach den Wein dazugießen. Alles zum Kochen bringen, dann die Hitze reduzieren und weitere 10 Minuten köcheln lassen. Den Langustenkopf herausnehmen und in eine Schüssel legen. Nach dem Abkühlen den Kopf nach Fleischstücken absuchen und diese in die Sauce geben.

Während die Languste gart, die Tomaten häuten. Dazu die Schale der Tomaten am Boden kreuzförmig anritzen. Die Tomaten in eine hitzefeste Schüssel legen und mit kochendem Wasser übergießen. Nach 30–60 Sekunden in einer Schüssel mit Eiswasser abschrecken und vom Kreuz ausgehend die Haut abziehen. Die Tomaten würfeln und beiseitestellen.

Die Langustenmedaillons in die Pfanne legen und 3 Minuten behutsam garen. Die Tomatenwürfel und die Kräuter dazugeben (etwas zum Garnieren beiseitelegen), die Hitze erhöhen und die Sauce leicht andicken. Mit Meersalz und Pfeffer abschmecken. Mit den Kräutern garnieren und servieren.

LEATHERJACKET (FEILENFISCH) WIRD SEHR UNTERSCHÄTZT UND ALS BEIFANG ANGESEHEN, ALSO EIN BEIM FISCHEN AUS VERSEHEN INS NETZ GEGANGENER FISCH. ICH FINDE DAGEGEN, ER HAT EINE WUNDERBARE KONSISTENZ, PASST GUT ZU KRÄFTIGEN AROMEN WIE ZITRONENGRAS ODER CURRYGEWÜRZEN UND SEIN FLEISCH LÖST SICH NACH DEM GAREN LEICHT VOM RÜCKGRAT UND VON DEN GRÄTEN.

IM OFEN GEBRATENER LEATHERJACKET MIT ZITRONENGRAS & KNOBLAUCH

4 PORTIONEN / HAUPTGERICHT

4 Stängel Zitronengras
8 Knoblauchzehen, fein gehackt
2 Thai-Chilischoten, fein gehackt
2 ½ EL Fischsauce
2 TL Zucker
Saft einer Zitrone
4 Leatherjackets à 350 g (meist werden sie ohne Haut und Kopf verkauft)
2 Zitronen, halbiert
1 Handvoll Korianderzweige

GEWÜRZÖL MIT FRÜHLINGSZWIEBEL

3 EL Pflanzenöl
3 Frühlingszwiebeln, nur das Grüne, in feine Ringe geschnitten

Für das Gewürzöl das Pflanzenöl und das Grün der Frühlingszwiebeln in einem kleinen Topf auf mittlerer Stufe erhitzen. Die Frühlingszwiebeln garen, bis sie gerade im Öl zu sieden beginnen, dann den Topf vom Herd nehmen. Die Frühlingszwiebeln in dem Öl abkühlen lassen.

Die harten äußeren Blätter vom Zitronengras abschälen. Den 6–8 cm großen unteren weißen Teil in feine Scheiben schneiden und sehr fein hacken. Für die Marinade das gehackte Zitronengras, den Knoblauch, den Chili, die Fischsauce, den Zucker, den Zitronensaft und das Frühlingszwiebelöl in eine Schüssel geben und rühren, bis sich der Zucker aufgelöst hat.

Den Fisch auf ein Schneidebrett legen und vier diagonale Schnitte in das Fleisch machen, aber nicht bis zum Rückgrat. Auf der anderen Seite ebenso verfahren. Die so vorbereiteteten Fische in eine weite Schale (aus Glas oder Edelstahl) legen. Die Marinade gleichmäßig über den gesamten Fisch verteilen und im Kühlschrank 1 Stunde marinieren.

Den Backofen auf 180°C (Gas Stufe 4) vorheizen. Den Fisch aus dem Kühlschrank nehmen und auf Zimmertemperatur erwärmen lassen. Den Fisch mit den Zitronenhälften auf ein Backblech legen und etwa 20 Minuten garen, bis der Fisch nicht mehr glasig ist. Mit den Korianderzweigen garnieren und servieren.

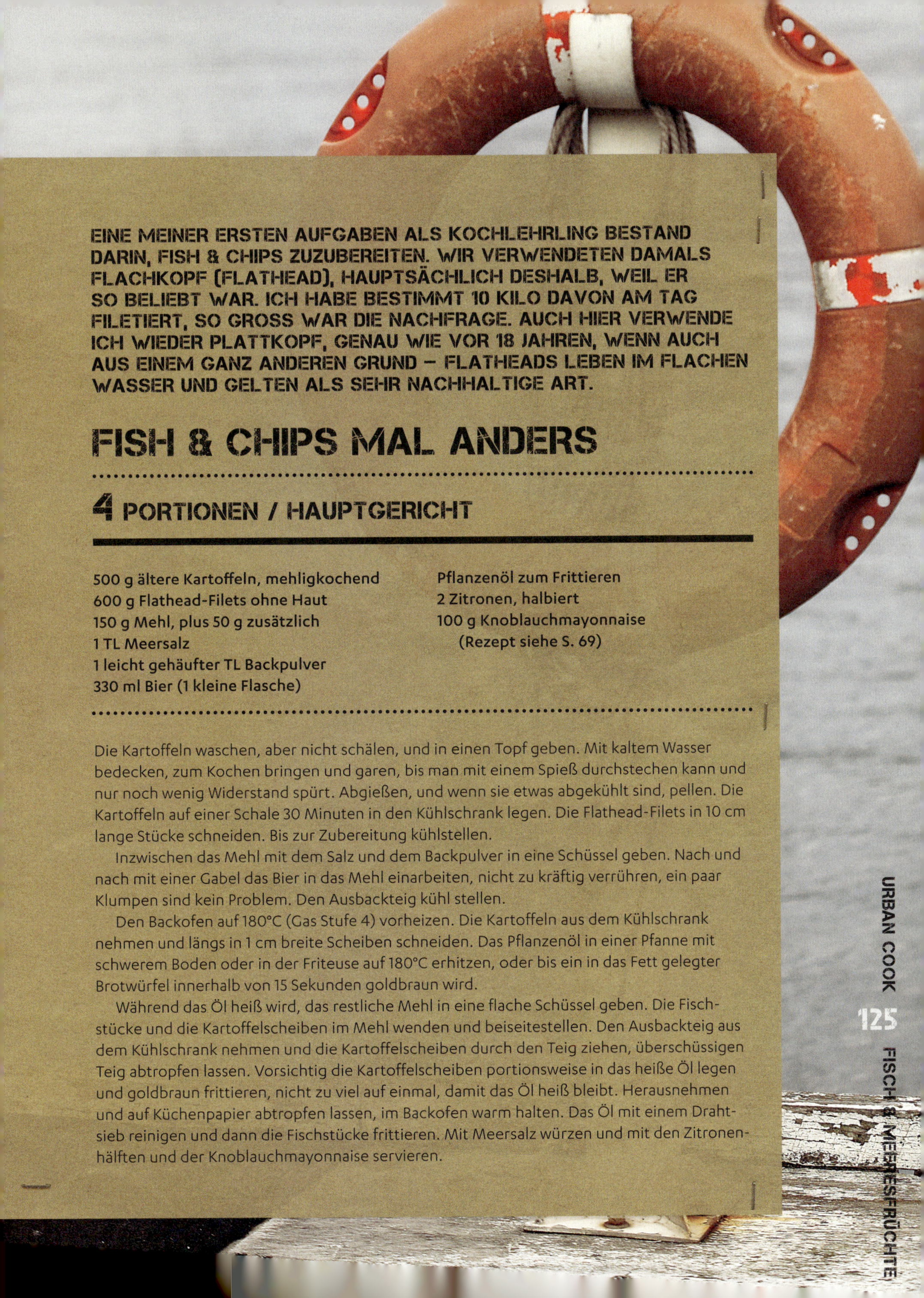

EINE MEINER ERSTEN AUFGABEN ALS KOCHLEHRLING BESTAND DARIN, FISH & CHIPS ZUZUBEREITEN. WIR VERWENDETEN DAMALS FLACHKOPF (FLATHEAD), HAUPTSÄCHLICH DESHALB, WEIL ER SO BELIEBT WAR. ICH HABE BESTIMMT 10 KILO DAVON AM TAG FILETIERT, SO GROSS WAR DIE NACHFRAGE. AUCH HIER VERWENDE ICH WIEDER PLATTKOPF, GENAU WIE VOR 18 JAHREN, WENN AUCH AUS EINEM GANZ ANDEREN GRUND – FLATHEADS LEBEN IM FLACHEN WASSER UND GELTEN ALS SEHR NACHHALTIGE ART.

FISH & CHIPS MAL ANDERS

4 PORTIONEN / HAUPTGERICHT

500 g ältere Kartoffeln, mehligkochend
600 g Flathead-Filets ohne Haut
150 g Mehl, plus 50 g zusätzlich
1 TL Meersalz
1 leicht gehäufter TL Backpulver
330 ml Bier (1 kleine Flasche)
Pflanzenöl zum Frittieren
2 Zitronen, halbiert
100 g Knoblauchmayonnaise (Rezept siehe S. 69)

Die Kartoffeln waschen, aber nicht schälen, und in einen Topf geben. Mit kaltem Wasser bedecken, zum Kochen bringen und garen, bis man mit einem Spieß durchstechen kann und nur noch wenig Widerstand spürt. Abgießen, und wenn sie etwas abgekühlt sind, pellen. Die Kartoffeln auf einer Schale 30 Minuten in den Kühlschrank legen. Die Flathead-Filets in 10 cm lange Stücke schneiden. Bis zur Zubereitung kühlstellen.

Inzwischen das Mehl mit dem Salz und dem Backpulver in eine Schüssel geben. Nach und nach mit einer Gabel das Bier in das Mehl einarbeiten, nicht zu kräftig verrühren, ein paar Klumpen sind kein Problem. Den Ausbackteig kühl stellen.

Den Backofen auf 180°C (Gas Stufe 4) vorheizen. Die Kartoffeln aus dem Kühlschrank nehmen und längs in 1 cm breite Scheiben schneiden. Das Pflanzenöl in einer Pfanne mit schwerem Boden oder in der Friteuse auf 180°C erhitzen, oder bis ein in das Fett gelegter Brotwürfel innerhalb von 15 Sekunden goldbraun wird.

Während das Öl heiß wird, das restliche Mehl in eine flache Schüssel geben. Die Fischstücke und die Kartoffelscheiben im Mehl wenden und beiseitestellen. Den Ausbackteig aus dem Kühlschrank nehmen und die Kartoffelscheiben durch den Teig ziehen, überschüssigen Teig abtropfen lassen. Vorsichtig die Kartoffelscheiben portionsweise in das heiße Öl legen und goldbraun frittieren, nicht zu viel auf einmal, damit das Öl heiß bleibt. Herausnehmen und auf Küchenpapier abtropfen lassen, im Backofen warm halten. Das Öl mit einem Drahtsieb reinigen und dann die Fischstücke frittieren. Mit Meersalz würzen und mit den Zitronenhälften und der Knoblauchmayonnaise servieren.

GE

INHALT

FLÜGEL
127

GEFLÜGEL

MAN KANN ES SICH JA KAUM MEHR VORSTELLEN, ABER ES IST NOCH GAR NICHT SO LANGE HER, DASS ES ALS LUXUS GALT, EIN GEBRATENES HÄHNCHEN AUF DEM TISCH ZU HABEN. ALS MEIN VATER JUNG WAR, GALT BRATHÄHNCHEN ALS EIN BESONDERES, NUR ZU FEIERLICHEN ANLÄSSEN GEREICHTES GERICHT. ALLJÄHRLICH IM SPÄTEN SEPTEMBER BRACHTE MEIN GROSSVATER DAMALS SECHS KÜKEN NACH HAUSE. DAS WAR DANN IMMER EIN AUFREGENDES EREIGNIS, BEDEUTETE ES DOCH, DASS ES BIS WEIHNACHTEN NUR NOCH DREI MONATE WAREN. EIN HUHN, DAS SICH AUF NATÜRLICHE WEISE MIT KÖRNERN UND HIN UND WIEDER EIN PAAR WÜRMERN UND INSEKTEN ERNÄHRT, HAT NACH ETWA DREI MONATEN DIE RICHTIGE GRÖSSE FÜR DEN ESSTISCH. DIE AUSERKORENEN HÜHNER DURFTEN TAGSÜBER IM GARTEN UMHERSTREIFEN UND WAREN NACHTS IM HÜHNERSTALL. MEINE GROSSMUTTER HATTE STETS EIN WACHSAMES AUGE AUF DAS „WEIHNACHTSMAHL", WÄHREND SIE SO IHREN TÄGLICHEN PFLICHTEN NACHGING.

Die kommerzielle Geflügelhaltung begann in den späten 1950er-Jahren mit der Entwicklung neuer Hühnerrassen, deren einziger Zweck es war, Fleisch hervorzubringen. Man schätzt, dass dieser Wirtschaftszweig mit 3 Millionen Hühnern angefangen hat; heute produziert die australische Geflügelindustrie schätzungsweise 460 Millionen Hühner pro Jahr. Etwa 4 % dieser Hühner werden in Freilandhaltung großgezogen, und davon noch einmal die Hälfte lebt in Bio-Betrieben.

Hühner aus Massentierhaltung dominieren eindeutig den Markt und bieten eine billige Quelle für tierisches Eiweiß als Alternative zu Rind, Lamm und Schwein — aber zu welchem Preis für die Tiere selbst? Spontan würden wohl die meisten Leute zustimmen, dass der Kauf von Freiland- oder Bio-Hühnern sowohl ethisch als auch ökologisch verantwortungsbewusster ist. Als Koch, der in der Stadt tätig ist, hat man natürlich dieses Bild — ich stelle mir gerne vor, dass das Tier, das ich gerade zubereite, ein gutes Leben gehabt hat, frei auf einem Hof herumlaufen konnte und im Boden nach Insekten und Grassamen picken konnte. Aber ist es auch wirklich so, dass Hühner auf Bio-Farmen und in Freilandhaltung besser leben? Und noch wichtiger, handeln wir ethisch verantwortungsbewusster, wenn wir Hühner aus Freilandhaltung oder aus Bio-Betrieben kaufen?

Schauen wir uns zuerst einige der Faktoren an, die Einfluss darauf haben, ob wir ein Huhn aus Massentierhaltung, aus Freilandhaltung oder aus Bio-Betrieben kaufen.

DER PREIS

Vor einiger Zeit habe ich eine einfache Umfrage gemacht, ich habe mich vor meinem Restaurant auf den Fußweg gestellt und etwa 50 Passanten gefragt, ob sie Huhn im Supermarkt kaufen, und wenn ja, was beim Kauf der einen oder anderen Sorte Huhn ihre Entscheidung beeinflusst. Die überwältigende Mehrheit der Leute gab an, dass der Preis ausschlaggebend sei und sie eher zur billigeren Sorte greifen würden.

Hühner aus Massentierhaltung sind am billigsten. Dann folgt die Freilandhaltung mit höheren Produktionskosten und geringerer Bestandsdichte. Hühner aus Bio-Haltung sind aufgrund strenger ökologischer und ethischer Vorgaben in der Produktion am teuersten.

ETHISCHE ASPEKTE

Hühner aus Freilandhaltung werden immer beliebter, ich bin mir allerdings nicht so sicher, ob jeder, der Freilandhuhn kauft, dies wegen des besseren Geschmacks tut. Viele kaufen Hühner aus Freilandhaltung aus der Überzeugung heraus, so das ethisch Richtige zu tun. Mag sein, aber manchmal beruht diese Entscheidung auch auf der falschen Vorstellung, Hühner aus konventioneller Haltung würden in Käfigen gemästet, was so nicht stimmt. Jedenfalls begrüße ich es sehr, wenn Verbraucher über die Folgen ihres Einkaufs nachdenken, und ich möchte mehr Menschen dazu ermutigen.

GESCHMACK

Im Red Lantern servieren wir Freilandhühner, die mit einer auf dem Hof selbst zusammengestellten Mischung aus Körnern und Getreide gefüttert werden. Unsere Hühner laufen frei herum, haben ein stressfreies Leben und werden durch Schäferhunde vor Raubtieren geschützt. Was auch wichtig ist: Die Tiere werden bei Schlachtreife direkt auf dem Hof verarbeitet und keinem zusätzlichen Stress durch den Transport zum Schlachthaus ausgesetzt. Sie werden in der Nacht zusammengetrieben, wenn sie insgesamt ruhiger sind, und früh am nächsten Morgen geschlachtet. Ich finde, man schmeckt die Ruhe der Tiere im Fleisch, man spürt die festere Konsistenz, die sich nur dann entwickelt, wenn das Huhn die Möglichkeit hatte, frei herumzulaufen, im Staub zu baden und die Flügel auszubreiten.

Meiner ganz persönlichen Umfrage zufolge kaufen viele Leute Hühner aus Massentierhaltung, weil es einfach billiger ist, ich frage mich aber, ob diese Leute jemals ein Huhn aus Freilandhaltung oder ein Bio-Huhn probiert haben und den Unterschied kennen?

Das Choice Magazin, das australische Pendant von »Stiftung Warentest«, hat einen Test durchgeführt und den Geschmack von Hühnern aus drei unterschiedlichen Aufzuchtmethoden verglichen: Intensivmast, Freiland- und Bio-Haltung. Alle Hühner hatten dasselbe Gewicht und wurden ohne Salz und Pfeffer gebraten — ungeschminkt sozusagen. Die Jurymitglieder erhielten jeweils eine Scheibe aus der Brust und ein Stück aus dem Schenkel und wurden gebeten, Geschmack und Konsistenz des Fleisches zu beurteilen. Ich hatte angenommen, sie würden einen deutlichen Unterschied im Geschmack feststellen. Zu meiner Überraschung aber verkündeten sie, dass kein Huhn besser sei als ein anderes und dass keines so schmeckte wie das Brathähnchen aus ihrer Kindheit. Ich tue mich schwer damit, dieses Ergebnis zu akzeptieren, und bin damit sicherlich nicht der Einzige. Meiner Ansicht nach gibt es einen deutlichen Unterschied im Geschmack und, was ebenso wichtig ist, in der Konsistenz der unterschiedlich gemästeten Hühner. Essen und Geschmack sind untrennbar mit Zeit und Ort verbunden — die Erinnerung und die Wahrnehmung eines bestimmten Geschmacks oder Gerichts können sich im Laufe der Zeit verklären. Könnte das vielleicht erklären, warum sich die Jurymitglieder an den Geschmack von Hähnchen aus ihrer Kindheit erinnern?

Wenn es tatsächlich keinen wahrnehmbaren Unterschied im Geschmack der Hühner geben sollte, wäre es dann ein überzeugendes Argument, das billigste zu kaufen? Aber sind denn in dem Preis, den wir an der Kasse zahlen, auch die ökologischen und ethischen Produktionskosten voll abgebildet? Im Falle der Intensivmast zahlt das Huhn den höchsten Preis.

INTENSIVE HÜHNERMAST

Die intensive Haltung von Masthühnern, den Hähnchen oder Broilern also, begann in Australien in den 1970er-Jahren. Im Laufe dieses Jahrzehnts kam es zu einem raschen Anstieg der Nachfrage nach Hühnerfleisch, zurückzuführen zum Teil auf einen gewissen bärtigen Gentleman mit weißen Haaren und Schnauzbart aus Kentucky namens Colonel Harland Sanders.

1968 eröffnete Bob Lapointe, gebürtiger Kanadier, die erste Kentucky Fried Chicken Filiale im Westen von Sydney. Als in den 1970er-Jahren mehr als 75 KFC-Filialen eröffneten, stieg die Hühnerproduktion um 38 % an. Bis zum Ende des Jahrzehnts hatte sich diese Zahl mehr als verdoppelt, denn der Appetit auf Huhn stieg exponentiell an, und die Industrie führte neue Verfahren zur Befriedigung der Nachfrage ein.

Drei Unternehmen produzieren in Australien den größten Teil aller in Intensivmast gehaltenen Hühner — Bartter Enterprises, Ingham Enterprises und Baiada. Alle drei sind im Familienbesitz und haben sich über die Jahrzehnte von kleinen Höfen zu großen vertikal integrierten Unternehmen entwickelt mit eigener Aufzucht, Futtermittelherstellung, Mast, Schlachterei und Verpackungsanlagen. Diese umfassende Kontrolle des Herstellungsprozesses hat für die Unternehmen vielfältige wirtschaftliche Vorteile, und für den Konsumenten bringt sie eine durchgängige Versorgung mit günstigem Hähnchenfleisch mit sich.

DER MANGEL AN GENETISCHER VIELFALT

In den 1970er-Jahren führten Durchbrüche in der Genetik dazu, dass Züchter die spezifischen Merkmale identifizieren konnten, die ihrer Auffassung nach ein Huhn für die Intensivmast geeigneter machten. Die Wirtschaft wollte ein Huhn, das die aufgenommene Nahrung effizient in Muskelmasse umwandelte, starke Knochen hatte und ein sanftes Gemüt. Durch selektive Züchtung gelang es mit der Zeit, einen Vogel zu produzieren, der all diesen Anforderungen gerecht wurde. Obwohl es buchstäblich Hunderte von unterschiedlichen Hühnerrassen gibt, geht die Ahnenreihe des modernen Masthähnchens wohl auf lediglich drei Arten zurück.

Die Zuchtunternehmen konkurrieren miteinander um die Entwicklung und den Verkauf des besten Masthuhns. Natürlich halten diese Firmen die genetische Ausstattung ihrer Hühner geheim, weshalb es heute so schwierig ist, die genaue Rasse eines Huhns festzulegen. So kompliziert war das nicht immer, früher hieß eine Hühnerart einfach so wie die Landschaft oder die Region, aus der sie stammte. Heute werden die Masttiere oft nach dem Unternehmen benannt, das es hervorgebracht hat, und so kommen dann so unappetitlich lautende Namen wie Cobb 500 zustande, die eher zu Maschinen als zu Hühnern zu passen scheinen.

Einige Wissenschaftler sehen ein Risiko darin, dass die Geflügelwirtschaft von den Genen von nur drei Hühnerarten abhängig ist. Der Mangel an genetischer Vielfalt könnte die Tiere empfänglich machen für neuartige Krankheiten.

DIE WACHSTUMSGESCHWINDIGKEIT DER HÜHNER

Entgegen der landläufigen Meinung spielen Hormone beim raschen Wachstum der heutigen Hühner keine Rolle (verwendet wurden sie allerdings als Alternative zur Kastration, um die Speisequalität zu verbessern). Erreicht wurde diese dagegen durch selektive Züchtung und verbesserte Ernährung. Das Hühnerfutter wird von den Nährwerten her genau auf jede einzelne Entwicklungsphase des Huhns abgestimmt. Zuchthühner erhalten ein mit Kalzium und Mineralien angereichertes eiweißarmes Futter für eine gesunde fetale Entwicklung und kräftige Eierschalen, wohingegen die Masthähnchen proteinreiche Kost für schnelles Muskelwachstum erhalten. Hühner erreichen ein marktfähiges Gewicht heute innerhalb von nur 5 bis 7 Wochen. Dieses schnelle Wachstum bei geringerem Futterverbrauch ist unglaublich, aber es geht auf Kosten der Gesundheit der Vögel. Der schnelle Fleischzuwachs bedeutet Stress für die Skelettentwicklung, viele Tiere leiden an Missbildungen der Beine und an Herzkreislaufstörungen.

ANTIBIOTIKA

In der Intensivmast ist der Einsatz von Antibiotika nichts Ungewöhnliches, allerdings gibt es dazu gesetzliche Regelungen. Antibiotika werden eingesetzt zur Vorbeugung schwerer Krankheiten und zur Behandlung bakterieller Infektionen und dürfen nur unter der Aufsicht eines Tierarztes verabreicht werden. Sie entsprechen außerdem nicht den in der Humanmedizin verwendeten Sorten. Nach Verabreichung des Medikaments muss bis zur Schlachtung eine Wartezeit eingehalten werden, damit sich keine Rückstände mehr im Fleisch befinden.

DIE KÜNSTLICHE UMGEBUNG IN DEN STÄLLEN

Jeder Aspekt in einem Hühnerstall ist auf rasches und effizientes Wachstum der Hühner ausgelegt. Masthühner werden in Ställen unterschiedlicher Größe untergebracht, ein moderner Stall misst aber üblicherweise etwa 150 Meter in der Länge und 15 in der Breite. Elektronisch gesteuerte Belüftungssysteme sorgen in einem modernen Hühnerstall für eine konstante Temperatur. Küken verbringen ihre ersten Lebenstage in einer speziellen Brutumgebung bei einer konstant auf 30 °C gehaltenen Temperatur. So können die Bauern das Wachstum der Küken gut überwachen und durch die Wärme wird die Sterblichkeitsrate bei den Jungtieren verringert. Wenn die Küken dann etwas größer sind, wird die Temperatur auf 21–23 °C verringert, die beste Voraussetzung für Futterverwertung und schnelles Wachstum. Ist die Temperatur zu niedrig, fressen die Hühner zwar mehr, nutzen aber die Energie dazu, ihre Körper warm zu halten. Ist sie dagegen zu hoch, fressen sie weniger und nehmen nicht genug zu. Auch gedämpftes Licht im Stall für bis zu 20 Stunden am Tag verleitet die Tiere dazu, mehr zu fressen und schneller zuzunehmen.

ÜBERBESATZ IN STÄLLEN

Etwa 40 000 bis 60 000 Hühner sind gleichzeitig in einem Hühnerstall untergebracht. Die Besatzdichte wird vom Betreiber innerhalb vorgeschriebener Höchstgrenzen festgelegt. Sie variiert je nach Grundriss des Stalls und der Jahreszeit zwischen 28 kg und 40 kg pro Quadratmeter. Wenn die Hühner eingestallt werden, haben sie noch viel Auslauf. Dann aber werden sie größer und ›Privatsphäre‹ wird zu einem echten Problem. Wenn Hühner während des 5–7-wöchigen Wachstumszyklus eine bestimmte Größe und ein bestimmtes Gewicht erreicht haben, werden regelmäßig einige entnommen, um die Marktanforderungen zu erfüllen. Damit wird zwar die Zahl der Tiere im Stall verringert, von Bewegungsfreiheit für die Hühner kann dennoch keine Rede sein. Am Ende ihres Lebens werden die Hühner nur eine Fläche von 25 x 25 cm zu ihrer Verfügung haben.

Hühner aus Intensivmast sind Futterverwertungsmaschinen, nichts während ihres Wachstums wird dem Zufall überlassen. Jede Einzelheit in ihrem Umfeld wird überwacht, damit die ›Maschine‹ nicht vor der Schlachtreife die Arbeit einstellt.

SAUBERKEIT DER STÄLLE

Der aus Beton oder gestampftem Ton hergestellte Boden des Hühnerstalls wird mit Reishülsen oder Sägespänen abgedeckt. In dieser Einstreu können die Hühner ihrem natürlichen Bedürfnis nach Scharren und Picken nachgehen. Der Feuchtigkeitsgehalt im Stall wird streng überwacht. Ist dieser zu hoch, kann die Streu feucht werden; ist er zu niedrig, entstehen durch die Trockenheit Staubpartikel, die die Augen und Atemwege der Hühner reizen können.

Eine saubere Streu sollte dem Unternehmen eigentlich sehr wichtig sein, aber leider wird sie während des Wachstumszyklus nur selten gewechselt, und so verbringen die Hühner den größten Teil ihres Lebens damit, in mit ihren eigenen Exkrementen durchsetzter Streu zu picken und zu scharren. Hühnerkot enthält schädliche Bakterien, die die Ausbreitung von Krankheiten begünstigen, außerdem kann der hohe Ammoniakgehalt die Haut an Beinen und Krallen verätzen.

Bestenfalls werden die Böden gereinigt, wenn die Hühner für die Schlachtung ausgestallt werden. Eigentlich müssten die Zuchtställe mit Hochdruckreiniger und Antiseptika gründlich gereinigt werden und sollten dann, je nach Größe des Betriebs, bis zu zwei Wochen leer stehen, bevor sie wieder befüllt werden, um das Risiko zu vermindern, dass Keime des vorherigen Besatzes die neu eingestallten Hühner infizieren.

DER TRANSPORT DER HÜHNER ZUM SCHLACHTHOF

Hühner leiden in Intensivmast unter übermäßigem Stress, und das ist ein wichtiger ethisch-moralischer Aspekt. Aus diesem Grund legen gesetzliche Regelungen das Verfahren für den Transport und die Schlachtung von Geflügel fest und umreißen den Mindeststandard bezüglich Pflege und Verantwortung der Geflügelproduzenten. Viele Menschen sind allerdings der Ansicht, dass diese Vorschriften keinen ausreichenden Schutz bieten. Wenn die Masthühner schlachtreif sind, werden sie mit Lastwägen zum Schlachthof transportiert, der meist in einem Radius von etwa 100 km von den Aufzuchtställen entfernt liegt. Während des Transports sind die Besitzer des Geflügelbetriebs dafür verantwortlich, das Wohlbefinden der Hühner zu gewährleisten. Die Geflügelwirtschaft reguliert sich vorwiegend selbst und sicherlich folgen die meisten Bauern den Vorgaben, aber wer trägt letztlich die Verantwortung dafür, dass die Regeln auch eingehalten werden?

Intensive Geflügelmast verdient die Kritik, die sie auf sich zieht. Die Hühner werden in diesem System nicht wie lebendige Geschöpfe, sondern wie Maschinen behandelt, auch wenn die Industrie selbst das sicherlich anders darstellen würde. Trotz gesetzlicher Vorgaben habe ich nicht das Gefühl, dass durch sie der nötige Schutz gegeben ist. Die Hühner zahlen die größte Zeche für die paar Münzen, die man an der Kasse spart; dieser gesparte Betrag reicht sicherlich nicht zur Rechtfertigung dieser Mastindustrie aus. Die Wissenschaft spielt eine Schlüsselrolle beim ›Erfolg‹ der intensiven Geflügelmast, von der Aufzucht der Küken bis zum Umgang mit den Abfällen der Mastindustrie. Theoretisch verfügt die Industrie über das Wissen und über die Ressourcen, um gegen all die von mir aufgeworfenen Probleme etwas zu tun. Solange die Verbraucher blind darauf vertrauen, dass Tierschutzbestimmungen eingehalten und schwarze Schafe bestraft werden, wird, wie ich glaube, die Mastindustrie auch weiterhin in der Kritik stehen.

HÜHNER AUS FREILANDHALTUNG

Freilandhühner bieten eine gute Alternative zu Hühnern aus konventioneller Haltung, schon allein aufgrund der besseren Lebensbedingungen. Hühner in Freilandhaltung werden zwar auf ähnliche Weise aufgezogen wie die in konventionellen Betrieben, aber es gibt ein paar deutliche Unterschiede. Interessanterweise halten konventionelle Betriebe daneben oft auch Freilandhühner.

Wie der Name schon andeutet, haben Freilandhühner tagsüber Grünauslauf, nachts bleiben sie zum Schutz vor Räubern im Stall. Die Hühner können im Freien herumstreifen, ihre Flügel schlagen und im Sand baden. Auch im Stall haben sie mehr Bewegungsfreiheit, denn die Besatzdichte liegt bei etwa 28 kg oder weniger pro Quadratmeter.

Allerdings gibt es auch bei Freilandhaltung Kritikpunkte. Man kann nicht genau nachvollziehen, ob die Hühner sich wirklich nach draußen wagen. In den Ställen ist Futter und Wasser stets verfügbar, daher führen Kritiker an, dass kaum ein Anreiz für die Hühner besteht, hinauszugehen.

Freilandhühner bekommen ebenso wenig Wachstumshormone wie Hühner in Intensivmast. Ähnliche Regelungen gelten auch für Antibiotika, mit einem großen Unterschied. Wenn Freilandhühnern ein Antibiotikum verabreicht werden muss, können sie nicht mehr als ›Freilandhuhn‹ verkauft werden (und werden dann in der Regel als konventionell erzeugtes Huhn verkauft). Dies ist der Grund, warum einige Betriebe beide Mastmethoden anwenden — so geht kein Huhn verloren.

Vom genetischen Erbgut her unterscheiden sich die Hühner aus Freilandhaltung nicht von denen aus Intensivmast. Halter von Freilandhühnern in Australien kaufen die Eintagsküken meist von einem der drei großen Zuchtunternehmen. Diese Küken haben die genetische Anlage für schnelles Wachstum. Sie werden schon hungrig geboren und wachsen in der offenen Umgebung ähnlich schnell wie in intensiver Haltung. Ich war erstaunt, als ich erfuhr, dass die Freilandhühner, die ich im Restaurant verwende, genau wie intensiv gehaltene Hühner im Alter von 5 bis 7 Wochen geschlachtet werden. Ich dachte immer, der Geschmack von Freilandhühnern sei unter anderem deshalb besser, weil sie länger lebten. Aber vielleicht ist es ja die Bewegungsfreiheit, die Freilandhühner haben, während sie ihre Muskelmasse aufbauen, die für mehr Geschmacklichkeit sorgt.

Genauso wie es Parallelen zwischen Hühnern aus Intensivhaltung und Freilandhaltung gibt, findet man diese auch bei Hühnern aus Freilandhaltung und aus Bio-Haltung.

HÜHNER AUS BIOLOGISCHER HALTUNG

Wieso sage ich ›aus biologischer Haltung‹? Warum nicht einfach ›Bio-Hühner‹? Einfach deshalb, weil die Bio-Erzeuger immer noch den größten Teil ihrer Eintagsküken von den konventionellen Zuchtbetrieben kaufen müssen. Bis heute kenne ich gerade mal einen biologischen Erzeuger, der genug Zuchtkapazitäten hat, um die Nachfrage zu befriedigen. Das kann sich natürlich mit der Zeit ändern.

Es gibt Parallelen bei den Produktionsverfahren von Hühnern aus Freilandhaltung einerseits und biologischer Haltung andererseits, wie sehen diese nun aus, und wo liegen die Unterschiede?

Im Bereich der Viehhaltung bezieht sich der Begriff ›biologisch‹ auf die Produktion des verabreichten Futters. Üblicherweise findet man hier einen eher ganzheitlichen Ansatz, ohne den Einsatz von Pestiziden und Düngemitteln. Wie bei der Freilandhaltung ist der Einsatz von Antibiotika während der Hühneraufzucht streng verboten. Bei auftretenden Krankheiten werden natürliche Heilmittel eingesetzt, meistens aber geht der Biolandwirt so mit seinen Tieren um, dass sie bestmöglich vor Krankheiten gefeit sind.

Bei Bio-Hühnern bedeutet dies, dass Methoden zertifiziert werden, die bessere Lebensbedingungen gewährleisten und die Umweltgesundheit des Produktionssystem aufrechterhalten. Es ist von allen die kostspieligste Produktionsform, denn sie ist sehr arbeitsintensiv. Ein funktionierendes ökologisches System des Betriebs ist entscheidend, jeder Fehler bei den elementaren Produktionsschritten könnte sich auf die Gesundheit der Tiere auswirken. ›Biodynamisch‹ gilt als die Krönung biologischer Viehhaltung. Der Begriff beinhaltet, dass

EIN EINTAGSKÜKEN BRAUCHT NUR 5 BIS 7 WOCHEN, BIS ES EINE MARKTFÄHIGE GRÖSSE VON ETWA 1,8 KG ERREICHT HAT. ERREICHT WERDEN KONNTE DIES DURCH SELEKTIVE ZÜCHTUNG UND EIWEISSREICHE KOST UND NICHT DURCH WACHSTUMSHORMONE.

der Hof als eigenständiges, geschlossenes Ökosystem arbeitet, in dem alle Produktionsfaktoren auf dem Hof selbst erfolgen. Einfacher ausgedrückt heißt dies, das Getreide für das Hühnerfutter wächst auf dem Hof, die Hühner fressen die Körner, scharren und picken auf dem ganzen Hof und alles, was sie an Abfall produzieren, wird kompostiert und als Dünger für den Bodenerhalt eingesetzt. Dieser Kreislauf wiederholt sich immer und immer wieder.

Egal wie Hühner aufgezogen werden, die Zusammensetzung ihres Futters ist im Grunde immer dieselbe. Der Unterschied liegt darin, dass bei der Bio-Haltung das verabreichte Futter aus zertifizierten Ökobetrieben stammen muss. Weltweit wird weniger Getreide organisch angebaut, der Preis dafür ist also sehr unbeständig. Die Landwirte konkurrieren mit anderen Wirtschaftszweigen, in denen Bio-Getreide genutzt wird, in der Folge kann dies bis zu doppelt so viel kosten wie konventionelles Getreide. Ironischerweise sind die Bio-Hühner selbst ein ›Problem‹, leben sie doch bis zu zweimal länger als ihre konventionellen Gegenstücke und fressen folglich doppelt so viel. Um Kosten zu reduzieren und die Versorgung zu gewährleisten, bauen einige größere Erzeuger ihr eigenes Bio-Getreide an.

Auch Bio-Hühner werden nachts zum Schutz vor Raubtieren und schlechtem Wetter in Ställen gehalten. Die Besatzdichte in den Ställen liegt bei 25 kg pro Quadratmeter, ähnlich wie in der Freilandhaltung. Bio-Hühner müssen ab einem Alter von 10 Tagen Zugang zu den Auslaufflächen bei den Scheunen haben (Freilandhühner erhalten nach 21 Tagen Grünauslauf). Diese zusätzliche Zeit, die sie sich bewegen und nach Gras und Insekten picken können, in Verbindung mit der Tatsache, dass sie erst nach 65 bis 80 Tagen geschlachtet werden, verbessert — meiner Meinung nach — die Konsistenz und den Geschmack des Fleisches.

Für den Transport von Bio-Hühnern gelten dieselben Regeln und Gesetze wie für Tiere aus anderen Produktionsverfahren auch. Es gibt spezielle Schlachthöfe für Bio-Hühner, aber einige Biolandwirte haben selbst eine Zulassung als Schlachtbetrieb.

Das Beste aus Sicht des Verbrauchers ist vielleicht, dass auf Biohöfen die Produktion durch strengste Vorgaben und Verordnungen geregelt wird. Die Zulassung des Hofs erfolgt in Australien durch zugelassene Kontrollstellen, außerdem unterliegen Ökohöfe unabhängigen Inspektionen (anders als Freilandhöfe, die ihre eigenen Inspektoren haben).

Ich habe früher Bio-Hühner in meinem Restaurant angeboten. Ich fand sie geschmacklich einfach besser, aber Preis und Versorgung waren nicht unproblematisch. Ich kaufte sie bei einem kleinen Erzeuger, der sich ganz engagiert um seine Hühner kümmerte. Aber seine Hühner waren oft unterschiedlich groß und die Preise variierten ständig, um die Produktionskosten zu decken. Ich bin mir bewusst, dass die Arbeit eines Ökolandwirts schwierig ist. Es gibt viele Faktoren — beispielsweise schlechte Wetterbedingungen, hohe Preise beim Bio-Getreide — die sich auf die Gewinnspanne des Bauern auswirken können.

Ökologische Landwirtschaft ist etwas Bewundernswertes — bäuerliche Traditionen der Vergangenheit verbinden sich in ihr mit zukunftsorientierter Wissenschaft. Ich kann einsehen, dass angesichts der höheren Produktionskosten die auf diese Art aufgezogenen Hühner am teuersten sind, aber stimmt das Preis-Leistungs-Verhältnis? Die Antwort darauf hängt sehr von Ihrem persönlichen Verhältnis zur ökologischen Landwirtschaft ab. Ich bin der Ansicht, Freiland- und Bio-Hühner schmecken besser. Wenn Sie Bio-Hühner kaufen, unterstützen Sie damit die natürliche Nahrungskette und auch die Bio-Erzeuger, die sich für die Gesunderhaltung der Umwelt einsetzen. Vom viehwirtschaftlichen Standpunkt aus haben Freilandhühner mit Grünauslauf und begrenzter Besatzdichte ähnliche Lebensbedingungen wie Bio-Hühner. Es muss auch betont werden, dass es Freilandbetriebe gibt — beispielsweise dort, wo ich die Hühner für mein Restaurant beziehe —, die ihre Hühner nach ökologischen Kriterien aufziehen, sie aber nicht als Bio-Huhn verkaufen können, weil sie keine Zertifizierung beantragt haben.

VERBRAUCHERSCHUTZ DURCH KENNZEICHNUNG

Ich habe eine ganz persönliche Vorliebe für Freiland- und Bio-Hühner und kann die intensive Masthühnerhaltung, wie sie heute betrieben wird, nicht unterstützen. Wenn die Tierschutznormen dramatisch verbessert würden, dann vielleicht gäbe es, aus ethischer Sicht, für diesen Wirtschaftszweig in der Zukunft einen Platz. Es ist theoretisch möglich, eine nahezu perfekte Umgebung für die Hühnerhaltung zu schaffen. Ich selbst glaube, dass es sie bereits gibt, und zwar in der Freilandhaltung und in Biobetrieben.

Unglücklicherweise stammen 96 % aller in Australien erzeugten Hühner aus konventioneller Haltung. Es scheint leider so, dass die intensive Geflügelmast nicht mehr wegzudenken ist. Aber wie können wir jemals Vertrauen in eine Industrie haben, die hauptsächlich dafür aufgebaut wurde, billiges Fleisch auf den Tisch zu bringen — billiges Fleisch unter fast völliger Missachtung der Würde der Tiere.

In meinen Augen liegt die Antwort darauf in der Kontrollbehörde, die diesen Industriezweig regelt. Wir, die Verbraucher, müssen darauf vertrauen können, dass eine unabhängige Instanz den Tierschutz gewährleistet und, ganz besonders wichtig, die gesetzlichen Vorschriften durchsetzt. Gegenwärtig ist es kaum möglich, die Landwirte, die nach den Kriterien des Best Farm Practice arbeiten, von denen zu unterscheiden, die dies nicht tun. Wir Verbraucher haben nicht die Möglichkeit nachzuvollziehen, welche Erzeuger in ihren Ställen eine geringere Besatzdichte anwenden und die Streu während des Wachstumszyklus wechseln. Wenn all dies nachvollziehbar wäre, würde ich vielleicht (und das ist ein großes ›Vielleicht‹), in Betracht ziehen, ein Huhn zu kaufen, das nur in einem Stall groß geworden ist.

Der wichtigste Punkt bei dieser ganzen Debatte ist die Notwendigkeit eines nationalen Kennzeichnungssystems. Details der Produktionsmethode und die bei der Haltung angewendeten Normen müssen für den Verbraucher klar und deutlich erkennbar sein. Mit einem solchen System könnten wir solche Unternehmen belohnen, die sich um bessere Standards in der Tierhaltung bemühen, indem wir deren Hühner kaufen. Möglicherweise würde dabei ein System entstehen, in dem der Kampf um das Geld, das wir für unsere Nahrung ausgeben, auf ethischer Grundlage geführt würde.

UM BEIM EINKAUF FUNDIERTE ENTSCHEIDUNGEN TREFFEN ZU KÖNNEN, MÜSSEN WIR NACHVOLLZIEHEN KÖNNEN, WIE DIE HÜHNER IN DEN VERSCHIEDENEN HALTUNGSFORMEN AUFGEZOGEN WERDEN. JEDES MAL, WENN WIR EIN HUHN KAUFEN, GEBEN WIR EINE STIMME FÜR DAS EINE ODER ANDERE SYSTEM AB. UND WENN WIR EIN NACH ETHISCHEN UND ÖKOLOGISCHEN KRITERIEN ERZEUGTES HUHN KAUFEN, ÜBERMITTELN WIR SO DEM HÄNDLER UND DEM LANDWIRT, DASS UNS WICHTIG IST, WIE DIESE HÜHNER AUFGEWACHSEN SIND.

GLENLOTH
GUARANTEED GENUINE
FREE RANGE

VIETNAMESISCHE HÜHNER-NUDEL-SUPPE

6 PORTIONEN / HAUPTGERICHT

1 kg frische, dünne Reisnudeln (Banh Pho)
1 weiße Zwiebel, in feine Ringe geschnitten
3 Frühlingszwiebeln, fein geschnitten
250 g Bohnensprossen
½ Bund Thai-Basilikum, gezupft
½ Bund Koriander, gezupft
2 Limetten, jeweils in 3 Spalten geschnitten
3 Thai-Chilischoten, fein geschnitten
4 EL Fischsauce

SUPPENFOND
1 Suppenhuhn, 1,8 kg
1 große Zwiebel, ungehäutet und halbiert
½ Knoblauchknolle, waagrecht in Scheiben geschnitten
1 Stück Ingwer, 4 cm, geschält und längs halbiert
2 Sternanis
1 Stange Zimt
2 Nelken
3 EL Fischsauce
1 EL feiner Zucker

Für den Suppenfond das Huhn zuerst innen und außen unter fließendem kaltem Wasser waschen. In einen passenden Suppentopf legen und mit 4 Liter Wasser bedecken. Die Zwiebel, den Knoblauch und den Ingwer grillen, bis sie leicht schwarz werden. Wirklich verbrannte Stellen abkratzen und die Zwiebel, den Knoblauch und den Ingwer zusammen mit den Gewürzen, der Fischsauce und dem Zucker in den Topf geben. Den Topf auf hoher Stufe zum Kochen bringen, dann die Hitze reduzieren und eine Stunde leise köcheln lassen.

Das Huhn aus der Brühe nehmen und zum Abkühlen auf einen Teller legen. Nach dem Abkühlen die Haut entfernen und das Fleisch in kleine Stücke zupfen. Die Brühe durch ein feines Sieb in einen anderen Topf seihen.

Einen Topf mit kochendem Wasser auf dem Herd bereithalten. Die Reisnudeln in drei Portionen in dem kochendem Wasser blanchieren. Jede Nudelportion auf zwei Servierschüsseln aufteilen. Das zerkleinerte Fleisch, die Zwiebelringe, die Frühlingszwiebeln, die Bohnensprossen, den Thai-Basilikum und den Koriander über die Nudeln verteilen. Die übrige Brühe rasch zum Kochen bringen und in die Schüsseln geben. Die Suppe servieren und die Limettenschnitze, den Chili und die Fischsauce dazu reichen.

HUHN GESCHMORT IN WEISSWEIN, SAHNE & THYMIAN

4 PORTIONEN / HAUPTGERICHT

4 Hähnchenviertel mit Keule und möglichst mit Rippenknochen, überschüssige Fettteile entfernen
2 EL Olivenöl
2 Karotten, in 4 cm große Stücke geschnitten und dann geviertelt
8 Schalotten oder sehr kleine junge Zwiebeln
½ Bund Thymian oder Zitronenthymian
2 Knoblauchzehen, mit dem Messerrücken zerdrückt
250 ml Weißwein, z. B. Riesling
125 ml flüssige Sahne (35 %)
½ TL Meersalz
½ TL frisch gemahlenen schwarzen Pfeffer
1 Prise Cayennepfeffer
2 TL Mehl
10 g Butter

Die Hähnchenteile waschen und mit Küchenpapier trocknen. Eine große Pfanne (Durchmesser etwa 30 cm) auf mittlerer Stufe erhitzen. Das Olivenöl zugeben und die Hähnchenviertel mit der Haut nach unten 3–4 Minuten braten, bis die Haut goldbraun ist. Wenden und nochmals 2 Minuten braten, dann die Hähnchenschenkel aus der Pfanne nehmen und auf Küchenpapier abtropfen lassen.

Überschüssiges Fett vorsichtig abgießen und die Pfanne mit sauberem Küchenpapier reinigen, dann die Hähnchenkeulen wieder in die Pfanne legen, zusammen mit den Karotten, den Schalotten, dem Thymian, dem Knoblauch und dem Wein. Auf hoher Stufe erhitzen und den Wein zum Kochen bringen, dann die Hitze reduzieren und zugedeckt 30 Minuten schmoren. Sollten Sie keine so große Bratpfanne haben, können Sie die Keulen auch in einer Bratenform zubereiten, diese mit Alufolie abdecken und auf dem Herd oder in dem auf 180°C vorgeheizten Backofen schmoren.

Nach 30 Minuten den Deckel abnehmen und die Sahne zugießen, mit Meersalz, schwarzem Pfeffer und Cayennepfeffer abschmecken. Anschließend noch 15–20 Minuten garen, bis das Fleisch saftig ist und fast vom Knochen fällt. Das Fleisch und das Gemüse mit einem Schaumlöffel herausnehmen und auf einer Platte warm halten. Die Sauce zum Sieden bringen.

Das Mehl und die Butter in einer kleinen Schüssel zu einer Paste verrühren und in die siedende Sauce einrühren. Zum Andicken einige Minuten köcheln lassen. Abschmecken und gegebenenfalls nachwürzen und dann die Sauce über das Hähnchen geben.

EINFACHES CURRY AUS HUHN, BASILIKUM & BAMBUSSPROSSEN

4–6 PORTIONEN / HAUPTGERICHT

- 3 EL Pflanzenöl
- 1,2 kg gemischte Hähnchenteile (Ober- und Unterschenkel, Flügel) oder 800 g Hähnchenoberschenkel ohne Knochen und Haut
- 800 ml Kokosmilch
- 2 EL malaysische Curry-Mischung
- 1 EL Kurkuma, gemahlen
- 100 g zerkleinerte Bambussprossen, unter kaltem Wasser gewaschen
- 4 Kaffir-Limettenblätter (Makrut), fein geschnitten
- 1 TL Ingwer, fein gerieben
- 2 EL fein gehacktes Zitronengras, nur das Weiße
- 1 EL fein gehackter Knoblauch
- 2 EL fein gehackte rote Schalotten oder Zwiebeln
- 4 EL Fischsauce
- 50 g Palmzucker, gerieben
- 1 TL Meersalz
- 1 große Handvoll Thai-Basilikumblätter

Das Öl in einem Wok oder einer großen Bratpfanne erhitzen, die Hähnchenteile hineingeben und auf allen Seiten goldbraun anbraten. Das Fleisch aus dem Wok nehmen und auf Küchenpapier abtropfen. Bei Hähnchenschenkeln ohne Knochen können Sie diesen Schritt auslassen.

Den Wok auswischen und auf mittelhoher Stufe wieder erhitzen. 100 ml von der Kokosmilch hineingeben, zum Kochen bringen und 2 Minuten sprudelnd kochen lassen. Das Currypulver, die Kurkuma, die Bambussprossen und die angebratenen Hähnchenteile dazugeben (wenn Sie nur die Oberschenkel verwenden, diese jetzt hineingeben). Alles gut miteinander verrühren.

Die Limettenblätter, den Ingwer, das Zitronengras, den Knoblauch und die Schalotten hinzufügen. Gut rühren und die übrige Kokosmilch dazugießen. Die Creme zum Kochen bringen, dann die Hitze reduzieren und 20–30 Minuten köcheln lassen. Wenn das Fleisch gar und zart ist, die Hitzezufuhr erhöhen und das Curry mit der Fischsauce, dem Palmzucker und Salz abschmecken. Das Thai-Basilikum unterrühren und mit Jasminreis servieren.

DIESES REZEPT MEINER MUTTER FÜR BRATHÄHNCHEN DARF IN DIESEM BUCH EINFACH NICHT FEHLEN. IHR GERADLINIGER UMGANG MIT DEM HAUSHALT UND DER JAHRESZEITLICHEN KÜCHE GAB UNSERER FAMILIE HALT UND NÄHRTE SIE. MUM LEHRTE MICH, WIE MAN MIT NUR DREI ODER VIER ZUTATEN EIN KÖSTLICHES GERICHT ZAUBERN KANN, EIN GROSSARTIGES REZEPT MUSS NÄMLICH NICHT UNBEDINGT AUCH EIN KOMPLIZIERTES SEIN.

GEBRATENE POULARDE NACH ART MEINER MUTTER

4 PORTIONEN / HAUPTGERICHT

1 großes Hähnchen (Poularde), 1,8 kg
1 kleine Knoblauchknolle, horizontal halbiert
½ Bio-Zitrone
1 TL Olivenöl
2 TL Meersalz
1 TL frisch gemahlener schwarzer Pfeffer
2 Karotten
3–4 EL Hühnerbrühe oder Wasser

Den Backofen auf 200°C (Gas Stufe 6) vorheizen. Die Poularde innen und außen unter fließendem, kaltem Wasser waschen und mit Küchenpapier trockentupfen. Die Haut gut mit dem Knoblauch und der Zitrone einreiben und beides danach in das Huhn legen. Nun die Haut mit dem Olivenöl einreiben und gut mit Meersalz und schwarzem Pfeffer würzen. Ich verschließe die offene Bauchhöhle gerne mit Küchengarn, das ich unter die Karkasse lege und dann so nach oben führe, dass es um die Keulen herum eine Acht bildet. Gut verknoten.

Die Karotten in 2 cm dicke Scheiben schneiden und in eine Ofenform legen. Die Poularde mit der Brustseite nach oben auf die Karotten legen. 25 Minuten braten, dann die Form vorsichtig aus dem Ofen nehmen. Die Poularde auf die Seite drehen und die Ofenhitze auf 180°C reduzieren. Die Form wieder in den Backofen schieben und weitere 20 Minuten braten. Die Poularde jetzt auf die andere Seite drehen und nochmals 20 Minuten braten, dann aus dem Ofen nehmen. Um zu prüfen, ob die Poularde gar ist, das Bein an der dicksten Stelle mit einem Stäbchen anstechen — der austretende Saft sollte klar sein. Das Fleisch locker mit Alufolie abdecken und 10 Minuten ruhen lassen.

Inzwischen aus dem Bratensaft in der Ofenform eine einfache Sauce zubereiten. Dazu die Flüssigkeit in einen kleinen Topf gießen und das Fett abschöpfen. Auf hoher Stufe mit der Hühnerbrühe oder dem Wasser zum Kochen bringen. Mit Meersalz und frisch gemahlenem schwarzem Pfeffer abschmecken und die Sauce vor dem Servieren über die tranchierte Poularde gießen.

DAS HUHN VOR DEM EI

ICH BENUTZE BEIM KOCHEN IMMER EIER AUS FREILAND-, BIOLOGISCHER ODER BIODYNAMISCHER HALTUNG. AUCH WENN DIE DAHINTER STEHENDEN PHILOSOPHIEN SICH UNTERSCHEIDEN, IM KERN GEHT ES BEI ALLEN UM GESUNDE, GLÜCKLICHE HÜHNER. HÜHNER AUF SOLCHEN HÖFEN KÖNNEN FREI UMHERLAUFEN UND SICH IHRER ART ENTSPRECHEND VERHALTEN. HÜHNER BRAUCHEN BEWEGUNGSFREIHEIT, SIE MÜSSEN IHRE FLÜGEL SCHLAGEN UND PICKEN KÖNNEN.

Unter Stress legen Hühner ein zwanghaftes Verhalten an den Tag und fangen an, sich gegenseitig zu picken. Der Schnabel eines Huhns ist ein hochsensibles Tastorgan, er hilft den Tieren, die Welt um sich herum wahrzunehmen und zu erkunden. Er dient auch dazu, die Hierarchie innerhalb der Herde festzulegen, allgemein bekannt als Hackordnung. Den Legehennen in Käfighaltung wird als Küken der Schnabel kupiert (die Schnäbel der Masthähnchen werden nicht routinemäßig gekürzt, da sie in der Regel ein sanfteres Wesen haben). Die Hühner können dann zwar noch fressen und trinken, aber die Verletzungsgefahr ist geringer, wenn sie aggressiv reagieren. Diese Praxis wird natürlich außerhalb der Eierindustrie mit großer Skepsis betrachtet und überhaupt gibt es rund um die meisten Aspekte der konventionellen Käfighaltung schwere Bedenken.

Ich sehe in der heutigen Zeit keinerlei Grund dafür, eine solch barbarische und archaische Industrie aufrechtzuerhalten. Und wofür denn eigentlich? Nur um pro Ei beim Kauf ein paar Cent zu sparen? Beim nächsten Eierkauf werden Sie, so hoffe ich, zumindest Eier aus Freilandhaltung in Betracht ziehen.

HÄHNCHENLEBERSPIESSE MIT SPECK & SCHWARZEN OLIVEN

4 PORTIONEN / VORSPEISE

8 kräftige Rosmarinzweige
500 g Hähnchenleber, ohne Sehnen und in 16 Stücke geschnitten
250 g Speck, in 16 Stücke geschnitten
16 schwarze Oliven, entsteint
16 Salbeiblätter
2 EL Olivenöl
Meersalz
frisch gemahlener schwarzer Pfeffer

Die Nadeln von den Rosmarinzweigen streifen, nur an den Spitzen ein paar Nadeln stehen lassen. Das untere Ende der Rosmarinzweige anspitzen. Ein Stück Hähnchenleber auf den Rosmarinspieß stecken, dann ein Stück Speck, eine Olive und ein doppeltgelegtes Salbeiblatt und das Ganze wiederholen. So insgesamt acht Spieße vorbereiten und auf eine Platte legen. Mit dem Olivenöl besprenkeln und mit Meersalz und frisch gemahlenem schwarzem Pfeffer würzen.

Eine Grillpfanne oder eine Bratpfanne auf mittlerer Stufe erhitzen. Die gut eingeölten Spieße in die Pfanne legen und auf jeder Seite etwa 2 Minuten braten; die Leberstücke sollten außen gut angebraten und in der Mitte schön rosig sein. Die Spieße aus der Pfanne nehmen und vor dem Servieren an einem warmen Ort 2 Minuten ruhen lassen. Mit grünem Salat servieren.

ES IST GUT, WENN MAN VERSUCHT, ALLE TEILE VOM HUHN ZU VERWERTEN. DIES IST EINE SCHNELLE UND EINFACHE VARIANTE, SICH HÄHNCHENLEBER SCHMECKEN ZU LASSEN. MAN KANN DEN SPECK AUCH DURCH PILZE ERSETZEN.

MAN KANN FÜR DIESEN SALAT ENTWEDER EIN GANZES HUHN KOCHEN NACH DEM REZEPT FÜR DIE VIETNAMESISCHE HÜHNER-NUDEL-SUPPE (S. 142) ODER RESTE VON BRATHÄHNCHEN ODER POULARDE VERWENDEN. BANANENBLÜTEN OXIDIEREN SCHNELL UND VERLIEREN DIE FARBE, SIE SOLLTEN DAHER ERST KURZ VOR DER VERWENDUNG ZUBEREITET UND SOFORT MIT DEM DRESSING VERMISCHT WERDEN. BANANENBLÜTEN UND PERILLA-BLÄTTER FINDEN SIE IN THAILÄNDISCHEN UND VIETNAMESISCHEN LÄDEN.

BANANENBLÜTENSALAT MIT HUHN

6 PORTIONEN / VORSPEISE

125 g Chinakohl
500 g gegartes Hühnerfleisch, zerkleinert
90 g Bohnensprossen
½ kleine weiße Zwiebel, in feine Ringe geschnitten
1 große Handvoll Blätter vietnamesischen Korianders
1 kleine Handvoll Minzeblätter
1 kleine Handvoll Perilla-Blätter
4 Kaffir-Limettenblätter (Makrut)
1 kleine Bananenblüte
125 ml Nuoc Mam Cham (s. Seite 180)
40 g geröstete Erdnüsse, gehackt
20 g gebratene rote Schalotten
1 Thai-Chilischote, in feine Ringe geschnitten

Den Kohl so fein wie möglich schneiden, gut waschen und in einem Sieb trocknen lassen. Den Kohl mit dem Hühnerfleisch, den Bohnensprossen und den Zwiebelringen in eine große Rührschüssel geben. Koriander- und Minzeblätter und die Perilla-Blätter grob hacken, die Limetten-Blätter fein schneiden und alle Kräuter in die Schüssel geben.

Die dunkelroten Blätter der Bananenblüte entfernen, bis man die zarten weißen Blätter erreicht. Die weiße Bananenblüte auf ein Schneidebrett legen und an beiden Enden 5 mm abschneiden (so wird das Schälen leichter). Die zarten weißen Blätter schnell ablösen. Die kleinen fingerähnlichen Teile zwischen den Blättern sind die jungen Bananen — geben Sie diese nicht zum Salat, sie schmecken seifig und trocken. Die weißen Blätter übereinander legen und mit einem sehr scharfen Messer so fein wie möglich schneiden.

Die Blüte unter den Salat mischen und sofort mit dem Nuoc Mam Cham anrichten. Alles miteinander vermengen und entweder in Portionsschalen oder einer großen Schüssel servieren, garniert mit den Erdnüssen, den gebratenen Schalotten und dem Chili.

Vorsicht bei der Verarbeitung von Bananenblüte, diese färbt sehr ab.

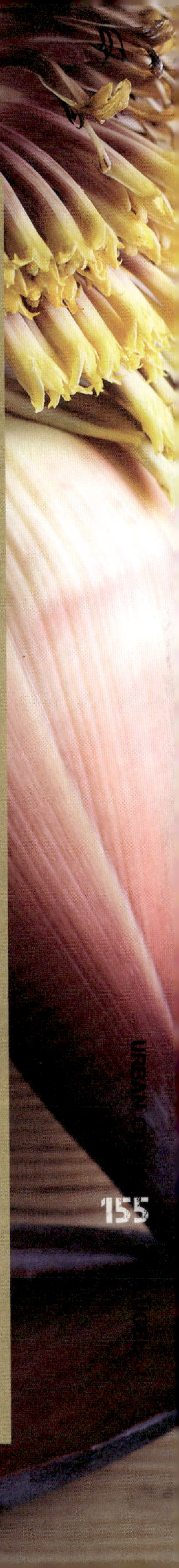

COQ AU VIN AUF MEINE ART

4 PORTIONEN / HAUPTGERICHT

1 großes Hähnchen (Poularde), 1,8 kg
60 g Butter
150 g Speck
400 g Schalotten, geschält
300 g Zuchtchampignons, geputzt
4 Knoblauchzehen, fein gehackt
1 EL Mehl
500 ml Rotwein
2 Lorbeerblätter
¼ Bund Thymian
1 Bund Petersilienstängel
Meersalz
frisch gemahlener schwarzer Pfeffer
1 EL glatte Petersilie, gehackt

Die Poularde innen und außen unter fließendem, kaltem Wasser waschen und mit Küchenpapier trockentupfen. Mit einem scharfen Messer die Beine der Poularde abschneiden und die Keule vom Oberschenkel trennen. Den Oberschenkel in der Mitte des Knochens halbieren. Mit einer Küchenschere den Brustkorb (Rippen und Rückgrat) vom Huhn lösen. Die Brust in der Mitte aufschneiden, das Fleisch dabei am Brustbein lassen. Die Flügel abschneiden und die Brust in drei Stücke teilen.

Eine große, tiefe Pfanne auf mittlerer Stufe erhitzen. 20 g von der Butter, den Speck, die Schalotten und die Pilze in die Pfanne geben und 3 Minuten garen, dann den Knoblauch dazugeben und nochmals 2 Minuten garen, bis die Schalotten goldgelb sind. Die Zutaten aus der Pfanne nehmen und in eine Schüssel geben.

Die Pfanne mit Küchenpapier auswischen und die übrige Butter hineingeben; bei mittlerer Hitze darin die Hähnchenstücke mit der Haut nach unten goldbraun braten. Die Poularde wenden. Das Mehl über das Fleisch geben und umrühren, damit alles gut umhüllt wird.

Mit dem Wein ablöschen und den Bratensatz mit einem Holzlöffel lösen. Den Speck, die Schalotten, die Pilze und den Knoblauch wieder in die Pfanne geben. Die Lorbeerblätter und die Thymian- und Petersilienstängel mit etwas Küchengarn zusammenbinden und in die Pfanne geben. Die Hitze reduzieren und die abgedeckte Pfanne für etwa 45 Minuten leise köcheln lassen, bis das Fleisch zart und gar ist. Die Kräuter herausnehmen und die Sauce mit Meersalz und frisch gemahlenem schwarzem Pfeffer abschmecken. Das Hähnchenfleisch auf einer Platte anrichten, die Sauce darübergießen und mit der Petersilie garnieren.

HÄHNCHENSCHMORTOPF MIT KRÄUTERN & KNOBLAUCH

4 PORTIONEN / HAUPTGERICHT

1 großes Hähnchen (Poularde), 1,8 kg
1 Knoblauchknolle
50 g Butter
2 Karotten, in 5 mm große Würfel geschnitten
3 Zwiebeln, in 5 mm große Würfel geschnitten
500 ml Weißwein
2 l Hühnerbrühe
¼ Bund Thymian
¼ Bund Salbei
¼ Bund Rosmarin
2 Lorbeerblätter
Meersalz
frisch gemahlener schwarzer Pfeffer

Das Hähnchen innen und außen unter fließendem, kaltem Wasser waschen und mit Küchenpapier trockentupfen. Ein Geschirrtuch über die Knoblauchknolle legen und mit einem Fleischklopfer kräftig daraufschlagen, so werden sich die Zehen voneinander lösen. Die Haut abschälen, die Zehen dabei aber ganz lassen.

Einen gusseisernen Schmortopf auf mittlerer Stufe erhitzen und die Butter zugeben. Die Poularde darin auf allen Seiten goldbraun anbraten, dann aus dem Topf nehmen und beiseitestellen. Das Fett bis auf 3 EL aus dem Topf gießen und diesen dann wieder erhitzen. Den Knoblauch, die Karotten und die Zwiebeln darin etwa 5 Minuten goldbraun braten. Mit dem Wein ablöschen und mit einem Holzlöffel den Bratensatz ablösen.

Die Poularde mit der Brustseite nach oben wieder in den Topf zurücklegen. Den Wein zur Hälfte einkochen, die Brühe hinzugießen und zum Kochen bringen. Die Kräuter hinzufügen und die Hitze reduzieren. Etwa 60–70 Minuten abgedeckt leise köcheln lassen, bis das Hähnchen ganz zart ist. Mit Meersalz und frisch gemahlenem schwarzem Pfeffer abschmecken.

JE NACH JAHRESZEIT KÖNNEN SIE DIESES GERICHT MIT ANDEREN GEMÜSESORTEN SERVIEREN, DIE SIE IM SELBEN TOPF ZUSAMMEN MIT DER POULARDE GAREN – GRÜNE BOHNEN, ERBSEN, ROSENKOHL ODER PILZE.

EINE GUTE MARINADE SOLLTE DEN FLEISCHGESCHMACK BETONEN, ABER NICHT ÜBERDECKEN. AUF DEN ERSTEN BLICK ERSCHEINEN DIE ZUTATEN DIESER MARINADE ZIEMLICH KRÄFTIG, ABER ICH DENKE, MIR IST ES HIER GELUNGEN, DAS RICHTIGE GLEICHGEWICHT ZU FINDEN.

BRATHÄHNCHEN MIT ZITRONENGRAS, PEPERONI & KNOBLAUCH

4 PORTIONEN / HAUPTGERICHT

1 großes Hähnchen (Poularde), 1,8 kg
125 ml Nuoc Mam Cham zum Anrichten (s. Seite 180)

MARINADE

2 Stängel Zitronengras, nur das Weiße davon, fein geschnitten (die grünen Spitzen aufbewahren)
6 Frühlingszwiebeln, nur das Weiße, fein geschnitten
4 Knoblauchzehen, geschält und fein gehackt
1 TL eingelegte Peperoni
3 EL Fischsauce
3 EL Kokosnussöl
1 EL Honig
2 TL feiner Zucker

Die Poularde innen und außen unter fließendem, kaltem Wasser waschen und mit Küchenpapier trockentupfen. Alle Zutaten der Marinade vermischen und so lange rühren, bis sich der Zucker aufgelöst hat und sich alles gut verbunden hat. Die Poularde innen und außen mit der Marinade einreiben. Dann in eine Schüssel legen und im Kühlschrank mindestens 2 Stunden ziehen lassen, besser noch über Nacht.

Den Backofen auf 180°C (Gas Stufe 4) vorheizen. Die grünen Spitzen vom Zitronengras in eine Auflaufform legen. Das Hähnchen mit der Brustseite nach oben auf das Zitronengras legen und 25 Minuten braten, dann auf die Seite legen und weitere 25 Minuten braten. Von der anderen Seite ebenfalls 25 Minuten braten, bis der austretende Fleischsaft klar bleibt, wenn Sie an der dicksten Stelle des Oberschenkels mit einer Gabel einstechen.

Wenn das Hähnchen gar ist, etwa 10 Minuten ruhen lassen, dann von vorne nach hinten halbieren. Die Brust von den Schenkeln trennen und mit einem Beil durch den Knochen hindurch das Fleisch in 1 cm dicke Stücke schneiden. Mit gedämpftem Reis und Nuoc Mam Cham zum Dippen servieren.

GEGRILLTES STUBENKÜKEN MIT KNOBLAUCH, CHILI & FRÜHLINGSZWIEBELN

4 PORTIONEN / HAUPTGERICHT

4 Stubenküken à 500 g
8 Knoblauchzehen, fein gehackt
2 frische rote Peperoni, fein gehackt
6 kleine rote Chilischoten, fein gehackt
12 Frühlingszwiebeln, den weißen Teil mit dem Messerrücken flach klopfen (einen Teil der grünen Spitzen zum Garnieren in Ringe schneiden)
2 TL Meersalz
¼ TL weißer Pfeffer, frisch gemahlen
fein geriebene Schale und Saft von 2 Bio-Zitronen
200 ml natives Olivenöl extra
100 g Butter, zimmerwarm

Mit einer Küchenschere die Stubenküken am Rückgrat entlang von hinten nach vorne aufschneiden. Den Körper vorsichtig öffnen, umdrehen und mit der Knochenseite nach unten auf ein Schneidebrett legen. Das Stubenküken fest auf das Brett drücken, um es flacher zu machen. Mit den anderen Stubenküken ebenso verfahren. Die Stubenküken unter fließendem, kaltem Wasser waschen und mit Küchenpapier trockentupfen.

Für die Marinade den Knoblauch, die Chilis, das Weiße der Frühlingszwiebeln, das Meersalz und den weißen Pfeffer in einen Mörser geben. Die Zutaten gut zerreiben und anschließend die Schale und den Saft der Zitronen sowie das Olivenöl unterrühren. Die Stubenküken in eine weite Schüssel aus Glas oder Edelstahl geben und gut mit der Marinade einreiben. Mindestens 2 Stunden kalt stellen, am besten über Nacht.

Die Stubenküken aus der Schüssel nehmen und die Marinade abstreifen. Die Marinade dann in einem kleinen Topf auf mittlerer Stufe zum Kochen bringen. 2 Minuten kochen lassen, dann die Butter zugeben und einrühren. Den Topf vom Herd nehmen.

Am besten gelingen die Stubenküken über Holzkohle, aber es geht auch sehr gut mit einem Gasgrill. Den Grill anheizen, bis er eine mittlere bis hohe Hitze erreicht hat. Die Stubenküken mit der Hautseite nach unten auf den Grill legen und 3 Minuten grillen, dabei immer wieder mit der Marinade beträufeln. Kurz anheben, um 90° drehen und wieder mit der Haut nach unten auf den Grill legen. Nochmals 3 Minuten grillen. Dann erst die Stubenküken umdrehen und den Garprozess wiederholen, dieses Mal sollten sie aber vor dem Wenden 5–6 Minuten grillen. Um zu prüfen, ob sie gar sind, das Bein mit einer Gabel anstechen — der austretende Saft sollte klar sein. Das klein geschnittene Grün der Frühlingszwiebeln über die Stubenküken streuen und servieren.

SCH

INHALT

WEIN &
LAMM
163

SCHWEIN

IM MÄRZ 2009 BETRAT, IM SCHUTZ DER DUNKELHEIT, EINE TIERSCHUTZAKTIVISTIN ILLEGAL DAS GRUNDSTÜCK EINES HOFS FÜR INTENSIVE SCHWEINEMAST IN TASMANIEN. WAS SIE IN JENER NACHT AUF VIDEO FESTHÄLT UND SPÄTER AUF YOUTUBE POSTET, GEHÖRT ZUM SCHOCKIERENDSTEN UND DRASTISCHSTEN FILMMATERIAL ZUM THEMA VERNACHLÄSSIGUNG VON TIEREN, DAS ICH JE GESEHEN HABE.

Durch die Linse der Videokamera sehen wir, was sich am Boden dieses Mastbetriebs abspielt. An der zu den Sauenställen führenden Tür weist ein Schild stolz darauf hin, dass der Betrieb ›geprüftes australisches Qualitätsschweinefleisch‹ liefert. Im Stall selbst sehen wir das, was eine erschreckend hohe Zahl von Menschen in der Stadt nicht mehr wahrhaben will: Tiere leiden in Intensivmast. Die Kastenstände, Käfige, die die einzelnen Zuchtsauen voneinander trennen, bieten kaum genug Platz für ihre immer größer werdenden Körper. So stehen sie da, ihre Körper voller Kotflecken, und schwenken ängstlich die Köpfe hin und her. Aus Langeweile kauen sie an dem Metall der Stangen. Viele Sauen haben entzündete und geschwollene Beine, andere weisen Abszesse auf, vermutlich die Folge der ständigen Reibung an den Stangen. Eines der Tiere, zu schwach zum Stehen, sieht man in seinem eigenen Dreck liegend, es atmet nur mit Mühe, die Rippen treten hervor. Maden kriechen unter der Haut und fressen sich durch die verfaulenden Wunden. Den Schmutz kann ich sehen, der herrschende Gestank, der einem wohl den Magen umdrehen muss, bleibt mir glücklicherweise erspart. Diese Tiere werden offensichtlich und aufs Schwerste misshandelt.

Ich kann es nicht fassen, dass in der heutigen Zeit die Tiere in unserem Nahrungsmittelsystem nicht mit Respekt behandelt werden! Mein Ärger wurde noch größer, als ich erfuhr, dass just dieser Mastbetrieb eine unserer größten Supermarktketten in Australien mit Fleisch beliefert. Ich wusste zuerst gar nicht, wie ich meiner Wut Ausdruck verleihen sollte. Schweine gehören zu meinen Lieblingstieren, und Schweinefleisch esse ich besonders gern. So erbost und angeekelt ich auch war, so war mir auch klar, dass ich es trotz des Videos auch weiterhin essen würde.

Nachdem ich das Video gesehen hatte, ging ich — die Bilder noch vor Augen — zu meinem Metzger im Ort und kaufte Bio-Schweineschnitzel zum Abendessen. Das hört sich vielleicht seltsam an, aber da ich nur Schweinefleisch aus Freiland- oder Bio-Haltung kaufe, ist jeder Einkauf eine Stimmabgabe gegen Intensivmast. Wenn das doch nur jeder machen würde. Ich bin überzeugt, dass Landwirten, die ihre Schweine in Freiland- oder Bio-Haltung aufziehen, am Wohlergehen ihrer Tiere gelegen ist und sie auch deren Umwelt pflegen. Ich war fest entschlossen, mir von den Machenschaften eines ignoranten Landwirts nicht mein Lieblingsfleisch verleiden zu lassen, und ich werde immer Menschen mit ethischem Rückgrat unterstützen, egal wofür sie sich engagieren.

Die meisten von uns halten Tierschutz für wichtig, aber oft reicht das nicht aus, um konkret etwas zu tun. Ich bin froh, dass jemand den Mut hatte, diesen Film zu machen und der Welt die Bedingungen in diesem Mastbetrieb zu zeigen. Das Unternehmen und der Landwirt wurden schließlich vor Gericht gestellt und wegen Tierquälerei verurteilt. Dieser Mensch betreibt keine Schweinemast mehr, aber war das denn ein Einzelfall? Ich würde dies ja gerne glauben, aber mache ich mir da nicht selbst etwas vor? Australien ist bekannt dafür,

einige der vorbildlichsten Agrarmethoden weltweit anzuwenden. Wohl auch deshalb war ich so wütend und enttäuscht, als ich den Film sah.

Wir, als städtische Konsumenten landwirtschaftlicher Erzeugnisse, haben doch nur die Wahl, den Erzeugern zu vertrauen. In der Stadt trifft man selten auf die Bauern, die hinter den Erzeugnissen stehen, auch wenn es inzwischen immer mehr Erzeugermärkte gibt, wo das doch möglich ist. Die meisten Städter kaufen ihre Ware in den Einkaufsmeilen oder im Supermarkt. Wir setzen unser Vertrauen in die verschiedenen Kontrollbehörden der Landwirtschaft. Man sollte ja meinen, ein Schild, das ›geprüftes australisches Qualitätsschweinefleisch‹ ausweist, hätte einen gewissen Stellenwert, aber leider lässt wohl manchmal, wie dieser Fall belegt, das für den Tierschutz zuständige Aufsichtssystem, alle Betroffenen im Stich.

Für die Schweineindustrie Australiens gelten vom Commonwealth und den Regierungen der einzelnen Bundesstaaten erlassene Verfahrensregeln. Wie es scheint, ist es jedoch eine Sache, gute Gesetze zu erlassen, aber eine ganz andere, Leute einzusetzen, die diese dann auch durchsetzen. Dieser Betrieb scheint unter der Aufsicht einer Regierungsbehörde gearbeitet zu haben und diese wurde völlig zu Recht ins Visier genommen. Bei der Befragung nannten die Inspektoren einen chronischen Mangel an Geld und Personal als Grund dafür, dass Betriebe, die, wie in diesem Fall, nicht den Vorschriften entsprechen, durch das Raster fallen.

Ich weiß noch, wie ich als Junge auf dem Hof eines Freundes die Schweine fütterte. Diese Schweine hatten im Vergleich zur Intensivmast ein wirklich idyllisches Leben. Die etwa 20 Tiere lebten nicht auf engstem Raum, konnten aber auch nicht frei auf einer Koppel herumlaufen. Sie wurden in einem großen Koben gleich hinter dem Melkstall gehalten, das war damals bei vielen Milchbauern so üblich. In dem Verschlag gab es einen Unterstand, aber auch viel Schlamm und Heu, in dem die Schweine spielen konnten. Die Schweine bekamen Getreide und Gemüsereste zum Fressen und jeden Morgen und Abend viel frische, vollfette Milch.

Wenn wir den Hof besuchten, war es unsere Aufgabe, die Schweine mit der Milch zu füttern. Das war nicht schwer; wir mussten ja einfach nur die Milch in einen Trog gießen. Der schwierigere Teil war, dafür zu sorgen, dass die kleineren und zurückhaltenderen Schweine auch ihren Anteil bekamen. Auch bei domestizierten Tieren kann das Überleben ein täglicher Kampf sein. Dies waren eindeutig glückliche Schweine, gut gefüttert und sehr aktiv. Sie hatten viel Bewegungsfreiheit und konnten sich zum Spielen im Stroh und zum Abkühlen in der Suhle wälzen. Aber letztendlich ging es auch bei ihnen um das Fleisch, und nach 6 bis 10 Monaten wurden sie genau an den Ort geführt, an dem auch die Tiere aus Intensivmast landen. Wären sich beide am Schlachthof begegnet, wer wäre wohl mit seinem Leben zufriedener gewesen?

Schweine sind empfindsame Tiere, und manche Wissenschaftler schreiben ihnen die Intelligenz dreijähriger Kinder zu. Ich kenne ihre Scharfsichtigkeit aus Erfahrung. Als die Schweine, die ich mit großgezogen habe, verkauft werden sollten, kam ein LKW-Fahrer und stellte seinen Truck rückwärts an den Koben. Das gab eine große Aufregung; es war, als hätten die Sauen den Zusammenhang zwischen der Ankunft des Trucks und dem Verschwinden ihres Nachwuchses erkannt. Das habe ich bei Schweinen beobachtet, die ein recht schönes Leben hatten. Wie ängstlich und aufgeregt Schweine aus Intensivmast sein müssen, kann ich mir nur ausmalen.

SCHWEINE IN MASSENTIERHALTUNG

Ab den 1950er-Jahren wurden mehr und mehr Schweine in Mastbetrieben gehalten. Aus einem bei artgerechten Bedingungen unter freiem Himmel lebenden Tier wurde praktisch ein Stalltier, eingesperrt mit wenig Bewegungsfreiheit. In dieser Zeit erlebte die Agrarwirtschaft insgesamt einen großen Wandel. Ein neues Agrarmodell wurde eingeführt, eines, in dem Effizienz und Produktionsvolumen ein größeres Gewicht zukam. Etwa zur selben Zeit kam es in der Geflügelwirtschaft zu einer ähnlich unglücklichen Entwicklung. Beide haben auch heute noch vieles gemein — bei beiden geht es darum, große Mengen an tierischem Eiweiß zu erzeugen und dies so billig wie möglich zu verkaufen.

In unserem Agrarsystem gibt es für den Tierschutz nur einen Minimalstandard. Ich fürchte, dass diese Normen, speziell für Tiere in Intensivhaltung, keinen befriedigenden Schutz bieten. Tatsächlich wenden viele ein, dass die Lebensbedingungen für konventionell gemästete Schweine grausam und unwürdig sind. Meiner Ansicht nach beginnt die unwürdigste Praxis schon lange, bevor die für den Esstisch bestimmten Schweine überhaupt geboren sind — nämlich die, Sauen in enge Stallboxen zu pferchen.

Hier ein kurzer Überblick über den Lebenszyklus eines Schweins in Intensivhaltung. Nachdem die Sauen befruchtet sind, werden sie, solange sie trächtig sind, in Boxen isoliert; zum Abferkeln und für die Aufzucht kommen sie in Abferkelbuchten, wo die Ferkel dann zusammen mit der Muttersau für 4 bis 6 Wochen bleiben. Danach werden sie in Verschläge mit anderen Schweinen verlegt, wo sie bleiben, bis sie ihr Schlachtgewicht erreichen.

Aus den Verfahrensregeln für die Schweinemast in Intensivhaltung geht hervor, dass Schweine Zugang zu Futter und Wasser haben müssen, nicht unter Unwohlsein, Schmerzen, Verletzungen und Krankheiten leiden dürfen und weder Stress noch Angst ausgesetzt werden dürfen. Vermutlich profitieren die Ferkel, die ihres Fleisches wegen großgezogen werden, sogar irgendwie von diesen Normen, was aber ist mit der Muttersau?

Zwar heißt es, die Schweine dürfen nicht unter Schmerzen und Unwohlsein leiden, aber wie das umgesetzt wird, ist kaum zu erkennen. Zwar gibt es Mindestanforderungen für Größe und Bauart der Boxen, aber die sind nur gerade so groß, dass die Sau sich etwas nach vorne und nach hinten bewegen kann, zum Umdrehen reicht der Platz nicht.

Schweine sind gesellige und intelligente Lebewesen. Sie müssen ihre Artgenossen sehen können und eine gewisse soziale Interaktion pflegen können. Sehen können sich die Schweine zwar von ihrer Boxenposition aus, aber die einzige Anregung besteht oft darin, sich gegenseitig durch die Stangen zu beißen. Es ist üblich, dass Schweinen die Schwänze gekürzt und die Zähne abgeschliffen werden, um die Verletzungsgefahr einzudämmen. Ohne Anregung von außen und ohne organisches Material, um sich zu beschäftigen, bleibt vielen Tieren nur, zum Zeitvertreib an den Boxenstangen zu kauen.

Die Abferkelbuchten für die Muttertiere sind eigens zum Schutz der Ferkel entwickelt worden, damit sie nicht von der Mutter erdrückt werden, wenn diese sich plötzlich hinlegt. Eine Stahlgitter stützt das Gewicht der Sau, wenn sie sich hinlegen will, und gibt den Ferkeln die Zeit, unter ihr zu verschwinden. Die Logik dahinter ist ja nachvollziehbar, aber Vergleiche deuten darauf hin, dass die Überlebensrate bei Ferkeln in Abferkelbuchten ähnlich ist wie die bei anders gehaltenen Ferkeln. Warum benutzt man sie dann noch?

Diese Frage ist unter Befürwortern und Kritikern immer Gegenstand heftiger Diskussionen. Wenn ein Landwirt immer schon Abferkelbuchten benutzt hat und meint, sie schaden den Schweinen nicht, warum sollte er dann etwas daran ändern? Es ist die Macht der Gewohnheit, schätze ich. Andererseits konnten Landwirte mit einem ganzheitlicheren Ansatz nie erkennen, wozu sie notwendig sein sollten. Ich denke, die Sauenhaltung in Kastenständen wird ebenso wie Abferkelbuchten bald der Vergangenheit angehören. Die Regierung in

EINE EFFEKTIVE UND VERANTWORTLICHE ENT-
SORGUNG VON SCHWEINEMIST WAR FÜR DIE
SCHWEINEFLEISCHINDUSTRIE IMMER SCHON EIN
PROBLEM, DENN ER STELLT, WENN UNSACH-
GEMÄSS BEHANDELT, EIN GROSSES PROBLEM FÜR
DIE UMWELT DAR. SEIT EINIGER ZEIT GEHT DIE
INDUSTRIE DAS PROBLEM ANDERS AN, INDEM DER
MIST IN DÜNGER UMGEWANDELT UND METHANGAS
DARAUS HERGESTELLT WIRD, DAS FÜR DEN BETRIEB
DER ANLAGEN VERWENDET WIRD. DIES SIND DIE
INNOVATIVEN ANSÄTZE, DIE WIR BRAUCHEN, UM DIE
ÖKOBILANZ DER INDUSTRIE ZU VERBESSERN.

Tasmanien hat einem Ende der Sauenhaltung in Kastenständen ab 2014 zugestimmt, und es ist nur eine Frage der Zeit, wann auch andere Länder das Thema angehen (Anm. d. Übers.: In der EU gilt ab 2013 ein Verbot der Einzelhaltung von tragenden Sauen, außerdem muss den Tieren mehr Raum zur Verfügung stehen).

Es sieht so aus, dass die Sauen lediglich von der Vorschrift, regelmäßig Zugang zu Futter und Wasser zu haben, wirklich profitieren können. Sowohl Sauen als auch Jungtiere wird dies stets zugestanden; je mehr sie fressen, desto schneller nehmen sie schließlich zu. Einzig bei diesem Punkt scheint der Höchststandard durchgesetzt worden zu sein.

Es ist möglich, für Schweine eine stressfreie Lebensumgebung zu schaffen. Schweine brauchen Anregung und Bewegungsfreiheit. Sie sind, wie schon erwähnt, gesellige Tiere, zeigen aber gelegentlich auch Aggressionen gegenüber Artgenossen (der Hintergrund dafür, dass tragende Sauen in Kastenständen isoliert werden). Aggressive Schweine müssen von den anderen getrennt und isoliert werden. Zur Umsetzung der erforderlichen Veränderungen werden auf die Landwirte zusätzlicher Aufwand und höhere Kosten zukommen. Wenn die Verbraucher wirklich möchten, dass sich das System zugunsten der Schweine verändert, dann müssen sie dies berücksichtigen und bereit sein, für Schweinefleischprodukte mehr zu bezahlen. Der einzelne Landwirt wird nichts unternehmen, wenn die Kosten der Veränderungen am Ende an ihm hängen bleiben.

Wir müssen uns von der Vorstellung verabschieden, dass Lebensmittel billig sind. Ich finde es furchtbar, wenn dieses Wort im Zusammenhang mit unseren Nahrungsmitteln verwendet wird. Erzeugnisse, die wirklich nahrhaft sind und seriös produziert wurden, sind selten billig; wir zahlen einen realistischen Preis dafür, der in einem guten Verhältnis zur Leistung steht. Die tatsächlichen Kosten billiger Lebensmittel liegen im Dunkeln. Jemand oder etwas — in der Regel die Tiere in diesem System — zahlen den wahren Preis der Produktion. Und das Schwein aus der Intensivmast zahlt dabei einen gewaltigen Preis.

SCHWEINERASSEN

Die Mehrzahl der Schweine in australischen Mastbetrieben verdankt ihre genetische Ausstattung vorwiegend drei Rassen: Large White (Yorkshire), Landschwein und Duroc. Diese Rassen haben große, lange Körper (gut für Schinken), wachsen schnell und werfen viele Ferkel. Leider sind das nur drei von deutlich mehr als 50 Rassen, die es heute weltweit gibt; das ist bedenklich, wenn man sich vor Augen führt, welche Rolle Biodiversität für den Artenerhalt spielt. Bedauerlicherweise kann eine Rasse, die an einem Tag hoch geschätzt wird, schnell in der Gunst fallen. Ein gutes Beispiel dafür ist das Duroc-Schwein, es erlebte Aufstieg und Fall und wieder einen Aufstieg. 1922 wurden Duroc-Schweine aus Amerika nach Australien importiert. Bis 1936 waren sie bei den Züchtern sehr beliebt und entsprechend teuer, aber schon 1940 war die Rasse in Australien ausgestorben. So schnell können Trends und Meinungen zu spezifischen Rassen umschwenken. 40 Jahre später zeigte die australische Schweinfleischindustrie erneut Interesse am Duroc-Schwein und importierte sie dieses Mal aus Kanada und Neuseeland. Aber man sieht, dass nicht nur wild lebende Tiere und seltene Rassen vom Aussterben bedroht sind; auch vielen domestizierten Tieren droht dieses Schicksal. Es gibt weltweit noch etwa 4500 verschiedene Rassen domestizierter Tiere. Erschreckenderweise gehen pro Woche etwa zwei Rassen unwiederbringlich verloren.

Während der Ausbildung habe ich gelernt, die Qualitätsmerkmale eines Stück Schweinefleischs zu erkennen, Rasse und Herkunft des Schweins aber wurden nie besprochen. Das ist heute anders, immer mehr Menschen wollen wissen, wie ihr Schweinefleisch produziert wird. Freunde von mir lehnen die Massentierhaltung von Schweinen so sehr ab, dass sie ganz auf Schweinefleisch verzichten. Ich schätze ihre Konsequenz, aber nicht alles Schweinefleisch kommt aus Intensivmast. Seit einiger Zeit gibt es ein verstärktes Interesse an seltenen Schweinerassen, Rassen, die jetzt artgerechter in Freiland- oder Bio-Betrieben aufgezogen werden. Wenn Köche heute über Schweinefleisch sprechen, dann geht es nicht mehr nur um die Qualitätsmerkmale des Fleisches, sondern auch um preisgekrönte, seltene Rassen wie Berkshire, Wessex Saddlebacks, Tamworth und Large Black und darum, wie diese gezüchtet werden

Da diese seltenen Rassen sich nicht für die intensive Stallhaltung eignen, galten sie bei den Schweinemast-Experten kurzerhand als nicht mehr rentabel, und so gerieten viele Rassen in Vergessenheit; manche standen kurz vor dem Aussterben. Glücklicherweise konnten die meisten seltenen Rassen diesem Schicksal entgehen und sind so zu den ›Helden‹ der zeitgemäßen Küche geworden. Das Fleisch dieser Schweine ist so lecker und gehaltvoll, dass ich nur solches verwende. Aber wenn sie nun so selten sind, warum biete ich — und immer mehr Köche wie ich — sie an? Ironischerweise müssen wir, sozusagen um ihre Haut zu retten, mehr von ihnen essen. Damit vermitteln wir diesen Landwirten, dass wir ihr Schweinefleisch und somit auch ihre Tiere schätzen — wenn sie sie weiterhin züchten, werden wir sie auch kaufen. Es ist eine einfache wirtschaftliche Gleichung, diese aber könnte der Schlüssel für den Erhalt seltener Schweinerassen sein.

FREILAND- UND BIO-BETRIEBE

Landwirte, die Bio-Haltung oder Freilandhaltung betreiben, sind an dieselben Normen gebunden, die auch für die Intensivmast gelten. Während die meisten konventionellen Landwirte sich vorwiegend nur an die Vorschrift des freien Zugangs zu Futter und Wasser zu halten scheinen, sorgen Öko- und Freilandbauern dafür, dass auch die anderen Anforderungen auf der Liste eingehalten werden.

Um einen etwas ausgewogeneren Überblick über die Schweineindustrie zu geben, sollte angemerkt werden, dass es in der Freilandhaltung — ebenso wie in der Intensivhaltung — Abstufungen bei der Umsetzung der Normen gibt.

Der Begriff ›Freilandhaltung‹ ist schon für sich genommen verwirrend, besonders wenn damit Schweinefleischprodukte im Einzelhandelsbereich gekennzeichnet werden. Schweinefleisch kann ganz legal als Freilanderzeugnis gekennzeichnet werden, obwohl das Schwein, von dem das Fleisch stammt, vielleicht nie eine Koppel oder eine Weide gesehen hat. Die Muttersauen dürfen auf der Weide fressen, wenn aber die Ferkel geboren und entwöhnt sind, werden diese in speziellen Ställen gemästet. Die Ferkel haben dort zweifellos ein besseres Leben als auf einem konventionellen Hof, aber wirklich im Freien leben sie zu keinem Zeitpunkt ihres Lebens. Das Schweinefleisch dieser Tiere wird als ›in Freilandhaltung geboren‹ gekennzeichnet. Das steht im Widerspruch zu einem wirklichen Freilandschwein, das ab seiner Geburt auf der Weide lebt.

Freilandschweine leben in Gruppen auf Koppeln und werden vor Raubtieren geschützt. Spezielle Schutzhütten, in denen sich die Schweine Schlafnester aus Stroh machen, halten die Tiere trocken und warm. Die Schutzhütten sind entweder fest montiert oder können auf der Koppel umgestellt werden. Die Schweine leben nahezu frei, sie können sich ganz ihrer Art entsprechend verhalten, sich im Dreck wälzen und in der Suhle abkühlen. Die intensive Schweinehaltung legt Wert darauf hervorzuheben, dass die Haltung der Schweine im Freien wegen deren Hitzeempfindlichkeit nicht artgerecht sei. In konventionellen Betrieben werden Schweine meist in Ställen mit Klimaanlage gehalten. Das Argument ist nicht von der Hand zu weisen, daher werden Freilandschweine vorwiegend in gemäßigten Klimazonen gehalten.

Der Farmer, bei dem ich die im Restaurant verwendeten Kurobuta Berkshire Schweine beziehe, hat einen etwas anderen Ansatz. Seine Ferkel werden von Sauen zur Welt gebracht, die im Freien leben. Nachdem sie entwöhnt sind, leben sie in einer Hütte, bis sie eine bestimmte Größe erreicht haben. Wenn die Ferkel groß und kräftig genug sind, um mögliche Raubtiere abzuwehren — meist nach 4 Wochen — werden sie wieder ins Freie verlegt, wo sie bis zum Zeitpunkt der Schlachtung bleiben.

Echte Freiland-Produzenten versuchen, die Kennzeichnungsvorschriften zu verändern. Sie denken, so wie ich auch, dass der Durchschnittsverbraucher den Unterschied zwischen den beiden Methoden nicht erkennt. Landwirte, die ›in Freilandhaltung geborene‹ Tiere anbieten, erhalten denselben Preis und denselben ethischen Mehrwert, obwohl ihre Schweine nicht wirklich in Freilandhaltung groß geworden sind. Echte Freiland-Betriebe sollten daher die Anerkennung erhalten, die sie verdienen, und auch die finanziellen Vorteile einer vollständigen Freilandhaltung.

ANTIBIOTIKA UND HORMONE

Freilandschweine bekommen weder Antibiotika noch Wachstumshormone. Die Vorschriften für Bio-Schweine sind sogar noch strenger und werden von einer unabhängigen Behörde geprüft. Öko-Schweine dürfen nur auf Weiden leben, die nachgewiesenermaßen frei von Herbiziden und Pestiziden sind. Selbstverständlich darf das Schwein nur Getreide aus zertifiziertem Öko-Anbau fressen. Wie ich schon im Geflügel-Kapitel sagte, beantragen gar nicht alle Freiland-Betriebe die Bio-Zertifizierung, selbst wenn sie nach strengen Normen arbeiten. Aus diesem Grund ist es wichtig, den Metzger zu fragen, wie und wo sein Schweinefleisch produziert wird.

DIE ZUKUNFT DER INDUSTRIE

Die Klimaveränderungen werden sowohl die konventionelle als auch die Bio-Schweinehaltung vor große Herausforderungen stellen. Um die Kosten niedrig zu halten, befinden sich Schweinebetriebe häufig in der Nähe von Getreideanbaugebieten. Zukünftige Klimaabweichungen könnten sich auf Wachstum und Verfügbarkeit der Ernten auswirken und so den Druck auf den Getreidepreis verstärken. Auch steigende Temperaturen werden Folgen für die Gesundheit der Tiere haben — Schweine können ihre Körpertemperatur nicht selbst regulieren und leiden daher häufig unter Hitzestress. Konventionelle Schweinebetriebe nutzen bereits Klimaanlagen zur Kühlung, jeglicher Temperaturanstieg wird daher die Freilandbetriebe am härtesten treffen.

Ich bin Landwirten begegnet, die auf konventionelle Weise mit derselben Hingabe Schweine halten, wie dies auch Freiland- oder Ökobauern tun. In den meisten Fällen liegt auch den konventionellen Landwirten daran, für ihre Schweine das Bestmögliche zu tun. Wenn es gelänge, Kastenstände und Abferkelbuchten aus dem System zu verbannen, wäre für bessere Lebensbedingungen der Tiere schon vieles getan. Zweifellos schafft intensive Schweinemast eine künstliche Umgebung, aber es ist eine, die vollständig kontrolliert werden kann. Die Klimaveränderungen werden neue Herausforderungen mit sich bringen; vielleicht ist eines Tages eine kontrollierte Umgebung genau die Lösung, die die Schweineindustrie benötigt, um in Zukunft verantwortlich zu arbeiten. Ein vielschichtiges Problem, das zu lösen sein wird. Aber solange die Intensivmast sich nicht verändert, werde ich weiterhin die Bauern unterstützen, die Freiland-Schweine erzeugen.

LAMM

DIE TAGE, IN DENEN AUSTRALIEN AUF DEM RÜCKEN DER SCHAFE LEBTE, WIE ES FRÜHER IMMER HIESS, SIND EIN FÜR ALLE MAL VORÜBER. DIE ORIGINELLE FORMULIERUNG HAT ANSCHEINEND DIE ZEIT ÜBERDAUERT, ABER DER ANTEIL DER SCHAFZUCHT AN DER AUSTRALISCHEN WIRTSCHAFT IST HEUTE LÄNGST NICHT MEHR SO, WIE ER ZU BEGINN DES 20. JAHRHUNDERTS WAR. UND DENNOCH ERINNERN SICH DIE MEISTEN AUSTRALIER DARAN, WIE WICHTIG DIE SCHAFZUCHT FÜR DIE FRÜHE LANDWIRTSCHAFTLICHE ENTWICKLUNG DES LANDES WAR. DIE JÄHRLICH AM AUSTRALIA DAY, DEM NATIONALFEIERTAG, STATTFINDENDEN MARKETINGKAMPAGNEN ZUR FÖRDERUNG VON LAMMFLEISCH ERMUNTERN UNS DAZU, LAMMFLEISCH ZU ESSEN, UND WENN WIR DAS NICHT TUN ... NUN, DANN SIND WIR EINFACH UN-AUSTRALISCH.

Am *Australia Day* durchzieht der Duft von in den Gärten und Küchen der Vorstadthäuser bratenden Lämmern den Himmel und auch unser Bewusstsein. Es gibt unzählige Lammrezepte, sie alle spiegeln die Bandbreite der kulturellen Vielfalt Australiens wider. Zu meinen Lieblingsrezepten gehört im Wok gebratenes Lammhack mit süßer Sojasauce, gegrillte Lammlachse mariniert in Zitrone, Joghurt und Minze und das Lieblingsgericht meiner Partnerin Pauline, Lammkoteletts mariniert in einer Paste aus fermentiertem Tofu. Die Liste der Zutaten, die das Lammaroma wunderbar abrunden, ist so umfassend wie unsere Dankbarkeit gegenüber den frühen Pionieren der Lammzucht. Heute ist Lamm so sehr Teil des Nationalbewusstseins, dass es fast schon als Metapher für die kulturelle Identität Australiens dient. Wie also wird die einst so starke Schaf- und Lammwirtschaft die Zeit der klimatischen und wirtschaftlichen Unsicherheiten in Zukunft überstehen.

Zur Beantwortung dieser Frage müssen wir zuerst begreifen, dass man das Schaf nicht vom Lamm trennen kann. Damit meine ich, dass Schafwollindustrie und Lammfleischindustrie im Grunde ein und dasselbe sind. Die ersten Schafe kamen mit der First Fleet vom Kap der Guten Hoffnung nach Australien. Es waren Fleischschafe — solche mit struppigem Fell, nicht eingemummt in feine Wolle. Aus irgendeinem Grund bekam ihnen die neue Kolonie nicht. Später wurden Merinoschafe eingeführt, eine ursprünglich aus Spanien stammende Rasse, diese lebten sich gut ein. Merinos sind große Schafe, die bekannt dafür sind, feine Wolle und Lämmer mit viel Fleisch hervorzubringen. 80 % der heute in Australien lebenden Schafe stammen von Merinos ab.

Merinoschafe werden üblicherweise mit englischen Schafrassen gekreuzt, die ihrer guten Fleischqualität wegen beliebt sind, beispielsweise Poll Dorset und Leicester. Diese Kreuzung bringt ein Tier mit Doppelfunktion hervor. Theoretisch haben Schafhalter gegenüber Produzenten anderer Landtiere einen deutlichen Vorteil, sie können nämlich ihr Produkt auf zwei sehr unterschiedlichen Märkten verkaufen — auf dem Woll- oder auf dem Fleischmarkt, je nachdem, wo die Nachfrage größer ist und sich folglich die größere Gewinnspanne erzielen lassen wird.

Schafbauern sind — vermutlich in stärkerem Maße als ihre Konkurrenten — auf halbwegs vorhersagbare Witterungsbedingungen angewiesen. Regen ist in Australien immer willkommen, aber viele Niederschläge im Winter, das bedeutet üppige Weiden und ist für Schafbauern fast eine Garantie für einen guten Frühling. Satte Weiden, das heißt auch kräftige und daher fruchtbare Mutterschafe, was wiederum zu überdurchschnittlichen Geburtenraten führt, wenn der Frühling naht. Wenn es schlecht läuft, müssen die Bauern sich überlegen, wie sie ihre Tiere einsetzen, um von der Verbrauchernachfrage zu profitieren. Halten sie mehr Mutterschafe für die Lammproduktion oder mehr Hammel für die Wolle? Sie müssen Größe und Geschlechterverteilung ihrer Herde anpassen, um sich selbst bestmöglich zu positionieren für die von Wetterabweichungen und Marktveränderungen bestimmten Umstände. Dies ist jedes Mal ein Glücksspiel, denn ist die Entscheidung einmal getroffen, ist sie nicht leicht umzukehren.

In den letzten Jahren ist durch die verheerenden Folgen der Dürre die Zahl der Schafe in Australien stetig zurückgegangen. Leider hat die Schafwirtschaft Australiens das Pech, dass in derselben Zeit international die Nachfrage nach Lammfleisch angestiegen ist. Obwohl es weniger Schafe gibt, ist es den Landwirten aber in relativ kurzer Zeit gelungen, auf die Nachfrage zu reagieren und die Gesamtsituation so anzupassen, dass es jetzt mehr Mutterschafe (für die Lammfleischproduktion) gibt. Daran, dass die Schafwirtschaft jetzt mit weniger Lämmern mehr Fleisch exportiert, erkennt man die beherzte Entschlossenheit der Landwirte. Gelingen konnte ihnen dies auch dadurch, dass sie das Schlachtgewicht der Lämmer erhöht haben.

Ich selbst habe keine Erfahrung mit der Schafhaltung, hatte aber mehrfach Gelegenheit, sie aus der Nähe zu betrachten. Mein Faible für die Forellenfischerei hat mich über die Jahre immer wieder über Schafweiden geführt. Während ich so in der Sommerhitze über die Koppeln laufe, denke ich immer über dieselben zwei Dinge nach. Erstens, warum laufe ich eigentlich bei 30 °C über diese trockene Koppel auf der Suche nach einem Fluss zum Fliegenfischen? Zweitens, warum in aller Welt sehen diese Schafe bloß so gesund aus, wenn doch alles ringsum die Farbe von verbranntem Ton hat und weit und breit kein grüner Grashalm zu sehen ist?

Die Antwort auf die erste Frage ist einfach: Forellenfischerei ist eine Manie, eine, mit der die meisten vernünftigen Leute zum Glück nichts anfangen können. Die Antwort auf die zweite Frage aber sagt uns mehr über die Konstitution der Schafe selbst als über den Einfluss guter Betriebsführung. Schafe fressen vorwiegend Gras und leben extrem gut auf Grenzertragsböden; Land also, das sich für die Rindfleischproduktion nicht eignet. Auf den fruchtbareren Weiden eines Hofs mit gemischtem Tierbestand jedoch können sowohl Schafe als auch Rinder leben, dominiert wird die Landschaft aber in der Regel durch Rinder. Manchmal lassen Rinderhalter, die ein rotierendes Weidesystem anwenden — die Rinder grasen erst eine Weile auf einer Koppel, ziehen dann auf die nächste und die erste kann sich regenerieren —, nach den Rindern Schafe auf die Koppel, die saubermachen und übrig gebliebene Unkräuter fressen. Andere wiederum würden dies nie tun, ihrer Ansicht nach fressen die Schafe das mehrjährige Gras bis zu nah an die Wurzel weg, was den Regenerationsprozess verlangsamt. So oder so, eines ist sicher: Schafe fressen praktisch alles, würde man sie einfach gewähren lassen, könnte das schlimme Folgen für die Umwelt haben.

Bei häufigen Regenfällen und durchschnittlichen Temperaturen ist die Natur normalerweise dem Weidedruck gewachsen. In anhaltenden Trockenperioden allerdings wird die Widerstandskraft der Natur ernsthaft gefährdet. Es heißt, dass die Klimaveränderungen die extremen Wetterphänomene in Australien verschärfen werden, mit häufigeren und länger andauernden Trockenperioden. Große Teile Australiens sind bereits überweidet und weisen einen solch hohen Salzgehalt auf, dass Vegetation nicht gedeihen kann. Bei ausgebranntem Boden und zurückgehenden Niederschlägen sind die Folgen der Schafbeweidung noch größer. Steigende Temperaturen und Hitzestress werden die Schafe auch direkt betreffen, und dies wird zu einem Rückgang der Lammfleischproduktion führen. Nicht nur werden dann weniger Lämmer geboren werden, diese werden außerdem langsamer wachsen. Schafe fressen bei extremer Hitze weniger und wandeln daher auch weniger Futter in Körpermasse um.

Die Klimaveränderungen werden zu einer Verringerung der Weideflächen für Schafe führen. Die Zunahme von Kohlendioxid in der Atmosphäre soll zwar das Wachstum von Futterpflanzen beschleunigen, leider muss man aber davon ausgehen, dass deren Nährwert geringer ist und somit jeder Nutzen zunichte gemacht wird. Wenn das passiert, wird die gesamte Schafwirtschaft tiefgreifenden Veränderungen ausgesetzt sein: Schafe müssen dann vielleicht vom Land weg in Mastparzellen, sogenannte Feedlots, umgesiedelt werden. Gegenwärtig werden mehr als 90 % aller Schafe in Australien auf Gras gehalten. In den Jahren 2008 und 2009 wurden nur 7 % aller für die Fleischproduktion vorgesehenen Lämmer mit Getreide gefüttert und zwar durchschnittlich 59 Tage lang. Noch ist die Haltung von Schafen in Feedlots kein Thema für den Tierschutz — aber was bringt die Zukunft? Die wichtigeren Tierschutzthemen betreffen heute vorwiegend die Langzeittransporte von Lebendtieren und vor allem die Haltung der Tiere in Pferchen, bevor sie nach Übersee verschifft werden, sowie die Transportbedingungen selbst.

Viele Herausforderungen warten auf die Schafwirtschaft, gute Ideen werden notwendig sein, um die Produktion aufrechtzuerhalten oder zu steigern. Die verschiedenen Agrarindustriezweige werden heftiger konkurrieren um die Ressourcen einerseits und um unser Geld andererseits. Noch leben die meisten Schafe von Gras und setzen die Energie daraus sehr effizient in Körpermasse um. Wenn Schafe in Feedlots umgesiedelt werden, wird durch den Bedarf an Futterpflanzen und Getreide der Druck auf Boden-, Wasser- und Energieressourcen steigen. Wenn es dazu kommt, werden eine ganze Reihe von Fragen zu Ethik und Nachhaltigkeit aufgeworfen werden. Aber bis es so weit ist, versuche ich ethisch und nachhaltig zu kochen, auch indem ich weniger gefragte Stücke vom Lamm verwende wie Nacken, Schulter und Brust, und serviere sie, wie ich es generell für besser halte, als Gericht mit einem großen Anteil an gartenfrischem Gemüse.

VIC'S
LAMB
230
COWRA

ASIATISCHER SALAT MIT WÜRZIGEM SCHWEINEHACK

4 PORTIONEN / VORSPEISE

2 EL Pflanzenöl
1 Stängel Zitronengras, nur das Weiße, fein gehackt
2 Knoblauchzehen, fein gehackt
400 g Hackfleisch vom Schwein
1 Prise Salz
frisch gemahlener weißer Pfeffer
2 Blätter Chinakohl, fein zerkleinert
2 Blätter Eisbergsalat, fein zerkleinert
1 große Handvoll Zuckererbsensprossen
½ rote Zwiebel, in feine Scheiben geschnitten
10 Blätter Thai-Basilikum
10 Blätter Grüne Minze
10 Korianderblätter
2 Thai-Chilischoten, in feine Scheiben geschnitten
1 Rezept Nuoc Mam Cham (s. unten)
1 EL zerdrückte, geröstete Erdnüsse

Einen Wok oder eine große Pfanne auf mittlerer Stufe erhitzen. Das Öl zugeben und das Zitronengras leicht anbraten, den Knoblauch hinzufügen und anbraten, bis das Zitronengras hellbraun und der Knoblauch goldgelb ist. Die Hitze erhöhen, das Schweinehack zugeben und gut mit den Zutaten vermengen, damit sich das Aroma entfalten kann. Das Hackfleisch goldbraun braten, mit Salz und weißem Pfeffer würzen und zum Abkühlen beiseitestellen.

Die Kohl- und Salatblätter zusammen mit den Zuckererbsensprossen, der Zwiebel, den Kräutern und dem Chili in eine Rührschüssel geben. Das Schweinefleisch und die Hälfte des Nuoc Mam Cham zugeben und gut verrühren. 2 Minuten durchziehen lassen, dann auf eine Platte geben und mit den Erdnüssen garnieren. Nach Bedarf noch Dressing darübergeben.

NUOC MAM CHAM ERGIBT 250 ML

3 EL Fischsauce
3 EL Reisessig
2 EL feiner Zucker
2 EL Limettensaft
2 Knoblauchzehen, fein gehackt
1 Thai-Chilischote, fein gewürfelt

Die Fischsauce mit dem Essig, dem Zucker und 125 ml Wasser in einen Topf geben. Den Zucker unter Rühren auflösen und den Topf auf hoher Stufe zum Kochen bringen. Nach dem Aufkochen den Topf vom Herd nehmen und abkühlen lassen. Den Limettensaft, den Knoblauch und den Chili hinzufügen und alles vermengen.

WENN ICH FÜR EIN REZEPT SCHWEINEHACK BENÖTIGE, BITTE ICH MEINEN METZGER, EIN NACKENSTÜCK ZU NEHMEN. ICH FINDE, DABEI IST DAS VERHÄLTNIS VON FETTEM UND MAGEREM FLEISCH GENAU RICHTIG.

FETT IST EIN WESENTLICHER BESTANDTEIL BEI DIESEM SCHWEINEBRATEN. ES IST ABSURD, WENN MAN SICH ÜBERLEGT, DASS DAS MODERNE SCHWEIN FÜR EINEN GERINGEREN FETTGEHALT GEZÜCHTET WURDE. ES IST EIN SOLCHER GENUSS, WENN MAN VON EINEM FRISCH ANGESCHNITTENEN SCHWEINEBRATEN EINE SCHEIBE NASCHT UND EINEM DAS FETT ÜBER DIE ARME LÄUFT.

GEBRATENE SCHWEINESCHULTER ANGERICHTET MIT ZITRONE, SALZ & PFEFFER

8 PORTIONEN / HAUPTGERICHT

150 ml helle Sojasauce
100 ml Shaoxing-Reiswein
3 Knoblauchzehen, fein geschnitten
ein Stück Ingwer, 5 cm, in Scheiben geschnitten
2 kg Schweineschulter ohne Knochen, mit Haut
3 EL Meersalz
1 EL Szechuan-Pfefferkörner
2 große Zwiebeln, mit Haut halbiert
1 Zitrone, halbiert

Für die Fleischmarinade die Sojasauce, den Reiswein, den Knoblauch und den Ingwer in einer Schüssel mischen. Die Haut vom Schweinefleisch im Abstand von jeweils 1 cm einritzen. Das Fleisch in einen Gefrierbeutel geben, die Marinade dazugießen und den Beutel verschließen. Den Beutel von außen so durchwalken, dass sich die Marinade gleichmäßig auf dem Fleisch verteilt. Über Nacht im Kühlschrank marinieren, mit der Hautseite nach oben.

Das Meersalz und die Pfefferkörner in einer Pfanne mit schwerem Boden ohne Fett so lange rösten, bis die Pfefferkörner duften und anfangen zu springen, dann das Salz und den Pfeffer in eine Schüssel geben. Abkühlen lassen und in einem Mörser zu feinem Pulver verarbeiten.

Den Backofen auf 200°C (Gas Stufe 6) vorheizen. Die Zwiebelhälften mit der flachen Seite nach unten in eine Ofenform legen. Das Fleisch mit der Hautseite nach oben auf die Zwiebeln legen. Die im Beutel verbliebene Marinade über das Schweinefleisch gießen. Im Backofen etwa eine Stunde braten, bis das Fleisch gar und die Haut tiefbraun ist. Aus dem Ofen nehmen und abgedeckt an einem warmen Ort 30 Minuten ruhen lassen. Zum Servieren den Zitronensaft über das Fleisch gießen, mit der Salz-Pfeffer-Mischung würzen und in Scheiben schneiden.

SCHWEINEFLEISCH-PASTETE

8 PORTIONEN / HAUPTGERICHT

TEIG
560 g Mehl, gesiebt
225 g Butter, in Würfel geschnitten
¾ TL Salz
130 g Eigelb (6–7 Eigelb), Gewichtskl. M
90 ml kaltes Wasser
1 Ei, leicht mit 1 EL Milch verquirlt

1,5 kg Schweinekeule ohne Knochen, mit Haut
50 g Butter
250 g Zwiebeln, fein geschnitten
250 g Schweinebauch, durch den Fleischwolf gedreht
250 g Pancetta oder geräucherten Schinken, ohne Rinde, klein geschnitten
2 Knoblauchzehen, geschält und fein geschnitten
4 Thymianzweige, die Blätter fein gehackt
1 EL Fenchelsamen, gemahlen
2 TL Koriander, gemahlen
1 TL Meersalz
1 TL weißer Pfeffer, gemahlen
100 ml süßer Sherry

Für den Teig das Mehl, die Butter und das Salz in einer Küchenmaschine 15 Sekunden kneten. Die Eigelb einzeln nacheinander dazugeben und nach jedem Eigelb ein paar Sekunden einarbeiten. Die Maschine weiter laufen lassen und langsam das Wasser dazugießen, bis der Teig bindet. Den Teig auf eine bemehlte Arbeitsfläche geben und zu einer Kugel kneten. Den Teig flach drücken und in Frischhaltefolie verpackt 1 Stunde im Kühlschrank ruhen lassen.

Für die Pastetenfüllung das Fett und die Haut von der Keule entfernen und das Fleisch in 2 cm große Würfel schneiden — das ergibt etwa 1 kg Fleisch. Die Butter in einem Topf auf mittlerer Stufe erhitzen, die Zwiebeln zugeben und 10–15 Minuten unter gelegentlichem Rühren langsam garen lassen, bis die Zwiebeln karamellisiert sind. Abkühlen lassen. Den Schweinebauch mit dem Pancetta, dem Knoblauch, dem Thymian, den Gewürzen sowie Salz und weißem Pfeffer in eine Schüssel geben und locker vermischen. Den Sherry zugeben und alle Zutaten gut vermengen. Die abgekühlten Zwiebeln und die Schweinefleischwürfel unterrühren und die Schüssel beiseitestellen, während man die Teighülle vorbereitet.

Den Teig aus dem Kühlschrank nehmen und bei Zimmertemperatur 15 Minuten ruhen lassen. Ein Viertel vom Teig abschneiden und für den Deckel beiseitelegen. Den übrigen Teig behutsam 1 cm dick bis auf einen Durchmesser von 30 cm ausrollen. Eine beschichtete Springform mit 20 cm Durchmesser mit dem Teig auslegen, dabei in die Ecken am Boden und an den Rand der Form drücken und 15 Minuten im Kühlschrank abkühlen lassen. Inzwischen den Teig für den Deckel ausrollen und bei Zimmertemperatur stehen lassen. Die Füllung nun in die ausgelegte Springform geben. Das mit Milch verquirlte Ei über die Füllung geben und den Teigdeckel darüberlegen. Zum Verschließen der Pastete den Deckel und den unteren Teigrand sorgfältig und dekorativ zusammenpressen. Die Mitte des Teigdeckels kreuzweise einschneiden und mit verquirltem Ei einpinseln. 20 Minuten in den Kühlschrank stellen.

Den Backofen auf 160°C (Gas Stufe 2–3) vorheizen. Die Pastete auf der mittleren Schiene im Backofen 1½ Stunden backen, dann gegebenenfalls die Hitze auf 200°C erhöhen, um die Oberfläche zu bräunen. Wenn die Oberseite braun ist, die Pastete aus dem Ofen nehmen. Auf einem Kuchengitter zuerst auf Zimmertemperatur abkühlen lassen und dann kühl stellen. Die Pastete aus der Form nehmen, in Stücke schneiden und servieren.

DAS FLEISCH DER SCHWEINEKEULE IST MAGER, ABER DIE ZUGABE VON SCHWEINEBAUCH IN DIESEM REZEPT MACHT DIE FÜLLUNG SCHÖN SÄMIG. DAS SCHWEINEFETT WIRD LANGSAM GEKOCHT UND SCHMILZT IN DER PASTETENFÜLLUNG AUS.

IM OFEN GEBRATENE SCHWEINESCHNITZEL MIT SÜSSLICH-SÄMIGER SAUCE

4 PORTIONEN / HAUPTGERICHT

4 Schweineschnitzel
1 Knoblauchzehe, in Scheiben geschnitten
250 ml Weißwein
Meersalz
frisch gemahlener schwarzer Pfeffer
2 EL natives Olivenöl extra
185 ml Tomatensauce (oder Ketchup)
1 EL süße Chilisauce
250 ml Portwein

Die Schnitzel mit dem Knoblauch, dem Wein, etwas Salz und frisch gemahlenem schwarzem Pfeffer in eine Schüssel geben. Alles vermischen und das Fleisch gut mit Marinade umhüllen. Im Kühlschrank 1 Stunde marinieren.

Den Backofen auf 220°C (Gas Stufe 7) vorheizen. Die Schweineschnitzel aus der Marinade nehmen und mit Küchenpapier trockentupfen. Die Knoblauchscheiben aus der Marinade nehmen und für später beiseitelegen. Eine Pfanne auf mittlerer Stufe erhitzen, das Olivenöl zugeben und das Fleisch darin auf jeder Seite 3–4 Minuten schön braun braten. Die Schnitzel in eine Ofenform legen und mit Meersalz und frisch gemahlenem schwarzem Pfeffer würzen.

Das Fett bis auf einen EL aus der Pfanne ablaufen lassen. Die Pfanne wieder erhitzen, die beiseitegelegten Knoblauchscheiben hineingeben und 2 Minuten braten. Dann nach und nach die Tomatensauce, die süße Chili-Sauce und den Portwein zugießen. Alles zum Kochen bringen und auf die Hälfte einkochen lassen. Diese Sauce über die Schnitzel in der Auflaufform gießen und in den Backofen schieben. 8 Minuten backen, die Schnitzel wenden und weitere 8 Minuten backen. Vor dem Servieren 10 Minuten ruhen lassen.

GEGRILLTE SCHWEINERIPPCHEN MARINIERT IN PAPRIKAPASTE

4–6 PORTIONEN / HAUPTGERICHT

PAPRIKAPASTE
4 Paprika
1 Knoblauchknolle
3 EL Fischsauce
1 Thai-Chilischote, gehackt
Meersalz
frisch gemahlener schwarzer Pfeffer
natives Olivenöl extra

2,5 kg Schweinerippchen

Für die Paprikapaste den Ofen auf 180°C (Gas Stufe 4) vorheizen. Die Paprika und die Knoblauchknolle auf ein Backblech legen und 30 Minuten backen, bis die Haut der Paprika schwarz und der Knoblauch ganz weich ist. Das Blech aus dem Ofen nehmen und die Paprika in einen luftdichten Behälter legen, in dem sie nachschwitzen und abkühlen können. Inzwischen die Knoblauchzehen häuten und das Knoblauchfleisch in eine Küchenmaschine geben. Die Paprika aus dem Behälter nehmen und die schwarz verbrannte Haut abziehen. Haut, Kerne und Scheidewände wegwerfen, das Fruchtfleisch der Paprika mit der Fischsauce und dem Chili zum Knoblauch in die Küchenmaschine geben. Mit Meersalz und frisch gemahlenem schwarzem Pfeffer würzen und zu einer glatten Paste verarbeiten. Die Paste in ein sauberes Schraubglas füllen und großzügig mit Olivenöl abdecken. Die Paprikapaste hält sich unter Öl im Kühlschrank bis zu zwei Wochen.

Die Hälfte der Paprikapaste auf die Schweinerippchen streichen, die andere Hälfte wird zum Bestreichen benötigt. Die Rippchen 1 bis 4 Stunden ziehen lassen.

Den Grill auf mittlere Hitze vorheizen. Die Rippchen 10–15 Minuten grillen, dabei häufig mit der übrigen Paprikapaste bestreichen. Die Rippchen alle 3 Minuten wenden, bis sie gar sind, so brennt die Marinade nicht an.

DIESES REZEPT IST EINES MEINER PORTUGIESISCHEN LIEBLINGSGERICHTE. SCHWEINEFLEISCH UND MEERESFRÜCHTE ZU KOMBINIEREN IST NICHT SO UNGEWÖHNLICH; DIE SPEISEKARTE VOM RED LANTERN HAT VIELE BEISPIELE SOLCHER KOMBINATIONEN. FRISCHE MUSCHELN WERDEN HEUTE MEIST SCHON VOM SAND BEFREIT VERKAUFT, FRAGEN SIE IHREN FISCHHÄNDLER DANACH.

SCHWEINEBAUCH MIT MUSCHELN AUF PORTUGIESISCHE ART

8 PORTIONEN / HAUPTGERICHT

1 kg Schweinebauch am Stück, ohne Haut und in 2,5 cm große Würfel geschnitten
100 ml trockener Weißwein
500 ml Milch
4 Lorbeerblätter
Meersalz
frisch gemahlener schwarzer Pfeffer
3 EL natives Olivenöl extra
8 Schalotten, fein geschnitten
4 Knoblauchzehen, zerdrückt
1 Rezept Paprikapaste (s. Seite 187)
200 ml Wermut
350 ml Hühnerbrühe
1 Bund Thymian, gezupft
1,5 kg Vongole (Venusmuscheln), geputzt
2 kleine Handvoll glatte Petersilie, grob gehackt

Das Schweinefleisch in eine große Schüssel geben und den Wein, die Milch, die Lorbeerblätter, eine Prise Salz und reichlich frisch gemahlenen Pfeffer dazugeben. Im Kühlschrank über Nacht marinieren.

Das Schweinefleisch aus der Marinade nehmen, unter fließendem, kaltem Wasser waschen und mit Küchenpapier trockentupfen. Einen großen Bräter auf hoher Stufe erhitzen, das Olivenöl zugeben und das Schweinefleisch in kleinen Portionen darin rundherum goldbraun anbraten. Dann herausnehmen und beiseitestellen. Wenn alle Fleischstücke angebraten sind, die Hitze etwas herunterstellen und die Schalotten und den Knoblauch darin leicht anbraten. Das Fleisch mit der Paprikapaste und dem Wermut zurück in den Bräter geben und alles gut miteinander vermengen. Die Flüssigkeit zum Kochen bringen und abgedeckt bei niedriger Hitze 40 Minuten sehr langsam köcheln lassen.

Mit einem Spieß prüfen, ob das Fleisch gar ist; er sollte sich leicht einstechen lassen. Wenn es gar ist, die Hitzezufuhr erhöhen und die Hühnerbrühe sowie den Thymian hinzufügen. Sobald die Flüssigkeit aufkocht, die Muscheln zugeben und abgedeckt weitere 5 Minuten kochen lassen, bis die Muscheln sich öffnen. Geschlossene Muscheln wegwerfen. Die Brühe abschmecken und die Petersilie unterrühren. Mit Kipfler-Kartoffeln als Beilage servieren.

SCHWEINSHAXE & GEBACKENE WEISSE BOHNEN

4 PORTIONEN / HAUPTGERICHT

2 EL natives Olivenöl extra
200 g Pancetta, in 2 cm große Würfel geschnitten
500 g getrocknete weiße Bohnen, über Nacht eingeweicht
1 Lorbeerblatt
50 g Rohrohrzucker
3 EL Golden Syrup (Rohrzucker-Sirup) oder Honig
1 EL Englischer Senf
8–10 Perlzwiebeln
4 Nelken
2 Schweinshaxen
Meersalz, schwarzer Pfeffer

Einen Bräter auf mittlerer Stufe erhitzen, das Olivenöl zugeben und die Pancetta leicht knusprig anbraten. Die eingeweichten Bohnen abtropfen lassen und mit dem Lorbeerblatt und so viel Wasser in den Bräter geben, dass sie 5 cm hoch bedeckt sind. Die Bohnen zum Kochen bringen, dann die Hitze reduzieren und 1 Stunde leise köcheln lassen. Die Bohnen sollten zart, aber nicht weich sein. Am Ende der Kochzeit den Backofen auf 140°C (Gas Stufe 1) vorheizen.

Den braunen Zucker, den Golden Syrup und den Senf in den Bräter geben und gut verrühren. Einige der Zwiebeln mit den Nelken spicken und zusammen mit den Schweinshaxen in den Bräter legen. Mit frisch gemahlenem schwarzem Pfeffer würzen und gegebenenfalls Wasser zugeben, damit die Bohnen bedeckt sind. Den Bräter zugedeckt in den Backofen schieben und 2 Stunden garen lassen. Die Form aus dem Ofen nehmen und die Zutaten behutsam umrühren. Den Bräter ohne den Deckel wieder in den Ofen schieben und 1 weitere Stunde kochen lassen. Während dieser Zeit wird die Sauce eindicken und das Fleisch sich vom Knochen lösen. Die Knochen herausnehmen, alles umrühren und abschmecken. Mit knusprigem Brot servieren.

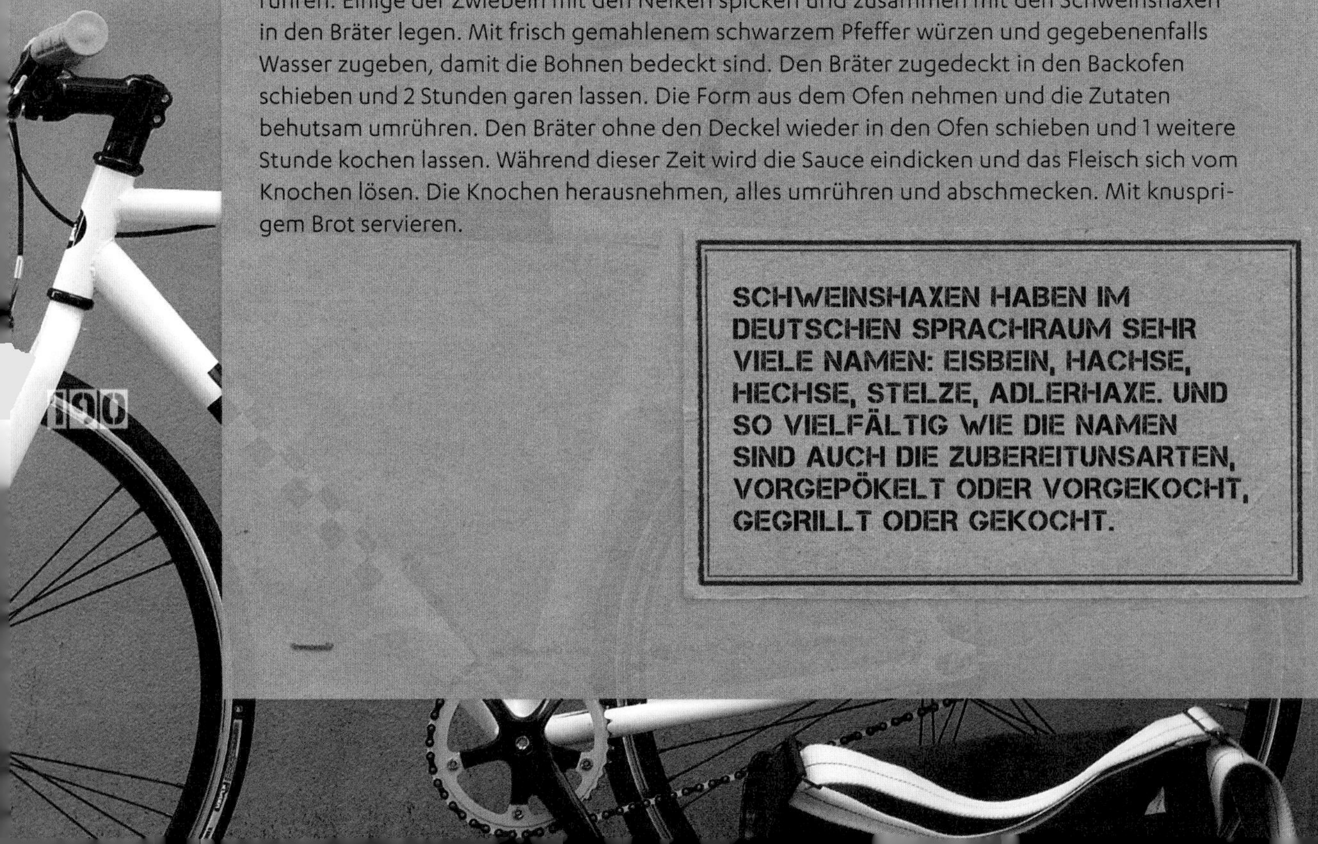

SCHWEINSHAXEN HABEN IM DEUTSCHEN SPRACHRAUM SEHR VIELE NAMEN: EISBEIN, HACHSE, HECHSE, STELZE, ADLERHAXE. UND SO VIELFÄLTIG WIE DIE NAMEN SIND AUCH DIE ZUBEREITUNSARTEN, VORGEPÖKELT ODER VORGEKOCHT, GEGRILLT ODER GEKOCHT.

SCHWEINEKOTELETTS NACH VIETNAMESISCHER ART MIT FÜNF-GEWÜRZE-PULVER

6–8 PORTIONEN / HAUPTGERICHT

3 Frühlingszwiebeln, in Scheiben geschnitten
125 ml Shaoxing-Reiswein
3 EL Sojasauce
2 EL Hoisin-Sauce
2 EL feiner Zucker
2 EL Pflanzenöl
4 EL Wasser
2 kg Nackenkoteletts
1 ½ EL chinesisches Fünf-Gewürze-Pulver
3 Knoblauchzehen, fein gehackt
ein Stück Ingwer, 4 cm, fein gehackt
1 TL Salz
½ TL weißer Pfeffer, frisch gemahlen
Korianderzweige zum Garnieren
frische rote Peperoni zum Garnieren, in Ringe geschnitten

Die Frühlingszwiebeln, den Reiswein, die Sojasauce, die Hoisin-Sauce, den Zucker, das Öl und 4 EL Wasser in eine große Schüssel geben und gut mischen. Die Schweinekoteletts in die Schüssel geben und gut mit der Marinade einreiben. Über Nacht im Kühlschrank ziehen lassen.

Den Backofen auf 200°C (Gas Stufe 6) vorheizen. Die Koteletts herausnehmen und die Marinade vom Fleisch abstreifen und aufheben. Das Fleisch mit Küchenpapier trockentupfen. Das Fünf-Gewürze-Pulver mit dem Knoblauch, dem Ingwer, dem Salz und dem weißen Pfeffer vermischen. Die Koteletts mit dieser Mischung einreiben und bei Zimmertemperatur 30 Minuten ziehen lassen.

Inzwischen die Marinade in einem Topf auf mittlerer Stufe erhitzen und auf die Hälfte einkochen. Ein mit Alufolie ausgelegtes Backblech (das erleichtert dann die Reinigung) auf der untersten Backofenschiene platzieren und die Nackenkoteletts direkt auf den Backofenrost oberhalb des Blechs legen. Die Koteletts 30 Minuten garen, dabei alle 10 Minuten den Rost etwas herausziehen und die Koteletts großzügig mit der Marinade beträufeln. (Beim Beträufeln des Fleisches könnte Fett herabtropfen, legen Sie daher besser ein altes Küchentuch auf die geöffnete Ofentür.)

Die gegarten Koteletts aus dem Ofen nehmen und 10 Minuten ruhen lassen. Auf eine Platte legen und mit dem Koriander und der Peperoni garnieren.

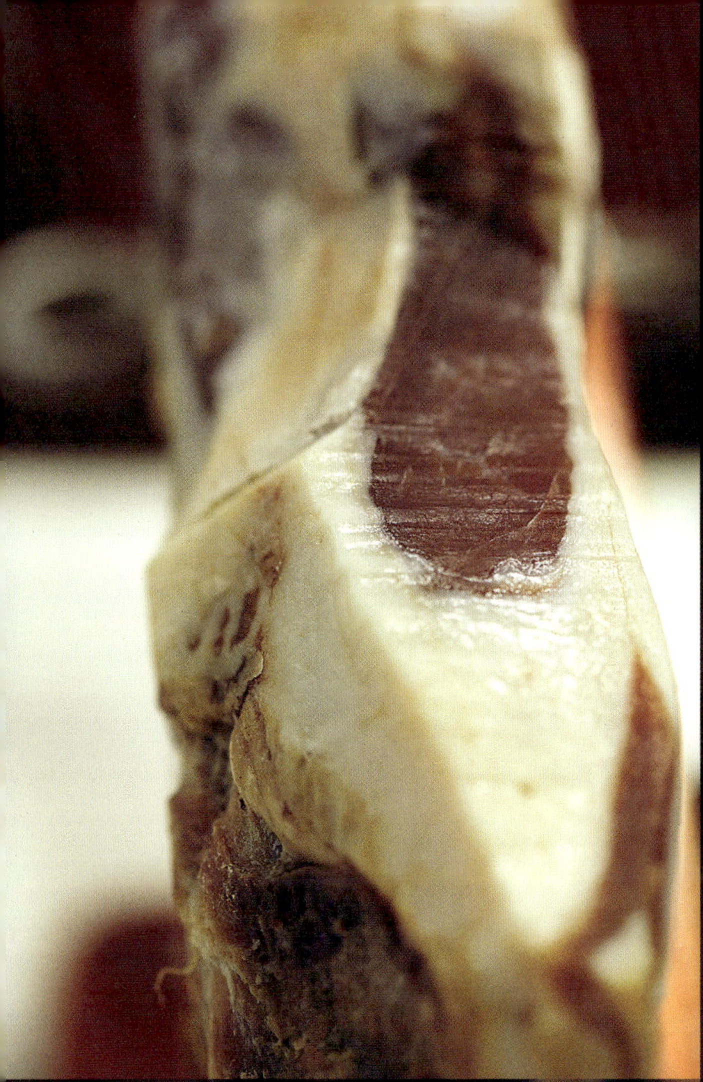

SCHWEINEFETT – FREUND ODER FEIND?

IN MEINEM RESTAURANT, DEM RED LANTERN, VERWENDE ICH VIEL SCHWEINEFLEISCH. IN DER ASIATISCHEN KÜCHE IST SCHWEINEFLEISCH SEHR BELIEBT, UND ES GIBT EINE UNMENGE VON REZEPTEN. ES FÄLLT AUF, DASS BEI DEN LECKERSTEN UND SAFTIGSTEN ASIATISCHEN SCHWEINEFLEISCHREZEPTEN IMMER FETTES FLEISCH VERWENDET WIRD. MEINE LIEBLINGSSTÜCKE VOM SCHWEIN SIND BAUCH, SCHULTER UND KAMM, DIE ZUFÄLLIGERWEISE AUCH DAS BESTE PREIS-LEISTUNGS-VERHÄLTNIS BIETEN. LANGSAM GEBRATEN ODER GESCHMORT, WERDEN DIESE STÜCKE GANZ ZART UND SÄMIG, EINE UNVERGLEICHLICHE GAUMENFREUDE. ICH VERSTEHE EIGENTLICH NICHT, WARUM WIR SO EINE ANGST VOR FETT HABEN!

Das aus Intensivmast stammende Schweinefleisch hat heute 16 % weniger Fett und 27 % weniger gesättigte Fette als vor 15 Jahren. Als Folge davon ist das heute angebotene Schweinefleisch meist ziemlich geschmacklos und uninteressant. Aber wer hat dafür gesorgt, dass das Fett aus den konventionell gemästeten Schweinen weggezüchtet wird? Wir selbst! Die Schweinefleischindustrie hat über Jahre hinweg Marktumfragen ausgewertet und Kaufgewohnheiten überwacht, und ob uns das jetzt recht ist oder nicht, wir selbst haben »nein« zum Fett gesagt und die Industrie hat darauf reagiert – das Ergebnis ist magereres Fleisch.

Die Verkaufszahlen von Schweinefleisch waren immer schon niedriger als die anderer Fleischprodukte. Es musste etwas getan werden, um die Verkaufszahlen zu steigern und den Wirtschaftszweig zu stützen. Die Produzenten von Schweinefleisch konkurrieren mit denen von Geflügel-, Lamm- und Rindfleisch um unser Geld. In der letzten Zeit hat die Schweinefleischindustrie ihren Marktanteil beträchtlich verbessern können — Schweinefleisch gilt inzwischen als magerer und gesünder — aber ein Problem gab es noch: Für den Hobbykoch war es schwierig, diese mageren Teile zuzubereiten, ohne sie wie alte Schuhsohlen werden zu lassen. Viele meinen fälschlicherweise, Schweinefleisch sollte ganz durchgebraten werden, dabei wird es am besten innen rosa serviert. Schweinefleisch enthält kaum noch genügend Fett, um das Fleisch beim Garen zu schützen und feucht zu halten. Wird es ganz durchgebraten, geht jeder Saft verloren. Die Schweinefleischindustrie schrak auf; eine schnelle Lösung musste her. Aber anstatt eine Kehrtwende zu machen und wieder Schweine mit mehr Fett zu züchten, kam man darauf, das Schweinefleisch mit Wasser anzureichern, um den Feuchtigkeitsgehalt zu erhöhen. Je mehr Wasser im Fleisch am Anfang, desto saftiger, wenn es gar ist. Diese Rechnung mag ja in der Theorie aufgehen, in Wirklichkeit aber leidet Konsistenz und Geschmack des Fleisches darunter.

LOB FÜR DIESES REZEPT GEBÜHRT NICHT MIR, SONDERN PAULINE, MEINER PARTNERIN. SIE BEREITET LENDENKOTELETT VOM LAMM SEHR GERNE AUF DIESE ART ZU. OHNE SIE WÄRE ICH WOHL NIE AUF DIE IDEE GEKOMMEN, DASS ZITRONENGRAS SO GUT ZU LAMM PASSEN KÖNNTE. ES REICHT SCHON AUS, DAS LAMM NUR ZWEI STUNDEN IM ZITRONENGRAS ZU MARINIEREN, ABER SO RICHTIG KOMMT DER GESCHMACK ZUR GELTUNG, WENN ES ÜBER NACHT ZIEHT.

PAULINES LAMMLENDENKOTELETTS AUS DER PFANNE MIT ZITRONENGRAS, CHILI & KNOBLAUCH

4 PORTIONEN / HAUPTGERICHT

4 Stängel Zitronengras
4 Knoblauchzehen
2–4 TL gehackte eingelegte Peperoni, zum Abschmecken
4 EL Fischsauce
1 EL feiner Zucker
1 kg Lammlendenkoteletts
2 EL Pflanzenöl

Vom Zitronengras die unteren 1,5 cm abschneiden und wegwerfen, die äußeren Schichten abziehen und ebenfalls wegwerfen. Nun die unteren etwa 6 cm vom Stängel fein hacken und in eine Schüssel geben. Den fein gehackten Knoblauch zusammen mit der eingelegten Peperoni, der Fischsauce und dem Zucker ebenfalls in die Schüssel geben. Die Zutaten gut verrühren, dann die Koteletts darin über Nacht marinieren.

Zum Braten der Koteletts eine große Bratpfanne auf mittlerer bis hoher Stufe erhitzen. Das Öl hineingeben und die Pfanne so schwenken, dass sich das Öl gleichmäßig verteilt. Die Koteletts auf jeder Seite etwa 3 Minuten medium braten, oder nach Geschmack.

ICH FINDE, FLEISCH SCHMECKT BESSER, WENN ES AUF DEM KNOCHEN GEGART WIRD. DER KNOCHEN SCHÜTZT DAS FLEISCH, ES BLEIBT SAFTIGER UND DIE KLEINEN FLEISCHSTÜCKCHEN, DIE BEIM BRATEN AM KNOCHEN HAFTEN BLEIBEN, SIND EIN EXTRA-GENUSS.

LAMMBRUST IST EIN RECHT PREISGÜNSTIGER SCHNITT AUS DEM VORDERSTÜCK. MAN KANN SIE SCHON ENTBEINT KAUFEN, ABER ICH BEVORZUGE SIE MIT KNOCHEN. DIESE KÖNNEN DANN ALS EINE ART DREIFUSS AUF DEM BODEN DER OFENFORM BENUTZT WERDEN.

ROLLBRATEN AUS DER LAMMBRUST GEFÜLLT MIT HACKFLEISCH, PINIENKERNEN & KORIANDER

6 PORTIONEN / HAUPTGERICHT

240 g Bulgur
1 Lammbrust, mit Knochen (etwa 1,5 kg)
350 g Hackfleisch vom Lamm
1 große Zwiebel, fein gewürfelt
4 Knoblauchzehen, zerdrückt
1 EL Koriander, gemahlen
2 TL Kreuzkümmel, gemahlen
1 TL Zimt, gemahlen
1 TL Cayennepfeffer
1 Bund Koriander, die Blätter fein gehackt
100 g Pinienkerne, grob zerhackt
fein geriebene Schale von 2 Bio-Zitronen
Meersalz
natives Olivenöl extra

Den Bulgur in Wasser 1 Stunde lang einweichen. Jeweils aus einer Handvoll Bulgur so viel Wasser wie möglich ausdrücken und in eine saubere Schüssel geben.

Die Lammbrust flach auf ein Schneidebrett legen. Mit der Spitze eines sehr scharfen Messers vorsichtig die Brustknochen aus dem Fleisch entfernen. Sie werden später als Dreifuß verwendet. Es ist nicht so schwierig, die Knochen herauszunehmen.

Den Backofen auf 160°C (Gas Stufe 2–3) vorheizen. Den Bulgur, das Lammhack, die Zwiebel, den Knoblauch und alle Gewürze in eine Küchenmaschine geben und zu einer Paste verarbeiten. Den Koriander, die Pinienkerne und die Zitronenschale hinzufügen und alles miteinander verrühren.

Die Lammbrust mit Meersalz würzen und die Hackmasse gleichmäßig darüber verteilen, dabei am breitesten Rand 2,5 cm frei lassen. Etwas Öl über die Mischung geben und von der schmalen Seite her aufrollen und mit Küchengarn fixieren. Den Rollbraten außen mit etwas Olivenöl einreiben und salzen.

Die aufbewahrten Lammknochen in eine Ofenform platzieren und den Lammrollbraten darauflegen. Das Lammfleisch im Backofen 20 Minuten garen, dann die Hitze auf 140°C (Gas Stufe 1) reduzieren und noch etwa 2 Stunden braten. Das Fleisch aus dem Ofen nehmen und fest in Alufolie eingewickelt an einem warmen Ort 15 Minuten ruhen lassen. Durch Ablöschen der Form mit etwas Weißwein und Hühnerbrühe erhält man bei Bedarf eine einfache Sauce.

Zum Servieren den Rollbraten in der Folie in Scheiben schneiden. Die Scheiben auf Teller geben und die Alufolie sowie das Küchengarn ablösen und wegwerfen.

GNOME
534
GNOM

DIES IST BEI WEITEM DIE EINFACHSTE UND SCHNELLSTE ART, EINE LAMMKEULE ZUZUBEREITEN. DIESE ART DER ZUBEREITUNG HABE ICH IN EINEM THREE-HAT RESTAURANT GESEHEN, IN DEM ICH FRÜHER GEARBEITET HABE. WIR VERWENDETEN DORT MILCHLAMM WEGEN SEINER ZARTEN, MILDEN KONSISTENZ, ABER ES GEHT MIT JEDER LAMMKEULE.

BUTTERFLY LEG VOM LAMM GEGRILLT IN EINER MARINADE AUS ZITRONE, KNOBLAUCH & PETERSILIE

4 PORTIONEN / HAUPTGERICHT

1 Lammkeule
geriebene Schale und Saft von
2 Bio-Zitronen
4 Knoblauchzehen, fein gehackt
1 Bund Petersilie, fein gehackt
100 ml natives Olivenöl extra
Meersalz
frisch gemahlener schwarzer Pfeffer

Die Lammkeule mit der Keuleninnenseite nach oben auf ein Schneidebrett legen. (Das ist die flacher wirkende Seite.) Am Gelenk kann man den Verlauf der Knochen erkennen. Mit einem scharfen Messer das Fleisch am Oberschenkel bis zum Knochen durchschneiden. Vorsichtig am Knochen entlang nach unten arbeiten und das Fleisch rundum ablösen. Nun sehen Sie ein einziges Stück Lammkeule ohne Knochen vor sich, das Sie selbst vorbereitet haben. Wenn Sie einen Hund haben, wird der sich sicherlich liebend gerne für Sie um den Knochen kümmern.

Das Fleisch auf ein Schneidebrett legen und flach ausrollen. Damit das Fleisch gleichmäßig dick wird, kann man an den dickeren Stellen vorsichtig einschneiden, man muss aber darauf achten, nicht ganz bis unten durchzuschneiden.

Die Zitronenschale und den -saft mit dem Knoblauch, der Petersilie, dem Olivenöl und etwas Salz und frisch gemahlenem schwarzem Pfeffer in einer großen Schüssel vermengen. Die Lammkeule hineingeben und mit der Marinade einreiben; dann abgedeckt 2 Stunden im Kühlschrank marinieren.

Einen Holzkohlengrill auf mittlere bis hohe Hitze vorheizen. Das Fleisch aus der Marinade nehmen und diese zum Beträufeln beiseitestellen. Das Lammfleisch auf den Grill legen und 5 Minuten grillen. Anheben und um 90° drehen (für das Grillmuster), großzügig mit der Marinade beträufeln und wieder 5 Minuten grillen. Das Lamm wenden, mit der Marinade beträufeln und nochmals 5 Minuten grillen. Jetzt wieder um 90° drehen, wieder beträufeln und weitere 5 Minuten garen. Auf einen Teller legen und mit Alufolie abgedeckt 10 Minuten ruhen lassen. Die Lammkeule wieder auf den Grill legen und 5 Minuten lang aufwärmen, dann in Scheiben schneiden und servieren.

MINI-LAMMBRATEN AUS DER HÜFTE MARINIERT MIT ROSMARIN, OLIVEN & KNOBLAUCH

4 PORTIONEN / HAUPTGERICHT

4 Lammhüften, von überflüssigen Fettstücken befreit
½ Bund Rosmarin, fein gehackt
200 g Kalamata-Oliven, entsteint und grob gehackt
2 Knoblauchzehen, fein gehackt
2 EL natives Olivenöl extra, plus etwas zusätzlich zum Braten
Meersalz
frisch gemahlener schwarzer Pfeffer

Die Lammhüften auf ein Schneidebrett legen, die Außenseite nach oben zeigend. (Das ist die Seite, auf der noch etwas Fett sein wird.) Mit einem sehr scharfen Messer horizontal eine Tasche etwa 5 mm unter der Außenseite einschneiden bis fast durch auf die andere Seite.

Die Lammhüften in eine Schüssel legen, in der Mischung aus Rosmarin, den Oliven, dem Knoblauch und Olivenöl öfter wenden und mit etwas Meersalz und frisch gemahlenem schwarzem Pfeffer würzen. Im Kühlschrank mindestens 4 Stunden marinieren, besser noch über Nacht. Das Fleisch aus der Schüssel nehmen und die Marinade abstreifen. Die Marinade in einer Küchenmaschine zu einer groben Paste verarbeiten. Mit einem Löffel eine großzügige Portion der Paste in die Fleischtaschen füllen und diese mit Zahnstochern verschließen.

Den Backofen auf 160°C (Gas Stufe 2–3) vorheizen. Eine ofenfeste Pfanne bei mittlerer Hitze auf den Herd stellen. Etwas Olivenöl zugeben und vorsichtig die Lammhüften mit der Tasche nach unten in der Pfanne anbraten, bis das Fleisch an der Oberfläche gleichmäßig leicht gebräunt ist, dann das Fleisch wenden. Das Fleisch in den Backofen schieben und in 12 Minuten medium garen, oder nach Geschmack. Aus dem Ofen nehmen und 5 Minuten ruhen lassen. Im Ganzen servieren oder in Scheiben schneiden.

GEGRILLTER LAMMLACHS MARINIERT IN ZITRONE, JOGHURT & MINZE

4 PORTIONEN / HAUPTGERICHT

1 kleine Zwiebel, grob gehackt
4 Knoblauchzehen, geschält und grob gehackt
geriebene Schale und Saft von 1 Bio-Zitrone
200 g griechischer Joghurt, natur
1 große Handvoll Minzeblätter, grob gehackt
Meersalz
frisch gemahlener schwarzer Pfeffer
4 Lammlachse à 200 g
natives Olivenöl extra

Die Zwiebeln und den Knoblauch in einer Küchenmaschine pürieren, die geriebene Zitronenschale, die Hälfte vom Joghurt und von der Minze dazugeben. Die Joghurtmischung mit Salz und frisch gemahlenem schwarzem Pfeffer abschmecken, die Lammlachse hineinlegen und gut mit der Marinade vermischen. Abgedeckt im Kühlschrank 2 Stunden marinieren lassen.

Für ein Dressing den restlichen Joghurt mit dem Zitronensaft in einer Schüssel mischen, dann, wie bei einer Mayonnaise, langsam das Olivenöl zugießen. Die restliche Minze unterrühren und mit Salz und frisch gemahlenem schwarzem Pfeffer abschmecken. Bis zur Verwendung beiseitestellen.

Die Lammlachse aus der Marinade nehmen und dabei gut abstreifen; bei Zimmertemperatur 15 Minuten stehen lassen. Eine Grillpfanne auf mittelhoher Stufe erhitzen, das Lammfleisch hineingeben und nach Geschmack garen — nach etwa 3–5 Minuten auf jeder Seite ist es medium gebraten. Das Lammfleisch aus der Pfanne nehmen und vor dem Schneiden 5 Minuten ruhen lassen. Mit dem Joghurt-Minze-Dressing servieren.

WENN SIE EINEN FLEISCHWOLF HABEN, KÖNNEN SIE SELBST AUSSUCHEN, AUS WELCHEN FLEISCHSTÜCKEN SIE IHR HACKFLEICH MACHEN. KAUFEN SIE FÜR DIESES REZEPT LAMMBRUST IM STÜCK; DAS VERHÄLTNIS VON FLEISCH ZU FETT IST DABEI PERFEKT.

WÜRZIG-SÄMIGES LAMMHACK

4 PORTIONEN / HAUPTGERICHT

500 g Hackfleisch vom Lamm
2 EL Pflanzenöl
4 rote Schalotten, fein gewürfelt
2 Knoblauchzehen, fein gehackt
2 Thai-Chilischoten, in sehr feine Ringe geschnitten
1 TL Ingwer, fein gehackt
3 EL Ketjap Manis (süßlich-sämige Sojasauce)
2 TL Maggi-Würze

In einem Wok oder einem Topf 2 Liter Wasser zum Kochen bringen und das Lammhack hineingeben. Wenn das Wasser erneut aufkocht, das Wasser mit dem Hackfleisch durch ein über einer Schüssel platziertes Sieb gießen. Das Fleisch zur Seite stellen.

Den Wok auswischen und auf mittelhoher Stufe wieder erhitzen. Das Öl hinzugeben und darin die Schalotten, den Knoblauch, den Chili und den Ingwer 1–2 Minuten anbraten, bis alles duftet. Das Lammfleisch hineingeben, alles vermengen und einige Minuten unter Rühren anbraten. Das Ketjap Manis und die Maggi-Würze zugießen und alles verrühren, damit sich die Aromen gut verbinden. Mit Reis servieren.

GEGRILLTE LAMMKOTELETTS IN TOFU-MARINADE

4 PORTIONEN / HAUPTGERICHT

2 Knoblauchzehen, fein gehackt
6 Frühlingszwiebeln, nur das Weiße, fein geschnitten
1 frische rote Peperoni, in feine Ringe geschnitten
100 g fermentierter Tofu
1 EL Fischsauce
1 TL Zucker
2 EL Pflanzenöl
1 kg Lammkoteletts aus dem Vorderviertel

Den Knoblauch, die Frühlingszwiebeln und die Chilischote in einem Mörser zu einer Paste verarbeiten. Den fermentierten Tofu zusammen mit der Paste aus Frühlingszwiebeln, der Fischsauce, dem Zucker und dem Pflanzenöl in eine Schüssel geben und vermengen. Die Lammkoteletts in die Marinade geben und gleichmäßig damit bedecken. Im Kühlschrank 1 bis 4 Stunden marinieren. Einen Grill (Hitze von oben) auf mittlere Hitze vorheizen. Die Koteletts nebeneinander auf ein Grillblech legen und von jeder Seite etwa 3 Minuten medium garen, oder nach Geschmack.

LAMMHIRN FINDET MAN HEUTE KAUM NOCH AUF DER SPEISEKARTE UND MANCH EINER WIRD SAGEN, ZU RECHT. DIE WAHRHEIT IST, PANIERT UND FRITTIERT WIE DIESES HIER, IST ES EINFACH EIN UNGLAUBLICHER GENUSS. UM ES BESONDERS KNUSPRIG HINZUBEKOMMEN, KANN MAN ES ZWEIMAL PANIEREN, DAZU EINFACH DIE DOPPELTE MENGE GREMOLATA MACHEN.

FRITTIERTES LAMMHIRN PANIERT IN GREMOLATA

4 PORTIONEN / VORSPEISE

6 Lammhirne
Milch, genügend zum Abdecken
1 kleine Zwiebel, gehäutet
2 Knoblauchzehen, geschält und zerdrückt
1 Lorbeerblatt
Mehl zum Bestäuben
1 Ei, leicht verquirlt, zum Panieren

Pflanzenöl zum Frittieren
Meersalz

GREMOLATA
100 g Paniermehl aus altbackenem Brot
½ Bund Petersilie, fein gehackt
geriebene Schale einer großen Bio-Zitrone
2 Knoblauchzehen, fein gehackt

Die Hirne über Nacht in kräftig gesalzenem Wasser ziehen lassen. Am nächsten Tag aus dem Wasser nehmen, in einen Topf legen und so viel Milch darübergießen, dass sie abgedeckt sind. Die Zwiebel, den Knoblauch und das Lorbeerblatt dazugeben und auf mittlerer Stufe erhitzen. Die Milch zum Kochen bringen, dann die Hitze reduzieren und die Hirne 10 Minuten leise köcheln lassen.

Die Pfanne vom Herd nehmen und die Hirne im Topf so weit abkühlen lassen, dass man sie gut anfassen kann. Dann herausnehmen und jedes Hirn in zwei Lappen halbieren. Die Haut an der Außenseite des Hirns mit einem Schälmesser vorsichtig ablösen und wegwerfen. Die Hirnteile auf ein Blech legen und 30 Minuten kühl stellen.

Inzwischen für die Gremolata das Paniermehl, die Petersilie, die Zitronenschale und den Knoblauch in einer Schüssel vermengen.

Die Hirne aus dem Kühlschrank nehmen und mit dem Mehl bestäuben, dann durch das verquirlte Ei ziehen und in der Gremolata wälzen, sodass sie überall gut bedeckt sind. Wenn alle Hirne paniert sind, einen Topf mit schwerem Boden oder eine Friteuse zu einem Drittel mit Pflanzenöl füllen und auf 180°C erhitzen, oder bis ein in das Fett gelegter Brotwürfel innerhalb von 15 Sekunden goldbraun wird. Behutsam die Hirne hineingeben und goldbraun frittieren. Herausnehmen und auf Küchenpapier abtropfen lassen. Mit Meersalz salzen und servieren.

RIND

INHALT

& KALB
2'11

RIND

ICH ESSE FLEISCH, ABER WENN SIE BESCHLOSSEN HABEN SOLLTEN, DARAUF ZU VERZICHTEN, RESPEKTIERE ICH DAS. WIR HIER IN AUSTRALIEN SIND IM ALLGEMEINEN VERRÜCKT NACH RINDFLEISCH, UND DAS HAT SICH SEIT MEINER KINDHEIT NICHT GEÄNDERT. ICH BIN IN DEN 1970ER- UND 1980ER-JAHREN IN DEN RANDBEZIRKEN VON BRISBANE AUFGEWACHSEN. IN JENER ZEIT HATTEN FAST 70 PROZENT DER AUSTRALISCHEN BEVÖLKERUNG ANGLO-KELTISCHE WURZELN. DIE BRITEN SIND DAFÜR BEKANNT, GERN FLEISCH ZU ESSEN – VOR ALLEM, WENN ES LANGSAM GEGART UND MIT HEISSEM ENGLISCHEM SENF UND YORKSHIRE-PUDDING SERVIERT WIRD.

Die Vorfahren meiner Mutter sind Waliser. Sie ist und war schon immer sehr wählerisch, wenn es um Rindfleisch geht. Die Qualität musste stimmen und, das versteht sich von selbst, es musste preisgünstig sein. Damals war eine Metzgerei stolz auf ihr Ladengeschäft in der Hauptstraße des Viertels, und ein guter Metzger genoss hohes Ansehen in der Nachbarschaft. Kunden waren ihrem Metzger treu, und meine Mutter war da keine Ausnahme. Wurde das Fleisch jedoch knapp und waren mehrere Mahlzeiten hintereinander ruiniert, konnte eine Beziehung, die über viele Jahre gewachsen war, in kürzester Zeit gewaltig erschüttert werden. Dann fragte meine Mutter bei den Nachbarn herum und ging auf die Suche nach einem neuen Metzger.

Als Kinder aßen wir eine Menge Fleisch. Die Steaks, die unsere Mutter briet oder grillte, waren perfekt. Das Fleisch wurde immer mit einer Beilage serviert, die Stärke und Kohlenhydrate lieferte, und mit zwei Beilagen, die uns mit Vitaminen und Ballaststoffen versorgten. Mit anderen Worten, wir waren die typische australische ›Steak mit drei Beilagen‹-Familie.

Unsere Mutter erledigte das gesamte Kochen und arbeitete nachts, deshalb fand sie es angenehmer, ihr Repertoire einfach zu halten. Sie perfektionierte einen Rhythmus aus wiederkehrenden Mahlzeiten, die sich zwar im Laufe der Wochen wiederholten, trotzdem aber so weit auseinanderlagen, dass es nicht langweilig wurde.

Ich erinnere mich gerne an das Essen meiner Kindheit. Es war nicht von exotischen Einflüssen geprägt — keine fremdländischen Zutaten, Kräuter oder Gewürze —, aber es war vertraut und nahrhaft, und in jener Zeit aßen alle, die ich kannte, genauso. Ich würde sogar sagen, dass wir uns damals gesünder ernährten (und bessere Portionen bekamen) als die meisten Menschen in der heutigen Zeit.

DIE RINDFLEISCHINDUSTRIE IN AUSTRALIEN

Das Leben auf einer Farm und die Arbeit mit Rindern sind für mich kein Buch mit sieben Siegeln. Freunde meiner Familie betreiben eine gemischte Farm im Südosten von Queensland, eine Gegend, die für ihre Rindfleischproduktion berühmt ist. Sie züchten in erster Linie Rinder, halten aber auch eine kleine Milchkuhherde und bauen verschiedene Gemüsesorten und Futterpflanzen an. Wir haben oft unsere Schulferien dort verbracht, obwohl es wahrscheinlich angemessener wäre, von ›Arbeitsferien‹ zu sprechen, weil wir die meiste Zeit zu Routinearbeiten auf der Farm herangezogen wurden. Aber wir mussten nicht nur arbeiten; tagsüber schafften wir es, Zeit für ein paar Cricketschläge zu finden, und wenn genügend

Wasser im Fluss war, was nicht häufig der Fall war, gingen wir schwimmen. Ich erinnere mich gern an diese Zeit zurück; ich liebte die Bodenständigkeit und die physischen Aspekte des Farmlebens. Ich lernte viel über den Rhythmus des Landlebens und den Wechsel der Jahreszeiten.

Heute hat die Rindfleischproduktion, genau wie in meiner Jugend, einen festen Platz in Australiens Wirtschaft inne und genießt internationales Ansehen, ihre Anfänge waren jedoch mehr als ungewiss. Man geht davon aus, dass zunächst, zur Zeit der Kolonialisierung Australiens, zwei Rinderrassen eingeführt wurden. Die erste war das preisgekrönte, zur Gattung der Bos Taurus zählende Aberdeenrind aus Schottland, und die zweite das Brahmanrind aus der Gattung Bos Indicus, das ursprünglich in Indien beheimatet war. Es war ein Unglück für die neu gegründete Kolonie und die Rindfleischindustrie, dass es unter den Kleinkriminellen, die sich nach Australien aufmachten, nur wenige, wenn überhaupt, erfahrene Rinderzüchter gab, und einige Jahre nach ihrer Ankunft war die Anzahl der Rinder beträchtlich geschrumpft.

Erst im frühen 19. Jahrhundert wurden weitere Angusrinder, die heute vorherrschende Rinderrasse, nach Australien importiert. Angusrinder gedeihen in kühleren, gemäßigten Klimazonen wie Südaustralien, wo das Gras eher üppig wächst. Das gefällt den Angusrindern, weil sie nicht gerne zu weit laufen, um zu fressen. Die Rasse ist bei den Farmern beliebt, weil sie friedlich und fruchtbar ist und außerdem bekannt dafür, problemlos zu kalben und Muskelmasse anzusetzen. Angestrebt wird eine stressfreie Haltung, damit die Rinder sich darauf konzentrieren können, Gras zu fressen, Gewicht zuzulegen und das wohlschmeckende und zarte Fleisch zu entwickeln, für das sie berühmt sind. Das Rindfleisch auf Ihrem Teller ist höchstwahrscheinlich ein Stück von einem Mitglied der Gattung Bos Taurus.

Brahmanrinder sind eine robuste Rasse, die sich mit weniger fruchtbaren Weiden zufriedengibt und deshalb ideal für heiße und trockene Zonen wie Nord- und Mittelaustralien geeignet ist. Wichtig ist außerdem, dass es sich um pflegeleichte Rinder handelt, die auf großen Weideflächen grasen und gegen Krankheiten ziemlich resistent sind. Das Brahmanrind ist nicht gerade für seine Verzehrqualität berühmt, obwohl der Geschmack und die Konsistenz des Fleisches durch die Kreuzung mit Rindern der Gattung Bos Taurus verbessert werden. Das Murray-Grey ist ein großartiges australisches Beispiel, weil hier die qualitativ hochwertige Fleischkonsistenz des Brahmans beibehalten und die Verzehrqualität durch den Einfluss des Bos Taurus verbessert wird.

Das Renommee der australischen Rindfleischindustrie ist beachtlich, wenn man bedenkt, dass wir lediglich 2,5 Prozent oder 25 Millionen Rinder produzieren, weltweit aber eine Milliarde Rinder gezüchtet wird. Der Export von Lebendvieh und Rindfleisch steuert jährlich fünf Milliarden Dollar zur Wirtschaft bei, während die Binnenwirtschaft circa 6,4 Milliarden Dollar wert ist. Von der gesamten in Australien verzehrten Fleischmenge besitzt Rindfleisch einen Marktanteil von 35 Prozent, und ich persönlich habe erst vor kurzer Zeit begonnen, die Nachhaltigkeit und Umweltverträglichkeit der Industrie infrage zu stellen. Ich gebe zu, dass ich in der Vergangenheit mehr auf die Qualität und den Geschmack des Fleisches als auf die Auswirkungen der Produktion auf die Umwelt geachtet habe.

WAS BEDEUTET MARMORIERUNGSGRAD?

Vor allem in den Metzgereien der großen Einkaufszentren bittet den Metzger heute niemand mehr um ein Stück Lende, ein Rumpsteak oder ein Rib-Eye-Steak. Im Mittelpunkt stehen heute die Aufzucht der Rinder, ihre Herkunft und der Marmorierungsgrad des Fleisches. Ich finde es wunderbar, dass die Leute sich jetzt für die Aufzucht und die Herkunft interessieren, aber ich bin nicht überzeugt, dass die Sorge um den Marmorierungsgrad voll und ganz gerechtfertigt ist.

Der Marmorierungsgrad ist ein Indikator für den intramuskulären Fettgehalt in einem Stück Fleisch. Intramuskuläres Fett durchzieht die Muskeln ähnlich wie ein Netzwerk aus Arterien und Venen und wird auf einer Skala von 1 bis 12 gemessen. Ein Grad von 12+ kennzeichnet ein stark marmoriertes Stück Fleisch. Dieses Fleisch sieht fast weiß aus und ist angeblich das schmackhafteste und zarteste Fleisch. Das Fleisch von Rindern, die mit Getreidefutter aufgezogen werden, hat in der Regel eine stärkere Marmorierung als das von Rindern, die mit Weidegras gefüttert werden. Das intramuskuläre Fett der mit Getreide gefütterten Tiere sorgt für zarteres Fleisch, ist aber nicht allein für die Zartheit verantwortlich — auch das Stressmanagement, der allgemeine Gesundheitszustand und die Art und Weise, wie die Tiere nach der Schlachtung aufgehängt und weiterverarbeitet werden, steuern dazu bei. Küchenchefs und Kenner achten beim Kauf auf einen Grad von 6 und höher. Je höher der Grad, umso teurer das Fleisch, und Preise von 160 Dollar pro Kilo und mehr sind keine Seltenheit. In einem Restaurant würde man dann für ein Steak von 250 g zwischen 150 und 200 Dollar bezahlen.

Dieser Preis erscheint exorbitant, aber die Haltungskosten von getreidegefütterten Rindern sind deutlich höher als die von Rindern, die mit Weidegras aufgezogen werden. Die Rinder werden bis zu 600 Tage in einem Feedlot mit Getreide gefüttert, um einen hohen Mamorierungsgrad zu erzielen. Getreidefutter ist teuer, und die Feedlot-Betriebe kaufen ihr Futter in der Regel auf dem freien Markt. Einige größere Betriebe haben allerdings zur Kostenreduzierung den Anbau von Getreide in ihr Geschäftsmodell integriert. Die Quantität und die Qualität des Getreideangebots auf dem Markt stehen unter dem direkten Einfluss der aktuellen Klimabedingungen. Deshalb können die Getreidepreise ziemlich unbeständig sein und abhängig von der gesamten weltweiten Ernte erheblich schwanken.

Mastbetriebe sind, wollen sie den größtmöglichen Ertrag aus ihrer Investition herauswirtschaften, darauf angewiesen, dass die Rinder das Getreidefutter so effizient wie möglich in Muskelmasse verwandeln. Ein Feedlot (Mastbetrieb) ist eine hervorragende Umgebung für beschleunigtes Wachstum. Die an Kilojoule reiche Ernährung wird sorgfältig zusammengestellt und über den Tag verteilt in regelmäßigen Abständen an die Rinder ausgegeben. Diese konstante Verfügbarkeit von Futter und Wasser sowie die begrenzte Bewegungsmöglichkeit der Rinder innerhalb des Geländes sorgen dafür, dass die Rinder schnell an Masse zunehmen. Normalerweise wird Rindfleisch für den allgemeinen Verbrauch von Rindern geliefert, die im Alter von 18 Monaten geschlachtet werden. Das Fleisch dieser jungen Rinder, wenn sie gut gehalten und mit Getreide gefüttert wurden, ist zwar zart, aber wahrscheinlich nur wenig, wenn überhaupt, marmoriert. Die in Feedlots aufgezogenen britischen Rassen — Hereford, Angus und Shorthorn — müssen mindestens 24 Monate leben, um eine signifikante intramuskuläre Fettmasse zu entwickeln. Es gibt jedoch eine Rinderrasse, die ausschließlich mit Futterpflanzen aufgezogen wird und gut marmoriertes Fleisch liefert; gemeint sind die gemeinhin als Wagyu bekannten Rinder aus Japan. Wagyu-Rinder sind für ihre Fähigkeit, intramuskuläres Fett zu bilden, berühmt. Wenn diese Tiere mit Getreide gefüttert werden (bis zu maximal 550 Tage in Feedlots), ist ihr Fleisch von feinen weißen Linien aus Fett durchzogen.

Ich verwende im Red Lantern Wagyu-Rindfleisch aus kontrolliert biologischer Haltung von Tieren. Das Fleisch ist, verglichen mit dem des mit Getreide gefütterten Wagyu-Rinds, nicht besonders stark marmoriert, aber der Geschmack und das Gefühl im Mund sind köstlich und einzigartig.

ICH FINDE ES WICHTIG, DASS STADTKINDER DAS LEBEN AUF EINER FARM KENNENLERNEN, UND SEI ES NUR, UM DEN KREISLAUF DER NAHRUNGSPRODUKTION SCHÄTZEN ZU LERNEN. ZU BEGREIFEN, WO DAS ESSEN AUF IHREM TELLER HERKOMMT, ERMUNTERT SIE VIELLEICHT, SICH STATT FÜR BEQUEM UND SCHNELL ZUBEREITETES FAST FOOD FÜR GESUNDES ESSEN ZU ENTSCHEIDEN UND ES AUCH ZU MÖGEN.

GETREIDEFUTTER ODER WEIDEGRAS?

Ich habe im Laufe meiner Karriere nicht gerade wenig Fleisch von Rindern, die mit Getreide gefüttert wurden, gegessen und gebe zu, dass es mir meistens sehr gut geschmeckt hat. Und es hat in der Tat den Ruf, besonders zart zu sein. So ist es nicht verwunderlich, dass, als ich vor 15 Jahren angefangen habe, in der Restaurantbranche zu arbeiten, die Küchenchefs und die Restaurantgäste eben solches Rindfleisch haben wollten. Heute dagegen ist das Fleisch von Weiderindern auch durch geänderte Zuchtpraktiken in der Qualität deutlich besser geworden.

Inzwischen esse ich zwar gelegentlich ein Steak von einem Rind, das mit Getreide gefüttert wurde, vor allem wenn es trocken gereift und dick geschnitten ist und über Holzkohle nur kurz gegrillt wurde, aber 99 Prozent des Rindfleischs, das ich esse, stammt von Weiderindern. Ich ziehe dieses Fleisch vor, weil ich seinen Geschmack und seine Konsistenz lieber mag. Ich habe ein gutes Gefühl, wenn ich weiß, dass das Fleisch auf meinem Teller von Rindern stammt, die ein gutes Leben geführt haben, das so nur auf offenem Weideland möglich ist. Zum Glück werden 75 Prozent aller Rinder in Australien auf diese Weise aufgezogen. Glückliche, gesunde Rinder und glückliche, gesunde Menschen haben vieles gemein. Man weiß, dass das Fleisch von Rindern, die auf Weiden gehalten wurden, besser für unsere Gesundheit ist: Es enthält mehr Vitamine und Omega-3-Fettsäuren und viel weniger Omega-6-Fettsäuren als das Fleisch ihrer mit Getreide gefütterten Artgenossen. Durch die Getreidefütterung der Rinder haben wir das Gleichgewicht der Fettsäuren im Fleisch unseres Lebendviehs verändert.

Heute interessieren sich weitaus mehr Menschen dafür, wie ihre Nahrung produziert wird, und bevorzugen Fleisch von Weiderindern. Sie glauben, so wie ich auch, dass Rinder frei grasen und nicht mit Getreide gefüttert werden sollten, vor allem nicht in Feedlots. Kühe sind Wiederkäuer; ihr Verdauungssystem ist im Wesentlichen darauf ausgerichtet, Gras zu verdauen. Sie müssen anfangs, wenn sie in einen Feedlot kommen, in der Tat nach einem sorgfältigen Ernährungsplan eingewöhnt werden. Bevor Körner und Getreide zum Hauptbestandteil ihres Futters werden können, müssen diese Bestandteile ihnen gemischt mit Silage, z. B. Heu, in kleinen Dosen, zugeteilt werden. Die Silage wird nach und nach mit Körnern und Getreide angereichert, bis die Mikroorganismen im Magen des Tieres die Körner annehmen und auch verdauen können.

Obwohl einige Rinder bis zu 300 Tage in Feedlots gehalten werden, stammt das Rindfleisch in den Regalen der Supermärkte in der Regel von Rindern, die 90 bis 120 Tage gefüttert wurden. Interessant ist, dass Rinder bis zu 60 Tage mit Getreide gefüttert werden können und trotzdem als Weiderinder verkauft werden dürfen. Rinder in Feedlots konsumieren pro Tag circa 20 Kilogramm Getreide und nehmen pro neun Kilo Futteraufnahme ein Kilogramm an Körpermasse zu; das Ganze nennt man dann die Futterverwertungsrate. Wie man sieht, dient die überwiegende Mehrheit des Getreides lediglich dazu, das Tier am Leben zu erhalten.

Wir leben heute in einer Welt, in der die zukünftige Sicherheit unserer Nahrung in Frage gestellt ist. Die internationalen Getreidevorräte schwinden zusehends. Viele Menschen sind der Ansicht, dass das Getreide, das heute an Rinder verfüttert wird, dazu verwendet werden könnte, die Millionen hungernder Menschen in der Welt zu ernähren. Dieses Argument basiert auf der weiter oben erwähnten Futterverwertungsrate — man kann mehr Menschen mit dem Getreide ernähren, das gegenwärtig für die Rinderaufzucht verwendet wird, als mit dem Fleisch der Rinder, die das Getreide gefressen haben.

Umweltschützer stellen die Nachhaltigkeit der Industrie wegen ihrer ineffizienten Nutzung natürlicher Ressourcen infrage. Getreide muss angebaut, geerntet und dann zu den

Feedlots transportiert werden. Das allein erfordert eine beträchtliche Menge an Wasser, die Rinder selbst müssen jedoch ebenfalls trinken, um zu überleben. Es gibt Zahlen, die über die Wassermenge Auskunft geben, die für die Produktion eines jeden Kilogramms Rindfleisch benötigt wird, aber diese Zahlen sind je nach verwendeter Formel unbedeutend bis extrem hoch. Ein weiteres Anliegen der Umweltschützer ist die Treibhausgasmenge, die von den Rindern bei der Verdauung ihrer Nahrung produziert wird.

Ich hatte angenommen, die Mehrheit des von Rindern ausgestoßenen Methangases sei auf ihre Fürze zurückzuführen. Weit gefehlt. Das meiste Gas wird produziert, wenn die Rinder Getreide oder Gras erneut aus ihrem Magen hochwürgen, um es wiederzukäuen. Es ist bekannt, dass Methangas der Ozonschicht 20-mal mehr schadet als Kohlendioxid.

Tierschützer äußern sich besorgt über das Wohlbefinden von Rindern in Feedlots. Sie werden vielleicht überrascht sein, oder auch nicht, aber auch dem Betreiber eines Feedlots liegt das Wohlergehen seiner Tiere am Herzen — obwohl seine Besorgnis möglicherweise eher darauf zurückzuführen ist, dass ein stressfreies gesundes Tier auch ein effizienter Nahrungsverwerter ist.

Für die Gestaltung und die Konstruktion von Feedlots gibt es Vorschriften, außerdem ist geregelt, wie die Tiere innerhalb des Produktionssystems zu behandeln sind. Der Bewegungsfreiraum der Tiere sowie der Zugang zu Nahrung und Wasser und der Schutz vor den Elementen müssen berücksichtigt werden. Ich glaube, dass es trotz dieser Vorschriften keinen Ersatz für offenes Weideland geben kann, vor allem, wenn dort auch ein Unterstand für schlechtes Wetter vorhanden ist.

Zur Ehre der Rindfleischindustrie sei gesagt, dass sie, anders als einige andere, ungewöhnlich aufgeschlossen ist. Ob Sie persönlich nun mit der Art, wie die Betreiber ihre Feedlots führen, einverstanden sind oder nicht, die Betriebe haben ein offenes Ohr für die Verbraucher. Ich wollte mit eigenen Augen sehen, wie es in einem Feedlot zugeht. O. K., ich gebe zu, dass mein Gastgeber den Feedlot möglicherweise strategisch gewählt hat. Es war ein mittelgroßer Betrieb im Nordwesten von North South Wales, der am Tag meines Besuchs mit zwei Drittel seiner Kapazität lief. Was mich wirklich bei den Rindern überraschte, und wenn ich darüber nachdenke, hätte ich nicht überrascht sein dürfen, war, wie gesund sie aussahen. Sie waren nicht so sauber wie Rinder auf der Weide, ihre Bäuche waren mit einer Mischung aus Matsch und Exkrementen verschmiert, aber sie sahen nicht aus, als wären sie krank oder als würden sie schlecht behandelt. Ich bevorzuge zwar aus persönlichen ethischen (und kulinarischen) Gründen Fleisch von Weiderindern, versuche aber, unvoreingenommen zu sein.

WACHSTUMSHORMONE UND ANTIBIOTIKA

Die bloße Erwähnung dieser beiden Begriffe in einer Diskussion über Nahrungsherstellung reicht aus, um eine Gruppe in zwei Lager zu spalten. Anders als in der Hühnerindustrie, die ohne Wachstumshormone auskommt, werden in der australischen Rinderindustrie Wachstumshormone eingesetzt, um die Mast von Rindern zu beschleunigen. Die Hormone werden in das Ohr der Kuh implantiert und im Laufe der Zeit nach und nach freigesetzt. Die Weltgesundheitsorganisation (WHO) hat wissenschaftlich bewiesen, dass Fleisch von Rindern, denen natürliche Hormone implantiert wurden, bedenkenlos verzehrt werden kann. Offenbar müsste man »77 Kilogramm Rindfleisch im Laufe einer Mahlzeit verzehren, um dieselbe Östrogenmenge aufzunehmen, die in einem Ei zu finden ist«. Wachstumsfördernde Mittel sind in der Europäischen Union zwar verboten, die WHO fand jedoch heraus, dass dieses Verbot nicht von der Wissenschaft gestützt wird.

Diese Hormone erhöhen das Wachstum von Rindern um 10 bis 30 Prozent und verbessern die Futterverwertungsrate um 15 Prozent. Einige sind aufgrund dieser Statistiken

range
roast
$42.99
p/kg
Aged Pasture Fed
Rolled Scotch Fillet
Roast $46.99
p/kg
Aged pasture fed
rolled sirloin roast
$46.99 p/kg
Kurobuta Pork
Loin Roast $34.99 p/kg
Dry aged pasture
fed rump steaks
$38.99 p/kg
Aged pasture fed
scotch fillet
$46.99 p/kg

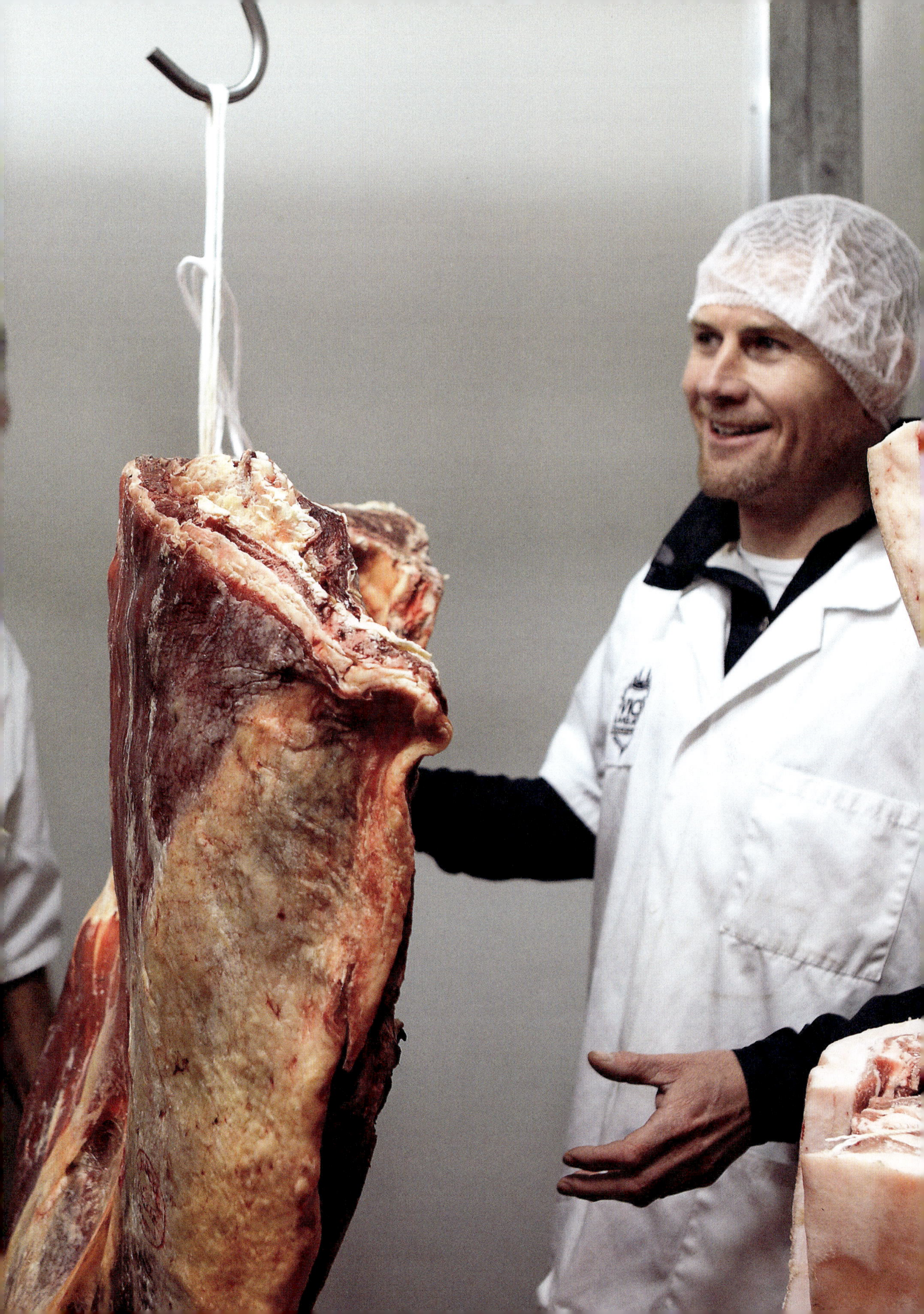

der Ansicht, Hormone könnten für eine bessre Umweltverträglichkeit der Rinderhaltung sorgen. Die Farmer können durch die Verwendung von Hormonen weniger Rinder halten und trotzdem unserer Nachfrage nachkommen.

Antibiotika werden in der Rinderindustrie nur zur Behandlung kranker Tiere eingesetzt, obwohl es wenige schlüssige Beweise zu geben scheint, die darauf hinweisen, dass Antibiotika unserer Gesundheit schaden. Die WHO hat empfohlen, Antibiotika individuell zur Behandlung kranker Rinder zu verschreiben und nicht allen Tieren innerhalb eines intensiven Aufzuchtsystems zu verabreichen. Die größte Sorge, wenn Tieren in unserem Nahrungssystem Antibiotika verschrieben werden, besteht darin, versehentlich Superviren und Viren zu erzeugen, die vom Tier auf den Menschen übertragen werden können. Wenn Sie sich wirklich Sorgen über die Verwendung von Hormonen und Antibiotika machen, schlage ich vor, dass Sie, genau wie ich, Bio-Rindfleisch kaufen.

WEGE IN EINE NACHHALTIGE ZUKUNFT

Ich habe das Gefühl, die Feedlot-Industrie berücksichtigt einige unserer Bedenken und bemüht sich, sowohl die Umwelt als auch das Wohlergehen der Tiere im Auge zu behalten. Sie begreifen, dass wir den Zustand der Umwelt und der Tiere verbessern wollen. Man kann hoffen, dass die Rindfleischindustrie durch die Verbesserung der Futterverwertungsrate (die Rinder sollen weniger konsumieren und trotzdem an Gewicht zunehmen) und die Reduzierung des gesamten Wasserverbrauchs ihren ökologischen Fußabdruck verbessern kann. Durch das Sammeln von Daten und die Identifizierung der Tiere, die ihr Futter effizienter in Muskelmasse verwandeln, können die ertragreicheren Tiere ausgewählt und aufgezogen werden. Bislang haben die Bemühungen der australischen Rinderindustrie dazu geführt, dass die Rinderherden heute insgesamt kleiner sind als vor 20 Jahren, es aber trotzdem gelingt, mehr Rindfleisch zu produzieren.

Es wurde vorgeschlagen, dass wir, wenn wir den Kampf gegen die Klimaveränderungen wirklich ernst nähmen, die gesamte Rindfleischproduktion aufgeben müssten. Wir alle könnten etwas weniger Fleisch und mehr Obst und Gemüse essen, aber vielleicht können wir unseren Teil zum Umweltschutz beitragen, indem wir uns für Weidefleisch entscheiden. Der Wissenschaftler Tim Flannery hat erklärt, dass Weidefleisch ökologisch verträglich ist, weil die Rinder regelmäßig von einer Koppel zur nächsten ziehen. Der Kreislauf ist perfekt: Die Kühe fressen das Gras, verdauen es und scheiden es wieder aus, dadurch wird das Gras gedüngt und hat Zeit, erneut zu wachsen. So sieht auch bei meinem Freund Rob Lennon die Aufzucht seiner Bio-Wagyu aus, und deshalb kaufe ich das Rindfleisch für mein Restaurant bei ihm.

Rinderzüchter gehen neue Wege. Veränderungen sind nicht immer einfach, weil sie einen Sinneswandel voraussetzen — begibt man sich auf unbekanntes Terrain, ist das manchmal mit Unsicherheit verbunden. Ich bin sehr froh, dass sich die australische Rinderindustrie größtenteils auf den Wandel einlässt und ökologisch nachhaltige Aufzuchtpraktiken übernimmt. Es wird oft gesagt, Bauern seien die Verwalter des Landes; ihre pure Existenz hängt jedoch von einer gesunden Umwelt ab. Sie alle kennen heute die negativen Auswirkungen einer schlechten Bewirtschaftung. Man muss nicht in eine Kristallkugel blicken, um zu sehen, was mit der Rindfleischindustrie passieren wird, wenn sie sich nicht stärker um nachhaltige Praktiken bemüht.

In Australien und auf der ganzen Welt erkennt man immer mehr, wie wichtig harmonische Ökosysteme und die Notwendigkeit nachhaltiger Bewirtschaftungsmethoden sind. Es hat den Anschein, als gingen wir »zurück in die Zukunft«, in der die Wissenschaft und traditionelle Bewirtschaftungsmethoden gemeinsam dieses Ziel erreichen wollen.

KALBFLEISCH

MEINE ALLGEMEINE DEVISE — ISS ALLES, VERSCHWENDE NICHTS — GILT AUCH HIER. WENN MAN MILCH TRINKT UND RINDFLEISCH ISST, SOLLTE MAN AUCH KALBFLEISCH ESSEN. ABER WARUM FÜHRT DAS EINE ZUM ANDEREN?

Kälber sind ein Teil des natürlichen Lebensrhythmus in einem milchwirtschaftlichen Betrieb. Milchkühe werden einmal im Jahr befruchtet, damit sie das ganze Jahr über Milch geben. Ungefähr die Hälfte der Kälber ist weiblich; sie werden aufgezogen, um den Bestand der Milchkühe aufrechtzuerhalten. Die männlichen Kälber sind in einem Milchbetrieb jedoch fehl am Platze und werden deshalb an Züchter verkauft, die sie wegen ihres Fleisches aufziehen. Ihr Leben dauert im Durchschnitt nur sechs Monate.

Die physischen Unterschiede von Milchkühen und Fleischrindern sind ziemlich groß. Milchkühe sind nicht so ›füllig‹ wie Fleischrinder und wenn man die beiden nebeneinander sieht, hält man die Milchkuh für erheblich unterernährt. Milchkühe verwandeln ihre Nahrung nicht so effizient in Muskelmasse, deshalb können die männlichen Kälber ihrem Schicksal nicht entrinnen.

Anfangs werden Kälber mit einer konzentrierten Milchnahrung gefüttert, die reich an Kolostrum ist und sie mit den wichtigsten Vitaminen und Mineralien für ein gesundes Wachstum versorgt. Nach ungefähr einem Tag wird die Nahrung durch Raufutter ergänzt; trotzdem trinken die Kälber ihr ganzes, verbleibendes Leben hindurch Milch oder Milchkonzentrat. Die Kälbernahrung sollte ausreichend Eisen enthalten, damit sie keine Anämie entwickeln, was in einigen Teilen der Welt jedoch nicht immer der Fall ist.

Ein Großteil der Kritik an der Industrie ist darauf zurückzuführen, dass Kalbfleisch in Teilen Europas und Nordamerikas weiß sein muss. Zu diesem Zweck erhalten die Kälber eine Nahrung, der es erheblich an Eisen mangelt. Außerdem werden sie auf grausame Weise in Ställen gehalten. Ihr Hals wird so kurz angebunden, dass sie sich kaum bewegen können, um die weiche, milchige Konsistenz des Fleisches zu fördern. Die Muskeln sind durch den Bewegungsmangel so schwach, dass die Tiere kaum stehen können. Diese bedauerlichen Kälber müssen in ihrem kurzen Leben viel unnützes Leid ertragen. Zum Glück wird diese Art der Kalbfleischproduktion mit der Ächtung gestraft, die sie verdient, und wird nach und nach verboten.

In Australien werden Kälber entweder auf offenem Weideland oder in klimatisierten Schuppen gehalten, in denen sie in kleinen Gruppen in Pferchen leben und frei herumlaufen können. Die Nahrung aller Kälber in der australischen Kalbfleischindustrie enthält den empfohlenen täglichen Eisenbedarf; sie werden mit frischer Milch oder Milchersatz und entweder mit Gras oder Getreide gefüttert. Kälber auf offenem Weideland sind bei Weitem die Glücklicheren, obwohl die Lebensbedingungen der intensiv aufgezogenen Kälber nicht so bedenklich sind wie die der Rinder in den Feedlots.

Die Hauptsaison für Kalbfleisch sind der Frühling und der Herbst. In dieser Zeit sind auch die Milchkühe trächtig. Beim Kauf von Kalbfleisch sollte man darauf achten, dass es rosa ist oder eine rötliche Färbung hat und dass das Fett weiß ist. Australisches Kalbfleisch erhält seine Farbe durch das Eisen in der Nahrung der Kälber. Fleisch von Kälbern, die mit frischer Milch gefüttert wurden, lässt sich immer besser kochen, als das von Kälbern, die Milchersatz erhalten haben, weil es die Flüssigkeit während des Kochens besser zurückhält. Fragen Sie Ihren Metzger, ob das Kalb mit frischer Milch und Weidegras gefüttert wurde.

SÜSS-PIKANTE RINDFLEISCHBÄLLCHEN

4 PORTIONEN / HAUPTGERICHT

2½ EL natives Olivenöl extra
500 g Zwiebeln, in feine Scheiben geschnitten
3 Knoblauchzehen, fein gehackt
1 kg Rinderhackfleisch
½ Bund Petersilie, fein gehackt
½ Bund Koriander, fein gehackt
1 TL gemahlener Kreuzkümmel
½ TL gemahlener Ingwer
1 TL gemahlener Piment
2 TL geräuchertes Paprikapulver
2 TL Salz
1 Ei
natives Olivenöl extra zum Braten
doppelte Portion Tomatensauce (Seite 32)
gehobelter Parmesan zum Servieren
frisch gemahlener schwarzer Pfeffer

Eine große, tiefe Pfanne auf mittlerer Stufe erhitzen. Olivenöl, Zwiebeln und Knoblauch zugeben und 15–20 Minuten vorsichtig anschwitzen, oder bis die Zwiebeln schön glasig sind, dabei gelegentlich umrühren. In eine große Schüssel geben und vollständig abkühlen lassen.

Rindfleisch, Kräuter, Gewürze, Salz und Ei in die Schüssel geben und gut vermischen. Die Hände mit etwas Wasser befeuchten und die Mischung zu kleinen Klopsen formen. Sie können 8 große Klopse, ungefähr so groß wie ein Tennisball, oder 25–30 kleinere Klopse formen.

Die Fleischbällchen portionsweise in einer großen Pfanne auf mittlerer Stufe 15–20 Minuten (die kleineren 10–12 Minuten) braten, oder bis sie gerade durchgebraten sind, gelegentlich in der Pfanne wenden. Alternativ die Fleischbällchen mit etwas Olivenöl bestreichen, auf gefettete Backbleche legen und bei 200°C (Gas Stufe 6) die größeren Fleischbällchen 20–25 Minuten und die kleineren 15 Minuten im Backofen garen.

Die Tomatensauce erhitzen und mit den Fleischbällchen servieren. Mit dem gehobelten Parmesan garnieren und mit Pfeffer würzen.

GESCHMORTES SCHULTERSTEAK MIT GRÜNEN PFEFFERKÖRNERN AUF VIETNAMESISCHE ART

4–6 PORTIONEN / HAUPTGERICHT

1 dickes Bugstück (1 kg)
3 EL Fischsauce
2 EL dunkle Sojasauce
2 ½ EL Erdnussöl
100 g rote Schalotten, fein gehackt
1 EL fein gehackter Knoblauch
2 EL extrafeiner Zucker
3 Stiele Zitronengras, nur der weiße Teil, in feine Stücke geschnitten
2 Liter Hühnerbrühe oder Wasser
3 EL grüne Pfefferkörner
4 Kaffir-Limettenblätter (Makrut), in sehr feine Stücke geschnitten
Meersalz, schwarzer Pfeffer

Das Bugstück auf ein sauberes Schneidebrett legen und quer zur Faser 2 cm dicke Steaks zuschneiden. Die Steaks auf dem Brett auslegen und in 2 cm breite Streifen schneiden, dann diese Streifen in 4 cm lange Stücke schneiden. Das Fleisch in eine Schüssel geben und mit der vermischten Fisch- und Sojasauce 30 Minuten marinieren.

Die Hälfte des Erdnussöls in einem Wok erhitzen. Das Fleisch aus der Marinade nehmen, die Marinade beiseitestellen. Das Fleisch portionsweise in den Wok geben und auf hoher Stufe rundherum anbräunen. Ist das gesamte Rindfleisch gebräunt, in eine Schüssel geben. Den Wok zuerst mit Küchenpapier sauber auswischen, dann das restliche Öl auf niedriger Stufe erhitzen. Schalotten, Knoblauch und Zucker hinzufügen und 5 Minuten leicht anbraten, dann die Hitze erhöhen und das Zitronengras hinzugeben.

Das Rindfleisch zusammen mit der restlichen Marinade und den Kochsäften zurück in den Wok geben. Gut umrühren, um die Aromen miteinander zu verbinden, dann die Brühe oder das Wasser hinzugeben. Das Rindfleisch schnell zum Kochen bringen und alle Trübstoffe, die an die Oberfläche steigen, abschöpfen. Den Wok halb zudecken, die Hitze reduzieren und 45 Minuten unter gelegentlichem Umrühren köcheln lassen. Den Deckel abnehmen und die grünen Pfefferkörner und Limettenblätter hinzugeben, dann die Hitze leicht erhöhen und weitere 30 Minuten garen, oder bis das Rindfleisch sehr zart ist. Die Sauce sollte sich um zwei Drittel reduziert haben. Abschmecken und servieren.

EIGENTLICH BESTEHT DAS SCHULTERSTÜCK BEIM RIND AUS MEHREREN TEILSTÜCKEN UND ALLE FLEISCHSCHNITTE SIND PREISGÜNSTIG. DAS DICKE BUGSTÜCK IST FLEISCH DER ERSTEN GÜTEKLASSE UND EIGNET SICH HERVORRAGEND ZUM GRILLEN UND KURZBRATEN, WÄHREND MAN DAS SCHAUFELSTÜCK GUT BRATEN UND SCHMOREN KANN.

IN BIER GESCHMORTE RINDERWANGEN

4–6 PORTIONEN / HAUPTGERICHT

3 Anissterne
1 Zimtstange
4 Nelken
2 TL schwarze Pfefferkörner
1 TL chinesisches Fünf-Gewürze-Pulver
100 ml Fischsauce
1 EL dunkle Sojasauce
2 EL geriebener Palmzucker (Jaggery)
350 ml Bier (Ich verwende gern das vietnamesische 333-Bier)
1 kg Rinderwangen, küchenfertig vorbereitet
2 EL Pflanzenöl
1 Zwiebel, gewürfelt
3 Knoblauchzehen, fein gehackt
2 Liter Rinderbrühe
Korianderzweige, zum Garnieren
längliche rote Chilischote, geschnitten, zum Garnieren

Anissterne, Zimt, Nelken und schwarze Pfefferkörner in einer trockenen Pfanne anbraten, bis die Gewürze beginnen zu duften. Die abgekühlten Gewürze mit Mörser und Stößel zu einem feinen Pulver zermahlen. Die gemahlenen Gewürze mit dem Fünf-Gewürze-Pulver in einer großen Schüssel vermischen, dann die Fischsauce, die Sojasauce, den Palmzucker und das Bier hinzufügen und gut verrühren. Die Rinderwangen von überschüssigem Fett befreien und in die Schüssel mit der Gewürzmarinade legen. Die Marinade in die Rinderwangen einarbeiten, alles zudecken und 2 Stunden im Kühlschrank ziehen lassen.

Die Rinderwangen aus der Marinade nehmen und mit Küchenpapier trockentupfen. Die Marinade für den späteren Gebrauch aufbewahren. 1 EL Öl in einem großen Wok oder einer Pfanne auf mittlerer Stufe erhitzen, die Rinderwangen hinzugeben und rundum anbraten. Aus dem Wok nehmen und beiseitestellen. Den Wok mit Küchenpapier auswischen. Wenn Sie keinen Wok verwenden, müssen Sie jetzt vielleicht zu einem großen Topf greifen, um die restlichen Zutaten unterzubringen. Das restliche Öl in den Wok oder Topf geben und die Zwiebel 4 Minuten anschwitzen, dann den Knoblauch hinzufügen und weitere 2 Minuten garen. Die Rinderwangen in den Wok geben, mit der Zwiebel und dem Knoblauch verrühren, dann die restliche Marinade und die Brühe hinzufügen. Die Brühe zum Kochen bringen und alle Trübstoffe, die an die Oberfläche steigen, abschöpfen. Die Hitze reduzieren und 1½ Stunden köcheln lassen, oder bis die Rinderwangen sehr zart sind. Sie müssen vielleicht noch Wasser zugeben, da die Rinderwangen während des Schmorens bedeckt sein müssen. Prüfen Sie mit einer Spießgabel, ob das Fleisch gar ist; sie sollte sich leicht in das Fleisch hineinstechen und wieder herausziehen lassen.

Die Rinderwangen aus dem Wok nehmen und beiseitestellen. Die Hitze erhöhen und die Flüssigkeit im Wok um die Hälfte reduzieren. Zum Servieren das Fleisch in 2,5 cm große Vierecke schneiden, zurück in die Sauce legen und erwärmen. Mit Koriander und Chili garnieren und mit gedünstetem Gemüse und Jasmin-Reis servieren.

ICH BIN DER ANSICHT, DASS DER HÖCHSTE RESPEKT, DEN WIR EINEM TIER ALS NAHRUNGSSPENDER ZUKOMMEN LASSEN KÖNNEN, DARIN BESTEHT, VOM KOPF BIS ZUM SCHWANZ ALLES ZU KONSUMIEREN. RINDERWANGEN SIND SEHR ZÄH, WEIL SIE HARTE ARBEIT LEISTEN, ABER WENN SIE LANGSAM GEGART WERDEN, ZERGEHT DAS FLEISCH PRAKTISCH AUF DER ZUNGE.

ICH BEVORZUGE FLEISCH VON WEIDERINDERN, WEIL ICH GLAUBE, DASS ES SCHMACKHAFTER UND GESÜNDER IST, UND WEIL SIE, WAS EBENSO WICHTIG IST, FREI AUF DER WEIDE GRASEN KONNTEN.

LANGSAM GEGARTES RINDERFILET MIT SAUCE BORDELAISE

4 PORTIONEN / HAUPTGERICHT

½ Bund Thymian
2 Lorbeerblätter
fein geriebene Schale und Saft von ½ Bio-Orange
2 Knoblauchzehen, zerdrückt
100 ml natives Olivenöl extra
Meersalz
frisch zerstoßener, weißer Pfeffer
800 g Rinderfilet (aus der Mitte geschnitten), küchenfertig vorbereitet
500 g Steinsalz
50 g Butter

SAUCE BORDELAISE
200 g Knochenmark (bitten Sie Ihren Metzger, das Mark aus den Knochen zu lösen)
2 EL Salz
200 ml Rotwein von guter Qualität
8 Thymianzweige
1 Lorbeerblatt
4 Frühlingszwiebeln, nur der weiße Teil, in feine Scheiben geschnitten
6 weiße Pfefferkörner
300 ml Kalbsbrühe
20 g Butter
1 EL gehackte Petersilie

Thymian, Lorbeerblätter, Orangenschale und -saft, Knoblauch und Olivenöl in einen Topf geben und zum Sieden bringen. Den Topf vom Herd nehmen, mit Meersalz und zerstoßenem weißem Pfeffer würzen und abkühlen lassen. Das Filet von Sehnen säubern, in eine Schüssel geben und mit der Marinade übergießen. Über Nacht im Kühlschrank ziehen lassen.

Den Backofen auf 90°C (Gas Stufe 4) vorheizen. Das Filet aus der Marinade nehmen und fest in Alufolie einwickeln (die Marinade für später beiseitestellen). Das Steinsalz in eine Backofenform geben, dann das Filet darauflegen. Auf der mittleren Schiene des Backofens 3 Stunden garen. Wenn Sie ein Fleischthermometer besitzen, prüfen Sie die Temperatur: 50–58°C, wenn der innere Kern noch roh oder 60–63°C, wenn das Fleisch rosa sein soll. Lassen Sie das Filet mindestens 10 Minuten an einem warmen Ort ruhen.

Die Sauce Bordelaise zubereiten, während das Filet im Backofen gart. Das Mark in 5 mm dicke Scheiben schneiden. Mit dem Salz 2 Stunden in 500 ml Wasser einweichen. Den Wein mit dem Thymian, dem Lorbeerblatt, den Frühlingszwiebeln und den Pfefferkörnern in einen Topf geben und um die Hälfte reduzieren. Die Brühe hinzufügen und köcheln lassen, bis die Sauce leicht eingedickt ist und an einem Löffelrücken haftet. Über ein Sieb in einen sauberen Topf gießen, die Kräuter, Frühlingszwiebeln und Pfefferkörner entfernen. Das Mark in einen Topf mit kaltem Wasser geben und zum Kochen bringen. Sobald das Wasser kocht, das Mark sofort herausnehmen. In der Zwischenzeit die Sauce erhitzen und die Butter unterquirlen. Das Mark und die Petersilie zur Sauce hinzugeben und abschmecken.

Nach dem Ruhen die Folie vom Filet entfernen und das Filet in vier Portionen schneiden. Butter und 2 EL der restlichen Marinade in einer Pfanne auf mittlerer Stufe erhitzen. Das Filet rundum bräunen und dabei ständig mit der Butter beträufeln. Die Filets auf einzelne Teller legen und die Sauce Bordelaise mit einem Löffel über das Fleisch geben.

RIB-EYE-KOTELETTS MIT SALBEI & ANCHOVISBUTTER AUS DER PFANNE

4 PORTIONEN / HAUPTGERICHT

4 Rib-Eye-Koteletts
3 EL Fischsauce
frisch gemahlener schwarzer Pfeffer
2 ½ EL natives Olivenöl extra
100 g Butter
2 Knoblauchzehen, zerdrückt
6 Anchovisfilets
½ Bund Salbei, Blätter abgezupft
Meersalz

Den Backofen auf 170°C (Gas Stufe 3) vorheizen. Die Knochen der Koteletts mit einem Ausbeinmesser oder einem kurzen Messer mit fester Klinge abschaben, um Fleisch oder Sehnen zu entfernen, dann die Knochen mit Alufolie fest umwickeln, um sie während des Kochens zu schützen. Die Koteletts auf eine Platte legen und beide Seiten gleichmäßig mit Fischsauce beträufeln und mit frisch gemahlenem schwarzem Pfeffer würzen.

In einer großen, ofenfesten Pfanne die Hälfte des Olivenöls auf mittlerer bis hoher Stufe erhitzen. Wenn das Öl heiß ist, die Koteletts in die Pfanne legen und zuerst die eine Seite ca. 2 Minuten anbraten, bis die Oberfläche leicht goldbraun ist, dann wenden. Die Pfanne mit den Koteletts in den Backofen stellen und für Koteletts mit rohem inneren Kern weitere 8 Minuten garen, oder ganz nach Ihrem Geschmack. Mit der Zeit und etwas Übung werden Sie den perfekten Garzeitpunkt Ihrer Koteletts herausfinden. Die Koteletts aus dem Backofen nehmen und mit der Knochenseite nach unten für die Hälfte der gesamten Garzeit auf einem Tablett ruhen lassen. Fett, das sich in der Pfanne gesammelt hat, ausgießen.

Butter, Knoblauch und Anchovis in der Pfanne auf niedriger Stufe erhitzen. Wenn die Butter geschmolzen ist, das restliche Olivenöl hinzufügen und die Hitze leicht erhöhen. Salbeiblätter hinzufügen und unter ständigem Rühren bräunen. Die Koteletts zurück in die Pfanne geben und mit den Salbeiblättern und der Anchovisbutter beträufeln. Die Koteletts auf die Teller geben. Die Sauce abschmecken und mit einem Löffel über die Koteletts geben.

KLEINE BAVETTE IN WÜRFELN MIT AUSTERNSAUCE AUS DEM WOK

4 PORTIONEN / HAUPTGERICHT

3 EL Austernsauce
2 TL helle Sojasauce
2 TL Fischsauce
½ TL weißer Pfeffer
½ TL extrafeiner Zucker
1 TL Sesamöl
800 g kleine Bavette (hinteres Lappenstück der Lende)
1 EL Pflanzenöl
1 kleine Zwiebel, in kleine keilförmige Stücke geschnitten
2 Knoblauchzehen, fein gehackt
1 TL fein gehackter Ingwer
1 TL geröstete Sesamkörner, zum Garnieren

Austernsauce, Sojasauce und Fischsauce in einer kleinen Schüssel vermischen, dann weißen Pfeffer, Zucker und Sesamöl unterrühren. Die Sauce beiseitestellen.

Die Silberhaut von der kleinen Bavette entfernen, dann in 2 cm große Würfel schneiden. Einen Wok auf sehr hoher Stufe erhitzen. 1 TL Pflanzenöl und ein Drittel des Fleisches in den Wok geben, dabei schnell arbeiten. Das Fleisch unter gelegentlichem Umrühren 2 Minuten braten, dann in eine Schüssel geben und den Vorgang mit dem restlichen Fleisch wiederholen. Ist das Fleisch fertig gebraten, den Wok mit Küchenpapier auswischen.

Den Wok wieder auf den Herd stellen und das restliche Öl, die Zwiebel, den Knoblauch und den Ingwer hineingeben. Unter ständigem Rühren die Zutaten 30 Sekunden anbraten, dann das gesamte Fleisch hinzufügen. Das Rindfleisch unter Rühren gleichmäßig im Wok verteilen. Die Sauce hinzufügen und das Fleisch 1 Minute mit der Sauce unter ständigem Rühren verbinden. Die Fleischmischung auf eine Servierplatte geben und mit den Sesamkörnern garnieren.

GEGRILLTE RUMPSTEAKS

4 PORTIONEN / HAUPTGERICHT

2 EL Ketjap Manis
1 EL Fischsauce
1 Knoblauchzehe, fein gewürfelt
1 TL klein gehackte, eingelegte rote Chili
1 EL natives Olivenöl extra
4 Rumpsteaks à 300 g

Für die Marinade Ketjap Manis, Fischsauce, Knoblauch, eingelegte Chili und Olivenöl in einer Schüssel verrühren und beide Seiten der Steaks gleichmäßig damit bestreichen. Dies ist eine Instant-Marinade, Sie können die Marinade aber auch länger einziehen lassen, wenn Sie möchten. Einen Grill auf mittlerer bis hoher Stufe erhitzen. Grillen Sie die Steaks 3 Minuten auf jeder Seite, wenn diese innen noch rosa sein sollen, oder nach Geschmack. Vor dem Servieren 3 Minuten ruhen lassen.

SIRLOIN-STEAK MIT SENF- & KRÄUTERKRUSTE VOM HOLZKOHLEGRILL

4 PORTIONEN / HAUPTGERICHT

50 g weiche Butter
1 EL körniger Senf
1 TL Englischer Senf (optional)
2 EL fein gehackte, gemischte Kräuter, z. B. Oregano, Petersilie und Thymian
100 g frisches, grobes Paniermehl
Meersalz
frisch gemahlener schwarzer Pfeffer
4 Sirloin-Steaks à 250 g, sehr mager
2 TL natives Olivenöl extra

Butter, körnigen Senf, Englischen Senf (falls gewünscht), gehackte Kräuter und Paniermehl in einer Schüssel vermischen. Mit Salz und frisch gemahlenem schwarzem Pfeffer würzen und beiseitestellen.

Eine Grillpfanne auf mittlerer bis hoher Stufe erhitzen, bis sie schön heiß ist. Die Sirloin-Steaks mit dem Olivenöl einreiben und, falls Sie das Fleisch mit blutigem, innerem Kern mögen, auf beiden Seiten je 3 Minuten grillen. Es ist wichtig, das Steak nur einmal zu wenden. Die Steaks aus der Pfanne nehmen und hochkant für 1–2 Minuten beiseitestellen.

Den Grill (Hitze von oben) auf hoher Stufe vorheizen. Die Steaks auf eine Grillschale legen und großzügig mit der Kräuter-Paniermehl-Mischung bestreuen. Unter den Grill stellen und backen, bis die Kruste goldbraun und leicht knusprig ist. Sofort servieren.

EGAL, OB SIE FLEISCH VON MAST- ODER WEIDERINDERN BEVORZUGEN, ES GIBT DREI FLEISCHSTÜCKE, DIE FÜR DAS GRILLEN VERWENDET WERDEN: SIRLOIN,- RUMP-, UND RIB-EYE-STEAK. IHR LIEBLINGSSTEAK IST VIELLEICHT NICHT GERADE MEINS, ABER SO IST DAS EBEN MIT STEAKS: ALLES IST EINE FRAGE DES GESCHMACKS.

AUF DEN FLEISCHSCHNITT KOMMT ES AN

RINDFLEISCH AUF DER SPEISEKARTE VERKAUFT SICH BESONDERS GUT UND IST SEHR BELIEBT – MAN KANN ES UNTERSCHIEDLICH ZUBEREITEN, UND ES GIBT GARMETHODEN FÜR JEDES TEILSTÜCK. LEIDER SIND DIE TEILSTÜCKE, DIE ZUERST AUS DEM RIND HERAUSGESCHNITTEN WERDEN (T-BONE, RIB-EYE, SIRLOIN, RUMP UND FILET) IMMER NOCH DIE BELIEBTESTEN, WEIL SIE FÜR DEN KOCH ZU HAUSE AM EINFACHSTEN ZUZUBEREITEN SIND. DAS FLEISCH MUSS IN DER REGEL NUR GEGRILLT ODER GEBRATEN UND ZUM SCHLUSS MIT ETWAS SALZ UND PFEFFER, OLIVENÖL UND VIELLEICHT EINEM SPRITZER ZITRONENSAFT VERFEINERT WERDEN. ABER WAS GESCHIEHT MIT DEM REST DES RINDS? DAS IST EIN PROBLEM FÜR DEN RINDERZÜCHTER, DEN FLEISCHER, DEN METZGER, DEN KÜCHENCHEF UND ZU GUTER LETZT AUCH FÜR SIE.

Haben Sie sich je gewundert, warum ein Rinderfilet oder ein Rib-Eye-Braten so teuer sind? Der Hauptgrund ist ihre Beliebtheit, weil praktisch garantiert ist, dass sie zart und leicht zuzubereiten sind. Wenig bekannt ist außerdem, dass der Fleischschnitt der ersten Teilstücke sich negativ auf die Menge der weiteren Teilstücke und die Innereien auswirkt. Brust, Schulter, Wange, Schwanz und falsches Filet gehören zu den Teilstücken minderer Güte. Leider ist es in Australien enorm schwierig für fleischverarbeitende Betriebe, diese Teilstücke und Innereien zu verkaufen, und sie müssen sich ihre Märkte in der Regel im Ausland suchen. Der Industrie gebührt Lob, weil sie sich auf die Suche nach Exportmärkten begibt und versucht, den Leuten nahezubringen, wie man dieses Fleisch verwenden kann.

DIESES GERICHT IST EIN FRANZÖSISCHER KLASSIKER, DAS ICH AM LIEBSTEN NACH GENAU DIESEM REZEPT ZUBEREITE. ES BRINGT DIE ZUTATEN ZUM LEUCHTEN UND IST NICHT KOMPLIZIERT. ICH VERWENDE FALSCHES FILET VON WEIDERINDERN, WEIL ES FÜR MICH DIE RICHTIGE MISCHUNG AUS FLEISCH, FETT UND BINDEGEWEBE BESITZT. AUSSERDEM SOLLTE MAN GUTEN ROTWEIN MIT REICHEM FRUCHTIGEM AROMA VERWENDEN (ICH NEHME GERN SHIRAZ).

BOEUF BOURGUIGNON

10–12 PORTIONEN / HAUPTGERICHT

2,5 kg falsches Filet, in 3 cm dicke Würfel geschnitten
2 Zwiebeln, in 1 cm große Würfel geschnitten
2 Karotten, in 1 cm große Würfel geschnitten
4 Knoblauchzehen, mit dem Messer leicht zerdrückt
500 ml Rotwein (ich verwende gern Shiraz)
2 EL natives Olivenöl extra oder Rinderfett
1 EL Maisstärkemehl
1 Liter Kalbsbrühe
einige Thymianzweige, Petersilie und einige Lorbeerblätter
Meersalz
frisch gemahlener schwarzer Pfeffer
gehackte Petersilie, zum Garnieren

Zwiebeln, Karotten, Knoblauch und Wein mit dem Rindfleisch in eine große Schüssel geben und gut vermischen. Zudecken und 2–3 Stunden im Kühlschrank ziehen lassen. Den Wein vom Fleisch und Gemüse abgießen und für später beiseitestellen. Rindfleisch und Gemüse trennen.

Olivenöl oder Rinderfett in einem Bratentopf oder einer tiefen Pfanne auf mittlerer Stufe erhitzen. Wenn das Öl heiß ist, das Rindfleisch portionsweise rundherum anbraten, bis es gut gebräunt ist. Das Fleisch aus dem Topf nehmen und beiseitestellen. Zwiebeln, Karotten und Knoblauch in den Topf geben und 10 Minuten anbraten, bis sie weich und leicht gebräunt sind. Das Rindfleisch mit dem Stärkemehl zurück in den Topf geben und unter Rühren verbinden. Den restlichen Wein hinzufügen und 5 Minuten köcheln lassen, dann die Brühe hinzugeben und zum Kochen bringen, aufsteigende Trübstoffe abschöpfen. Die Kräuter hinzugeben, dann die Hitze reduzieren, zudecken und 2 Stunden leise köcheln lassen. Prüfen, ob das Fleisch zart ist; wenn nicht, weiter garen, bis es zart ist.

Zum Servieren die Kräuter herausnehmen und mit Meersalz und frisch gemahlenem schwarzem Pfeffer würzen. Mit Petersilie garnieren.

FÜR DIESES REZEPT BENÖTIGEN SIE EIN WIRKLICH GROSSES UND DICK GESCHNITTENES STÜCK RINDFLEISCH. DIE MARMORIERUNG (INTRAMUSKULÄRES FETT) IST IM ALLGEMEINEN EIN ZEICHEN FÜR DIE ZARTHEIT VON RINDFLEISCH UND TYPISCHERWEISE BEI RINDERN ZU FINDEN, DIE MIT ENERGIEREICHEM GETREIDE IN FEED-LOTS GEFÜTTERT WURDEN, OBWOHL MARMORIERTES FLEISCH AUCH BEI WEIDERINDERN VORKOMMEN KANN. FRAGEN SIE IHREN METZGER NACH FLEISCH VON WEIDERINDERN MIT DEM HÖCHSTEN MARMORIERUNGSGRAD, DEN ER ZU BIETEN HAT.

BISTECCA ALLA FIORENTINA

2–4 PORTIONEN / HAUPTGERICHT

1 T-Bone-Steak à 1–1,5 kg, 5–6 cm dick geschnitten.
ca. 100 ml sehr gutes natives Olivenöl aus der Toskana
2 buschige Rosmarinzweige, am Stamm zusammengebunden
Meersalz
frisch gemahlener schwarzer Pfeffer
Saft von 1 Zitrone

Das Steak aus dem Kühlschrank nehmen und vor dem Kochen 30 Minuten bei Zimmertemperatur stehen lassen. 100 ml des Olivenöls in eine Schüssel gießen. Rosmarin mit einem Fleischklopfer oder dem Rücken eines Messers klopfen und in das Öl geben.

Eine Grillpfanne oder, am besten, einen Holzkohlegrill erhitzen. Das T-Bone großzügig mit Meersalz und frisch gemahlenem schwarzem Pfeffer würzen. Das T-Bone auf mittlerer Stufe 5 Minuten grillen. Das Steak dann um 90° drehen, um ein Gittermuster auf dem Fleisch zu erzeugen, und weitere 5 Minuten grillen. Das Steak wenden und den Grillvorgang wiederholen. Das Steak wird mindestens 20 Minuten brauchen, bis es (mit blutigem innerem Kern) fertig ist. Wenn Sie ein Fleischthermometer besitzen, prüfen Sie die Temperatur: 50–58 °C, wenn der innere Kern noch roh oder 60–63 °C, wenn das Fleisch rosa sein soll.

Steak aus der Pfanne nehmen und auf dem T des Knochens 10 Minuten ruhen lassen. Zum Servieren das Fleisch mit dem Rosmarinzweig als Bürste mit Olivenöl abbürsten und zurück in die Grillpfanne legen. Das Fleisch ab und zu mit Öl einreiben, während es aufgewärmt wird. Das T-Bone auf ein Schneidebrett legen und das Fleisch vom Knochen lösen. Das Fleisch quer zur Faser schneiden und mit etwas Zitronensaft und Olivenöl leicht einreiben. Diese Menge reicht für 4 Leichtgewichte oder 2 Rindfleischkenner.

FÜR MICH IST RINDERBRUST DAS OPTIMALE STÜCK FLEISCH FÜR EINEN SCHMORBRATEN. NATÜRLICH SOLLTEN SIE ETWAS VON DEM FETT ABSCHNEIDEN, ABER NICHT ALLZU VIEL. DIE RINDERBRUST MIT EINER SCHICHT AUS FETT ZU SCHMOREN, MACHT AUS DIESEM GERICHT ETWAS GANZ BESONDERES.

LANGSAM GESCHMORTE BRUSTSPITZE MIT AROMATISCHEN GEWÜRZEN

10–12 PORTIONEN / HAUPTGERICHT

2,5 kg Rinderbrustspitze
100 ml Fischsauce
100 ml natives Olivenöl extra
500 g Zwiebeln, in feine Scheiben geschnitten
2 EL fein gehackter Knoblauch
2 EL Tomatenmark
1 EL geriebener Ingwer
1 EL gemahlener Nelkenpfeffer
2 TL gemahlener Kreuzkümmel
3 Zimtstangen
2 Liter Hühnerbrühe
2 Dosen à 410 g Tomatenstückchen
Meersalz
frisch gemahlener schwarzer Pfeffer
Saft von 1 Zitrone
1 Handvoll Korianderblätter

Die Brustspitze auf ein Schneidebrett legen und überschüssiges Fett entfernen. Entfernen Sie nicht das gesamte Fett, weil Fett den Geschmack verbessert. Die Brustspitze in ca. 4 x 2 cm große Rechtecke schneiden. In eine Schüssel geben und mit der Fischsauce 30 Minuten marinieren.

In der Zwischenzeit eine große, schwere Pfanne oder einen feuerfesten Bratentopf auf mittlerer Stufe erhitzen. Öl hinzufügen und, sobald es heiß ist, Zwiebeln und Knoblauch hinzugeben, gut umrühren. Die Hitze leicht reduzieren und unter gelegentlichem Umrühren die Zwiebeln leicht glasig schwitzen.

Die Hitze stark erhöhen und die Brustspitze portionsweise in die Pfanne geben, anbraten, bis das Fleisch rundherum leicht gebräunt ist. Tomatenmark hinzufügen und gut verrühren. Alle Gewürze unterrühren, dann die Brühe hinzugeben. Zum Kochen bringen und alle aufsteigenden Trübstoffe abschöpfen. Die Hitze reduzieren und die Brustspitze 1 ½ Stunden köcheln. Die Trübstoffe weiter abschöpfen und das Fleisch gelegentlich umrühren.

Die Tomaten hinzufügen, umrühren und weitere 30 Minuten garen, bis das Fleisch sehr zart ist. Mit Meersalz, frisch gemahlenem schwarzem Pfeffer und Zitronensaft abschmecken und mit den Korianderblättern garniert servieren.

KUTTELN GEHÖREN ZU MEINEN LIEBLINGSGERICHTEN. ICH WÜRDE SIE VIELLEICHT NICHT ALS HENKERSMAHLZEIT ORDERN, ABER SIE STEHEN WEIT OBEN AUF MEINER LISTE. ICH DENKE, DASS KUTTELN IMMER NOCH ZU SELTEN AUF DEN TISCH KOMMEN, WEIL SIE VIELLEICHT NICHT BESONDERS GLAMOURÖS SIND, WAS EINE SCHANDE IST, WEIL SIE PREISGÜNSTIG UND KÖSTLICH SIND.

KUTTELN NACH LYONER ART

4–6 PORTIONEN / HAUPTGERICHT

FÜR DIE KUTTELN
1 kg roher Rindernetzmagen
1 Karotte, grob zerkleinert
1 Zwiebel, grob gehackt
2 Selleriestangen, grob zerkleinert
4 Knoblauchzehen, fein gehackt
8 Thymianzweige
2 Lorbeerblätter
1 EL Meersalz
100 ml natives Olivenöl extra
1,5 kg Zwiebeln, in feine Scheiben geschnitten
6 Knoblauchzehen, fein gehackt
150 ml Rotweinessig
2 EL Tomatenmark
1 Liter Kalbsbrühe
Meersalz
frisch gemahlener schwarzer Pfeffer
1 große Handvoll Petersilie, zerkleinert

Die Kutteln unter fließendem kaltem Wasser sorgfältig innen und außen waschen. Die Karotte, Zwiebel und Sellerie mit den Kutteln, dem Knoblauch, dem Thymian und den Lorbeerblättern in einen großen Topf geben. Mit kaltem Wasser bedecken, Salz hinzufügen und zum Kochen bringen, dann die Hitze reduzieren und 2–2 ½ Stunden köcheln, oder bis die Kutteln sehr zart sind.

Inzwischen einen großen Topf mit dem Olivenöl auf mittlerer Stufe erhitzen. Wenn das Öl heiß ist, die Zwiebeln hinzugeben. Die Zwiebeln langsam ca. 30 Minuten glasig schwitzen und gelegentlich umrühren, damit sie nicht am Topfboden kleben bleiben. Knoblauch hinzufügen und unter gelegentlichem Umrühren 5 Minuten garen. Den Topf vom Herd nehmen.

Mit einer Gabel prüfen, ob die Kutteln gar sind. Sie sollten sich leicht von der Gabel lösen. Kutteln aus dem Topf nehmen und abkühlen lassen. Kutteln flach auf ein Schneidebrett legen, aufschneiden und so auseinander falten, wie man ein Buch aufschlagen würde. Die Kutteln in 5 x 1 cm große Stücke schneiden und beiseitestellen.

Den Essig in einen mittelgroßen Topf geben und auf mittlerer Stufe um die Hälfte reduzieren, dann die Zwiebeln und das Tomatenmark unterrühren. Die Kutteln hinzugeben und umrühren, um alle Zutaten zu verbinden. Die Brühe hinzufügen und zum Sieden bringen, dann die Brühe langsam um die Hälfte reduzieren; sie sollte an einem Löffelrücken haften. Mit Salz und frisch gemahlenem schwarzem Pfeffer abschmecken und die Petersilie unterheben. Mit gekochten, neuen Kartoffeln, weißen Bohnen oder Kopfsalat servieren.

ALS MEIN VATER JUNG WAR, GEHÖRTE OCHSENZUNGE NACH EINEM REZEPT SEINER MUTTER ZU SEINEN LEIBSPEISEN. IN DER ANFANGSZEIT MEINER AUSBILDUNG HABE ICH GELERNT, OCHSENZUNGE ALS HAUPTGERICHT ZUZUBEREITEN. ICH WOLLTE IHN MIT MEINEN NEU ERWORBENEN KULINARISCHEN FÄHIGKEITEN BEEINDRUCKEN, KOCHTE EINE OCHSENZUNGE, FROR SIE EIN UND SCHICKTE SIE IHM. SIE REISTE IN EINER KÜHLBOX IM GEPÄCKFACH EINES BUSSES NACH BRISBANE.

GEGRILLTE OCHSENZUNGE MIT SALSA VERDE

4 PORTIONEN / VORSPEISE

2 große Handvoll Petersilienblätter
1 große Handvoll Basilikumblätter
1 EL in Salz eingelegte Kapern, gewaschen
2 Knoblauchzehen
6 Anchovisfilets
1 weiße Schalotte, geviertelt
1 dicke Scheibe Landbrot, ohne Kruste und in Milch eingeweicht
2 EL Weißweinessig
Saft von 1 Zitrone
125 ml natives Olivenöl extra
1 Ochsenzunge
1 Karotte, grob zerkleinert
1 Selleriestange, grob zerkleinert
1 kleine Zwiebel, grob zerkleinert
6 schwarze Pfefferkörner
1 Lorbeerblatt
½ Bund Thymian
Meersalz
Olivenöl zum Braten

Für die Salsa verde Petersilie, Basilikum, Kapern, Knoblauch, Anchovis und die Schalotte in eine Küchenmaschine geben und zu einer nicht vollständig glatten Mischung verarbeiten. Die überschüssige Milch aus dem Brot drücken und zusammen mit dem Essig und Zitronensaft zu der Mischung hinzufügen. Mit laufendem Motor langsam das Olivenöl zugießen. Abschmecken und salzen und pfeffern, falls erforderlich, dann beiseitestellen.

Die Zunge in einen Topf geben, mit kaltem Wasser bedecken und zum Kochen bringen. Den an die Oberfläche steigenden Schaum abschöpfen. Karotte, Sellerie, Zwiebel, Pfefferkörner, Lorbeerblatt, Thymian und eine Prise Salz hinzugeben. Das Wasser erneut zum Sieden bringen und 1½ Stunden köcheln lassen. Gelegentlich Wasser nachgießen, damit die Zunge bedeckt bleibt. Mit einem scharfen Messer prüfen, ob die Zunge gar ist; das Messer sollte nicht auf Widerstand stoßen. Die Zunge aus der Flüssigkeit nehmen und etwas abkühlen lassen, dann die Außenhaut abschälen und etwas von dem fettigen Knorpel am Boden entfernen. In einem Behälter 1 Stunde in den Kühlschrank stellen, damit das Fleisch fest wird.

Die Zunge aus dem Kühlschrank nehmen. Eine Grillpfanne auf mittlerer Stufe stark erhitzen. Die Zunge in 5 mm dicke Scheiben schneiden. Die Zunge leicht mit Olivenöl überziehen und 1–2 Minuten in der heißen Pfanne kurz anbraten. Auf einer Platte mit der Salsa verde servieren.

40

DIESES KÖSTLICHE GERICHT KANN EINEN TAG IM VORAUS ZUBEREITET WERDEN. DIESES REZEPT IST FÜR VIER PERSONEN GEDACHT, ES KANN ABER PROBLEMLOS VERVIELFACHT WERDEN, UM FÜR EINE GROSSE SCHAR ZU REICHEN. WENN SIE ES IM VORAUS ZUBEREITEN, LASSEN SIE DAS KALBFLEISCH IN DER BRÜHE IM KÜHLSCHRANK; VOR DEM SERVIEREN SOLLTE ES ZIMMERTEMPERATUR HABEN.

POCHIERTE KALBSLENDE MIT MEINER THUNFISCHSAUCE

4 PORTIONEN / HAUPTGERICHT

2 Liter Hühnerbrühe
6 Knoblauchzehen, mit dem Messerrücken zerdrückt
1 Bund Salbei, zusammengebunden
600 g Kalbslende
1 Knoblauchknolle
2 Eigelb
1 TL Dijon-Senf
1 EL Zitronensaft
1 EL Weißweinessig
200 ml natives Olivenöl extra
1 Dose à 200 g mit Thunfisch in Öl, abgetropft
Meersalz, gemahlener schwarzer Pfeffer
2 EL in Salz eingelegte Kapern, gewaschen
1 kleine Handvoll Petersilie, gehackt

Brühe, Knoblauchzehen und den Bund Salbei in einen großen Topf geben und zum Kochen bringen. Die Silberhaut von der Kalbslende entfernen. Wenn die Brühe kocht, die Kalbslende in den Topf geben. Die Brühe erneut zum Kochen bringen, dann die Hitze reduzieren und langsam 30 Minuten köcheln lassen (dann sollte das Fleisch gar sein und einen inneren, rohen Kern haben; Sie können es auch etwas länger garen). Den Topf vom Herd nehmen und auf Zimmertemperatur abkühlen lassen, dann das Fleisch aus dem Topf nehmen.

Den Backofen auf 180°C (Gas Stufe 4) vorheizen. Die Knoblauchknolle auf ein Backblech legen und 30 Minuten im Backofen rösten, oder bis der Knoblauch weich ist. Leicht abkühlen lassen, dann die Zehen trennen und schälen.

Für die Thunfischsauce den gerösteten Knoblauch mit den Eigelb, dem Senf, dem Zitronensaft und dem Essig in einen Mixer geben. Die Zutaten zu einer glatten Paste verarbeiten. Mit langsam laufendem Motor das Olivenöl nach und nach in den Mixer gießen, bis sich die Zutaten zu einer Mayonnaise verbunden haben. Die Mayonnaise in eine Schüssel geben. Den Thunfisch im Mixer zu einer glatten Paste verarbeiten. Die Thunfischpaste in eine Extra-Schüssel geben, die Hälfte der gerösteten Knoblauchmayonnaise zugeben und gut vermischen. Dann die restliche Mayonnaise hinzufügen und sorgfältig verrühren. Mit Meersalz und frisch gemahlenem schwarzem Pfeffer abschmecken. Für den späteren Gebrauch beiseitestellen. (Die Thunfischsauce kann bis zu 3 Tage im Kühlschrank aufbewahrt werden.)

Das Kalbfleisch in feine Scheiben schneiden und auf einer Platte anrichten. Mit einem Löffel die Thunfischsauce über das Fleisch geben, dann die Kapern und die Petersilie darüberstreuen.

LANGSAM GEGARTE KALBSHAXE MIT TOMATEN & KRÄUTERN

4–6 PORTIONEN / HAUPTGERICHT

2 ½ EL natives Olivenöl extra
2 kg Kalbshaxe am Knochen
3 Selleriestangen, in feine Scheiben geschnitten
1 ½ Zwiebeln, fein gewürfelt
5 Knoblauchzehen, fein gehackt
375 ml Weißwein
750 ml Kalbsbrühe
750 g geschälte und kleingeschnittene Tomaten (siehe Anmerkung)
Meersalz
frisch gemahlener schwarzer Pfeffer
1 Bund Basilikum, nur die Blätter
½ Bund Salbei, nur die Blätter
½ Bund Oregano, nur die Blätter

Einen großen, feuerfesten Bratentopf auf mittlerer Stufe erhitzen. Die Hälfte des Olivenöls hinzugeben und die Kalbshaxe auf beiden Seiten nach und nach scharf anbraten. Das Fleisch aus dem Topf nehmen und beiseitestellen. Den Topf mit Küchenpapier auswischen und das restliche Öl hinzugeben. Sellerie, Zwiebeln und Knoblauch 15 Minuten langsam garen, bis sie weich sind.

Die Haxe zurück in den Topf geben, die Zutaten verrühren, den Wein hinzugießen und zum Kochen bringen. Den Wein um die Hälfte reduzieren, dann die Brühe hinzugeben und erneut köcheln lassen. Trübstoffe von der Oberfläche abschöpfen, bedecken und 1 Stunde leise köcheln lassen. Den Deckel abnehmen, die Tomaten unterrühren, dann weitere 30–45 Minuten leise köcheln, oder bis das Fleisch sehr zart ist.

Die Sauce mit Meersalz und frisch gemahlenem schwarzem Pfeffer abschmecken und die Kräuter unterrühren. Die Kräuter geben diesem Gericht eine herrlich frische Note, wenn Sie es jedoch einfrieren möchten, lassen Sie die Kräuter weg.

Anmerkung: Zum Schälen der Tomaten ein Kreuz in den Boden jeder Tomate ritzen. Die Tomaten in eine hitzebeständige Schüssel geben und mit kochendem Wasser bedecken. 30–60 Sekunden warten, dann in einer Schüssel mit Eiswasser abschrecken. Die Haut am Kreuz beginnend abschälen, danach die Tomaten in kleine Stücke schneiden.

GEBRATENE KALBSLEBERSCHNITZEL MIT SPECK & SCHNITTLAUCHSAUCE

6 PORTIONEN / HAUPTGERICHT

1 Kalbsleber (ca. 1 kg)
Milch zum Bedecken
4 reife Tomaten
50 g Butter
2 ½ EL natives Olivenöl extra
200 g Schinkenspeck von guter Qualität, gewürfelt
2 Knoblauchzehen, fein gehackt
3 weiße Schalotten, fein gewürfelt
125 ml Weißwein
125 ml Hühnerbrühe
125 ml Schlagsahne (35 % Fett)
½ TL Tabascosauce
Meersalz
frisch gemahlener schwarzer Pfeffer
½ Bund Schnittlauch, fein gehackt

Die Haut von der Leber entfernen, dann in sechs 1,5 cm dicke Schnitzel schneiden. Die Leberschnitzel 30 Minuten in Milch einweichen, herausnehmen und mit Küchenpapier sehr gut trocken reiben.

Inzwischen ein Kreuz in den Boden jeder Tomate ritzen, um sie zu schälen. Die Tomaten in eine hitzebeständige Schüssel geben und mit kochendem Wasser bedecken. 30–60 Sekunden warten, dann in einer Schüssel mit Eiswasser abschrecken. Die Haut am Kreuz beginnend abschälen und entfernen. Die Tomaten halbieren, die Samen herauslösen und in 5 mm große Würfel schneiden.

Eine große Pfanne auf mittlerer Stufe erhitzen. Je nachdem, wie groß Ihre Pfanne ist, müssen Sie die Schnitzel eventuell portionsweise braten. Wenn die Pfanne heiß ist, die Butter und das Olivenöl hineingeben. Die Leber hinzugeben und ca. 2 Minuten auf jeder Seite braten (wenn der innere Kern noch roh sein soll). Die Leber auf einen Teller legen und an einen warmen Ort stellen, während Sie die Sauce zubereiten.

Den Großteil der Butter und des Öls aus der Pfanne gießen, dann den Speck, den Knoblauch und die Schalotten hinzufügen. Leicht anbraten, bis der Speck knusprig ist und der Knoblauch und die Schalotten Farbe annehmen. Den Wein hinzufügen, die Hitze erhöhen und den Wein um die Hälfte reduzieren, dann die Brühe hinzugeben und die Flüssigkeit erneut um die Hälfte reduzieren. Sahne, Tomaten und Tabascosauce hinzufügen und die Sauce reduzieren, bis sie leicht andickt. Die Leber zurück in die Pfanne geben und mit Meersalz und frisch gemahlenem schwarzem Pfeffer abschmecken. Vor dem Servieren mit dem Schnittlauch bestreuen.

IM ALLGEMEINEN WISSEN LEUTE AUS DER GENERATION MEINER ELTERN KALBSLEBER ZU SCHÄTZEN, ABER WÄRE ES NICHT FANTASTISCH, WENN WIR ALLE SIE AUSPROBIEREN WÜRDEN.

DE

INHALT

SSERTS
255

DESSERTS

DESSERTS, DAS SIND FÜR MICH FRANZÖSISCHE KUCHEN, GEBÄCK UND CREMES. DIE MEISTEN DESSERTS, DIE ICH IM LAUFE DER JAHRE ZUBEREITET HABE, WURDEN VON DIESEN FRANZÖSISCHEN KREATIONEN INSPIRIERT. ICH BIN KEIN GELERNTER KONDITOR, MEINE AUSBILDUNG WAR EHER ALLGEMEINER NATUR, ABER DIE GRUNDLAGEN DER ZUBEREITUNG VON DESSERTS HABE ICH GELERNT.

Kleine Restaurants können sich in der Regel keinen professionellen Patissier leisten, deshalb wird die Zubereitung der Desserts oft von demjenigen übernommen, der sich am meisten dafür interessiert. Bei mehreren Gelegenheiten und in unterschiedlichen Restaurants war ich diese Person. Mit der Zeit, nach vielen Versuchen und Fehlern, wurde ich ziemlich gut. Als ich jedoch irgendwann an der Seite eines professionellen Patissiers gearbeitet habe, merkte ich, wie wenig ich eigentlich wusste. Der Patissier, professionell ausgebildet oder vom Küchenchef dazu bestimmt, ist die Person in einem Restaurant, die für die süßen Kreationen auf der Speisekarte zuständig ist. Diese Arbeit ist stressig, technisch anspruchsvoll und anstrengend. Er oder sie ist die Person, die morgens als Erste in der Küche steht und abends als Letzte geht. In der Küche ist der Bereich des Patissiers der am besten organisierte und könnte leicht mit einem Labor verwechselt werden. Es gibt Maschinen zum Schlagen, Buttern und Einfrieren, zum Trocknen und Extrahieren. Messbecher, Messlöffel, Krüge, Schüsseln und Formen in allen erdenklichen Formen und Größen stehen kunstvoll arrangiert auf den Regalen.

Das wichtigste Arbeitswerkzeug in der Küche ist der Backofen. Wenn man backt, muss man seinen Ofen genau kennen. In jedem herkömmlichen Backofen gibt es kalte und heiße Stellen. Man kann einen Kuchen oder Brandteig schnell ruinieren, wenn man diese Stellen nicht kennt. Meiner Erfahrung nach kann und wird beim Backen immer etwas schiefgehen. Es ist wichtig, aus seinen Fehlern zu lernen und nicht den Mut zu verlieren. Die Anweisungen in Rezepten für Desserts sind präzise und müssen genau befolgt werden; ein Rezept muss man, bevor man anfängt, genau lesen und durch und durch verstehen, außerdem sollten die notwendigen Geräte zur Hand sein. Ich sage das nicht, um Ihnen Angst einzuflößen — ich möchte Ihnen lediglich zeigen, wie Sie erfolgreich sein können. Niemand kommt als großer Patissier auf die Welt. Begeisterung und Übung sind der Schlüssel zum Erfolg.

Desserts sind weitgehend von den Jahreszeiten abhängig. Reichhaltige Kuchen und Puddings eignen sich eher für die kühleren Monate, während leichteres Gebäck, gefüllt mit Früchten und Schlagsahne, besser zu den wärmeren Monaten passt. In diesem Kapitel stelle ich Ihnen Desserts vor, die ich mit saisonabhängigen Zutaten und verschiedenen Techniken zubereitet habe. Einige der Desserts standen auch in den Restaurants, in denen ich gearbeitet habe, auf der Speisekarte, bei anderen habe ich mich durch Erinnerungen an meine Kindheit inspirieren lassen. Früchte sind recht häufig der wichtigste Bestandteil eines Desserts. Da die Früchte vielleicht nur in ihrer besten Reifezeit und regional für eine kurze Zeit erhältlich sind, können sie in vielen dieser Rezepte durch andere reife Früchte ersetzt werden.

Letztendlich hoffe ich sehr, dass die Kenntnisse, die Sie bei der Zubereitung dieser Desserts erwerben, Ihnen das nötige Selbstvertrauen geben, in Zukunft jedes andere Rezept mit Elan anzugehen.

SOLANGE ICH MICH ZURÜCKERINNERN KANN, HAT MEINE MUTTER DIESE SENSATIONELLEN WINDBEUTEL WIE IM SCHLAF ZUBEREITET. HEUTE SIND WINDBEUTEL ZU EINER KULINARISCHEN HERAUSFORDERUNG GEWORDEN. DAS REZEPT IST ANSPRUCHSVOLL, ABER LASSEN SIE SICH NICHT ENTMUTIGEN, ÜBUNG MACHT DEN MEISTER. MIT DER ZEIT WERDEN SIE SICH VIELLEICHT SOGAR AN IHRE EIGENE CROQUEEMBOUCHE, EINE FRANZÖSISCHE HOCHZEITSTORTE AUS WINDBEUTELN, HERANWAGEN.

WINDBEUTEL MIT CHANTILLYCREME

25 STÜCK

100 g Butter
eine Prise Salz
eine Prise Zucker
125 g Weizenmehl
4 Eier
Puderzucker zum Bestäuben

SCHLAGSAHNE

½ Vanilleschote oder ½ TL natürliches Vanille-Extrakt
200 ml Schlagsahne (35 % Fett)
1 EL Puderzucker, gesiebt

250 ml Wasser und die Butter in einen Topf geben und zum Kochen bringen. Salz und Zucker hinzugeben und verrühren, den Topf vom Herd nehmen. Das Mehl hinzufügen und kräftig mit einem Holzlöffel umrühren, bis ein lockerer Teig entsteht. Den Topf zurück auf den Herd stellen und auf mittlerer Stufe den Teig ständig weiterrühren, bis er sich von der Wand des Topfes löst. Den Topf vom Herd nehmen und die Mischung 5 Minuten abkühlen lassen.

Die Eier aufschlagen nacheinander zum Teig hinzugeben, jedes Ei komplett unterrühren, bevor das nächste Ei hinzugefügt wird. Nachdem alle Eier in den Teig gerührt wurden, sollte er feucht und elastisch sein, wenn man ihn mit einem Löffel hochhebt, sollte er langsam vom Löffel zurück in den Topf tropfen.

Den Backofen auf 220°C (Gas Stufe 7) vorheizen. Zwei Backbleche mit Backpapier auslegen. Jeweils einen guten Esslöffel voll Teig auf das Backpapier setzen, dabei auf einen Abstand von ca. 4 cm zwischen den Teigklecksen achten. 10–15 Minuten backen, oder bis der Teig aufgegangen und goldgelb ist. Aus dem Backofen nehmen und vollständig abkühlen lassen.

In der Zwischenzeit die Chantillycreme zubereiten. Falls Sie eine Vanilleschote verwenden, diese der Länge nach aufschneiden und das Mark herausschaben. Das Vanillemark (oder den Vanille-Extrakt) mit der Schlagsahne und dem Puderzucker in eine Schüssel geben und steif schlagen. Den Deckel der Windbeutel etwas einschneiden, vorsichtig mit den Fingern offnen und die Creme in die Windbeutel füllen. Vor dem Servieren mit Puderzucker bestäuben.

DIESER NACHSPEISE HABE ICH VIEL ZU VERDANKEN. SIE IST EINFACH ZUZUBEREITEN, KANN AUF VIELERLEI WEISE VERWENDET WERDEN UND HAT SICH, WENN SIE AUF DER SPEISEKARTE STAND, IMMER GUT VERKAUFT. FÜR VIELE GÄSTE KÖNNEN SIE DIE MENGE PROBLEMLOS HOCHRECHNEN.

SCHOKOROLLE MIT HASELNUSSCREME

8 PORTIONEN

125 g Butter, in Würfeln
100 g dunkle Schokolade (64 %), gehackt
220 g extrafeiner Zucker
125 ml heißes Wasser
2 EL Scotch Whisky
3 TL Espresso
30 g ungesüßtes Kakaopulver, plus Extra-Pulver zum Bestäuben
110 g Weizenmehl
1 gestrichener TL Backpulver
1 Ei, leicht geschlagen

FRANGELICO-ZUCKERSIRUP
55 g extrafeiner Zucker
3 EL Wasser
1 ½ EL Haselnusslikör (Frangelico)

HASELNUSSCREME
85 g Butter, zimmerwarm
85 g Puderzucker, gesiebt
85 g geröstete Haselnüsse, gehackt

Für den Frangelico-Zuckersirup den Zucker mit 3 EL Wasser in einem kleinen Topf verrühren. Auf mittlerer Stufe zum Kochen bringen und den Zucker unter ständigem Rühren auflösen. Vom Herd nehmen, den Frangelico hinzufügen und zum Abkühlen beiseitestellen.

Für die Haselnusscreme die Butter mit dem Puderzucker verquirlen, bis die Masse luftig-locker ist. Die Haselnüsse vorsichtig unter die Mischung heben und beiseitestellen.

Den Backofen auf 150°C (Gas Stufe 2) vorheizen. Butter, Schokolade, Zucker, heißes Wasser, Whisky und Espresso in eine hitzebeständige Schüssel geben und diese dann über einen Topf mit siedendem Wasser stellen. Sobald die Butter und die Schokolade schmelzen, die Zutaten mit einem Metalllöffel verrühren und den Zucker auflösen. Die Schüssel vom Topf nehmen und das Kakaopulver und Mehl und Backpulver unterrühren. Die Mischung mit einem Schneebesen zu einer glatten Creme schlagen. Leicht abkühlen lassen, dann mit dem Ei verrühren.

Ein flaches Backblech (32 x 25 cm) einfetten und mit beschichtetem Backpapier belegen. Die Kuchenmischung ca. 1 cm hoch auf das Backblech gießen. 10–12 Minuten backen. Mit einer Gabel prüfen, ob der Kuchen fertig ist; bleibt kein Teig an der Gabel kleben und fühlt er sich elastisch an, ist er fertig.

Aus dem Backofen nehmen und 5 Minuten abkühlen lassen, auf einen Rost stürzen und das Backpapier vorsichtig abziehen. Ein Geschirrtuch über den Kuchen legen und leicht abkühlen lassen, dann vorsichtig wieder umdrehen, er liegt jetzt auf dem Handtuch. Den Kuchen zuerst großzügig mit dem Frangelico-Zuckersirup und dann mit einer Lage Haselnusscreme bestreichen, an einer der langen Seiten einen Rand von 2,5 cm frei lassen. Die beiden Ecken der anderen langen Seite des Geschirrtuchs aufnehmen und mithilfe des Tuchs den Kuchen zu einer Rolle formen. Im Kühlschrank 1 Stunde ruhen lassen. 30 Minuten vor dem Servieren aus dem Kühlschrank nehmen. Mit Kakaopulver bestäuben und mit Beeren servieren.

AGAR-AGAR, DIE GELATINE DER VEGETARIER, IST EINE SUBSTANZ, DIE AUS SEETANG GEWONNEN WIRD. ICH FINDE ES PRAKTISCHER ALS GELATINE, WEIL ES FLÜSSIGKEITEN AUCH OHNE KÜHLUNG ANDICKT. DIE GELEES SIND DESHALB GUT TRANSPORTABEL UND EIGNEN SICH ALS GESUNDE UND FRUCHTIGE GAUMENFREUDE HERVORRAGEND FÜR PICKNICKS UND ANDERE GELEGENHEITEN. AGAR-AGAR GIBT ES IN VIELEN BIO-LÄDEN ODER IM REFORMHAUS ZU KAUFEN.

ASIATISCHER FRUCHTSALAT MIT GELEEFRÜCHTEN & KOKOSCREME

4 PORTIONEN

- 500 ml Wassermelonensaft
- 500 ml Ananassaft
- 12 g Agar-Agar-Pulver
- 250 ml Wasser
- 2 EL Zucker
- Saft einer ½ Zitrone
- 16 Litschis, geschält und entkernt
- 3 Mangosteen
- 3 Passionsfrüchte
- 1 Mango
- 1 Portion Kokoscreme (Seite 269)
- 2 EL zerstoßene, geröstete Erdnüsse (siehe Anmerkung)

Den Wassermelonensaft und den Ananassaft in zwei verschiedene Töpfe gießen. 5 g Agar-Agar in den Wassermelonensaft und 7 g in den Ananassaft rühren. 125 ml Wasser, 1 EL Zucker und den Zitronensaft zum Wassermelonensaft hinzugeben. 125 ml Wasser und 1 EL Zucker zum Ananassaft hinzugeben. Unter ständigem Rühren auf hoher Stufe zum Kochen bringen. Sobald die Säfte kochen, die Töpfe vom Herd nehmen.

Beide Säfte durch ein Tuch und getrennt in viereckige, hitzebeständige Behälter filtern. Beide Gelees bei Zimmertemperatur abkühlen lassen. Die feste Gallertmasse in 1 cm große Würfel oder Rauten schneiden, aus dem Behälter nehmen und in den Kühlschrank stellen.

Inzwischen die Früchte für den Salat zubereiten und in Dessertschalen anrichten. Die Geleewürfel darüberstreuen und mit der Kokoscreme übergießen. Mit den gerösteten Erdnüssen garnieren.

Anmerkung: Zum Rösten der Erdnüsse drei EL geschälter Erdnüsse auf einen mikrowellenfesten Teller legen. 2 Minuten auf hoher Stufe rösten. Nüsse abkühlen lassen, dann mit einem Stößel in einem Mörser zerstoßen. Ergibt ca. 2 EL zerstoßene Erdnüsse.

AGAR-AGAR IST EIN STÄRKERES BINDEMITTEL ALS GELATINE, OBWOHL SEINE GELIERFÄHIGKEIT AUCH DAVON ABHÄNGT, WOFÜR ES VERWENDET WIRD. FRÜCHTE MIT HOHEM SÄUREGEHALT, Z.B. ERDBEEREN ODER ZITRUSFRÜCHTE, UND FRUCHTSÄFTE BENÖTIGEN GRÖSSERE MENGEN.

MEINE SCHOKOLADENMOUSSE IST EIN TAUSENDSASSA. MAN KANN SIE MIT BEEREN UND KEKSEN GENIESSEN, ZUM BESTREICHEN ODER FÜLLEN EINES KUCHENS ODER ALS BEGLEITER ODER FÜLLUNG DER SCHOKOROLLE (SEITE 263) VERWENDEN. ACHTEN SIE BEI DER ZUBEREITUNG AUF „LOCKERE" HÄNDE, DA DIE FERTIGE MOUSSE SO LEICHT UND LOCKER WIE MÖGLICH WERDEN SOLL.

MEINE EINFACHE, ABER DEKADENTE SCHOKOLADENMOUSSE

6–8 PORTIONEN

225 g dunkle Schokolade (64 %), gehackt
3 EL Cointreau
90 g Butter, zimmerwarm, in kleine Stücke geschnitten
6 Eier, Eigelb und -klar getrennt
75 g extrafeiner Zucker

Einen großen Topf zur Hälfte mit Wasser füllen und auf hoher Stufe zum Sieden bringen. Die Schokolade mit dem Cointreau in eine hitzebeständige Schüssel geben und über den Topf mit dem Wasser stellen, der Schüsselboden darf das Wasser nicht berühren. Die Schokolade schmelzen und gelegentlich umrühren, dann die Schüssel vom Topf nehmen und die Butter unterrühren.

Das Eiklar in einer sauberen, trockenen Schüssel schlagen, bis es steif, aber nicht trocken ist. Eigelb und Zucker mit dem Schneebesen zu einer locker-luftigen Masse verquirlen, dann die Schokolade einrühren. Die Hälfte des geschlagenen Eiweißes zur Schokoladenmischung geben und mit einem Küchenspatel oder einem großen Löffel unterheben. Die Mischung unter das restliche Eiweiß heben.

Die Schokoladenmousse mit einem Löffel in kleine Formen oder eine große Form geben und 2 Stunden im Kühlschrank abkühlen lassen. Die Mousse 20 Minuten vor dem Servieren aus dem Kühlschrank nehmen.

EIN CLAFOUTIS ÄHNELT EINEM HERRLICHEN, GROSSEN PFANNKUCHEN. EIN SÜNDHAFT REICHHALTIGER UND GOLDGELB GEBACKENER TEIG BEDECKT DIE MARINIERTEN KIRSCHEN. CLAFOUTIS SIND SEHR FRANZÖSISCH UND SEHR KÖSTLICH.

CLAFOUTIS

6 PORTIONEN

750 g Kirschen, entsteint
125 ml Kirschlikör
20 g weiche Butter
45 g weicher, brauner Zucker
6 Eier
115 g extrafeiner Zucker
35 g Weizenmehl, gesiebt
125 g Crème double (45 % Fett oder mehr)
eine Prise Salz

Die Kirschen in einer Schüssel mit dem Kirschlikör 1 Stunde ziehen lassen. Mit der Butter eine quadratische Auflaufform (25 cm lang und 5 cm tief) oder eine tiefe, ofenfeste, gusseiserne Pfanne (30 cm) einfetten. Den braunen Zucker gleichmäßig verteilt über den Boden der Form streuen.

Den Backofen auf 200°C (Gas Stufe 6) vorheizen. Eier und Zucker in die Schüssel einer Küchenmaschine geben und auf höchster Stufe zu einer leichten, lockeren Masse verarbeiten. Die Geschwindigkeit drosseln und Mehl, Crème double und Salz hinzugeben; die Mischung hat eine teigähnliche Konsistenz. Die Flüssigkeit von den Kirschen abgießen und langsam zur Teigmischung hinzufügen, dann unterrühren.

Die Kirschen auf dem Boden der Auflaufform verteilen und mit dem Teig bedecken. 25 Minuten backen, oder bis der Clafoutis goldgelb ist und bei Berührung zurückfedert. Aus dem Backofen nehmen und vor dem Servieren leicht abkühlen lassen.

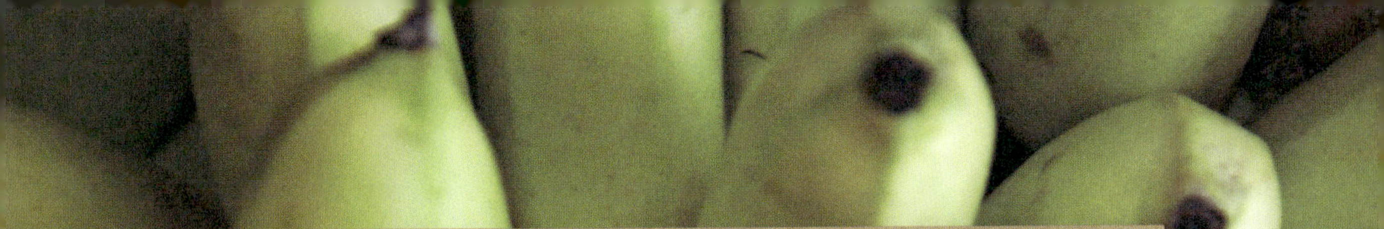

FRITTIERTE, MIT KOKOSRASPELN & REIS ÜBERZOGENE BANANEN MIT KOKOSCREME

4 PORTIONEN

FRITTIERTE BANANEN

95 g Jasmin-Reis, gekocht und über Nacht im Kühlschrank getrocknet
45 g Kokosraspeln
4 Bananen
Weizenmehl zum Bestäuben
1 Ei, leicht geschlagen
2 Liter Pflanzenöl zum Frittieren

KOKOSCREME

1 EL extrafeiner Zucker
½ TL Salz
2 TL Kartoffelstärke
400 ml Kokoscreme

PALMZUCKERKARAMELL

45 g geriebener Palmzucker (Jaggery)
2 EL Wasser

Für die Kokoscreme Zucker, Salz, Kartoffelstärke und Kokoscreme in einen Topf geben und gut verrühren. Den Topf auf mittlerer Stufe erhitzen und die Mischung unter Rühren andicken. Vom Herd nehmen und zum Abkühlen beiseitestellen.

Für die frittierten Bananen den gekochten Reis und die Kokosraspeln mit den Händen in einer Schüssel vermengen. Bananen schälen und der Länge nach diagonal in Stücke schneiden. Die Bananenstücke zuerst leicht im Mehl, dann in dem geschlagenen Ei wälzen, dann mit der Reis-Kokos-Mischung überziehen. Sie müssen die Mischung eventuell etwas in das Fleisch der Bananen drücken.

Das Öl in einer großen Pfanne mit schwerem Boden oder einer Fritteuse auf 180°C erhitzen, oder so lange, bis ein Brotwürfel in 15 Sekunden goldgelb ist. Wenn das Öl heiß ist, die Bananen portionsweise goldgelb frittieren. Herausnehmen und auf Küchenpapier abtropfen lassen.

Für den Palmzuckerkaramell den Palmzucker mit 2 EL Wasser in eine kleine Pfanne mit schwerem Boden geben. Auf mittlerer Stufe erhitzen, die Pfanne für gleichmäßiges Bräunen gelegentlich hin und her bewegen. Wenn der Zucker goldbraun und karamellisiert ist, die Pfanne vom Herd nehmen.

Etwas Kokoscreme in jede Schale gießen, darauf dann die frittierten Bananen geben und mit dem karamellisierten Palmzucker bestreuen.

MILCH IST MILCH, RICHTIG?

ES GAB EINE ZEIT, DA WAR ES SO EINFACH. JETZT HAT MILCH 2% FETT, WENIG FETT ODER KEIN FETT UND IST ANGEREICHERT MIT KALZIUM UND PROBIOTIKA. MILCH WIRD HEUTE IN DER MOLKEREI IN IHRE EINZELTEILE ZERLEGT UND NACH DEN BEDÜRFNISSEN DES MARKTES NEU ZUSAMMENGESETZT. IST FETT SCHLECHT? NEIN, ES IST GUT! NUN JA, HEUTE IST ES SCHLECHT, MORGEN IST ES GUT, UND IN DER ZUKUNFT WERDEN WIR KAUFEN, WAS IMMER DIE WERBEGURUS FÜR UNS FÜR GUT BEFINDEN.

Kaum zu glauben, aber Milch ist ein saisonales Produkt und ihr Geschmack und Fettgehalt ändern sich, bedingt durch die Quantität und die Qualität des Grases, das die Kühe fressen. Milch wird heute technisch gesteuert verarbeitet, um genau das zu verhindern und um einen konstant gleichbleibenden Geschmack zu erzeugen. Lebensmittel in ihrem natürlichen Originalzustand werden uns immer fremder.

In meiner Kindheit haben wir die Milch direkt von Sadie, der Jersey-Kuh meines Onkels, getrunken. Sadie hielt das Gras schön kurz und gab reichhaltige Vollfettmilch im Überfluss. Wir stellten Sadies Milch in den Kühlschrank und nach einer Stunde hatte sich eine dicke, feste Schicht herrlicher Sahne darauf abgesetzt. Wir tranken Milch in ihrem natürlichen Rohzustand — vom Euter auf den Tisch. Das Erlebnis, Rohmilch zu trinken, wird für uns vielleicht für immer der Vergangenheit angehören, es sei denn, wir besitzen eine Kuh oder kennen jemanden, der eine besitzt (der Verkauf von Rohmilch ist in Australien derzeit illegal, und Bauern, die beim Verkauf ertappt werden, können bestraft werden).

Die Mehrheit der australischen Milchfarmen ist in Familienbesitz und wird mit einer Herdengröße zwischen 85 und 200 Milchkühen bewirtschaftet.

Durch ein verbessertes Futtermanagement, Zuchtauslese und Nahrungsergänzungen ist es der Industrie im Laufe der letzten zwei Jahrzehnte gelungen, den durchschnittlichen Jahresertrag pro Kuh von 2850 Litern auf mehr als 5000 Liter fast zu verdoppeln. Diese Milchmenge ist weitaus größer als die, die eine Kuh auf natürliche Weise für ihr Kalb produzieren würde. Kühe haben eine Lebenserwartung von 20 Jahren, obwohl sie in einem modernen Milchbetrieb selten älter als sieben Jahre werden. Die Verschlechterung ihres Gesundheitszustands ist eine Folge des Stresses, der durch die erhöhte Milchproduktion erzeugt wird. Die Kühe können von den langen Wegen oder dem unwegsamen Gelände zu den Melkschuppen lahm werden, da sie das enorme Gewicht ihrer geschwollenen Euter tragen müssen. Auch Milchkühe haben, wie andere Tiere, die zu unserem Nutzen domestiziert wurden, ihre physischen Grenzen. Es gibt Vorschriften, die ihre Gesundheit und ihr Wohlergehen regeln. Es ist unsere Aufgabe, die Aufgabe der Verbraucher, wachsam zu sein und sicherzustellen, dass sie auch eingehalten werden.

Meine Familie und ich lassen uns Vollmilch von einem unabhängigen Erzeuger schmecken. Traurig ist, dass die meisten Kinder aufwachsen werden, ohne jemals in den Genuss eines Schnurrbarts aus echter Vollmilch gekommen zu sein.

MANDELCREME-BIRNENKUCHEN

8 PORTIONEN

750 g Zucker
750 ml Wasser
1 Zimtstange
6 schwarze Pfefferkörner
Schale einer ½ Bio-Zitrone
2 Packham-Birnen

TEIG

225 g Weizenmehl
160 g gesalzene Butter, in 1 cm große Würfel geschnitten, 30 Minuten bei Zimmertemperatur erwärmt
2 EL Puderzucker
1 Eigelb
1 EL kalte Milch

MANDELCREME

125 g Butter, in Würfeln, zimmerwarm
125 g Puderzucker
125 g gemahlene Mandeln
25 g Weizenmehl
2 Eier
1 EL Rum

Den Zucker mit 750 ml Wasser in einem Topf auf hoher Stufe erhitzen und unter Rühren auflösen. Zimt, Pfefferkörner und Zitronenschale hinzufügen und zum Kochen bringen. Vom Herd nehmen und den Zuckersirup leicht abkühlen lassen. Inzwischen die Birnen schälen und entkernen. Die Birnen in den Sirup legen, mit einem Stück Backpapier bedecken und köcheln, bis die Birnen weich sind, aber noch ihre Form haben. Das Ganze dauert zwischen 35 Minuten und 1 Stunde, je nachdem, wie reif die Birnen sind. Wenn die Birnen weich sind, im Sirup abkühlen lassen, dann längs in 2 cm große Spalten schneiden.

Für den Teig das Mehl auf die Arbeitsfläche schütten. Die Butter und den Puderzucker auf das Mehl geben und mit den Fingerspitzen verbinden. Das Eigelb in eine Mulde im Teig geben und nach und nach einarbeiten, bis es fast vollständig mit der Mehlmischung verbunden ist. Zum Schluss die Milch hinzugeben und den Teig 30 Sekunden leicht kneten. In Frischhaltefolie wickeln und im Kühlschrank 1 Stunde ziehen lassen.

Für die Mandelcreme die Butter und den Puderzucker in einem elektrischen Mixer bei mittlerer Geschwindigkeit cremig schlagen. Den Mixer ausschalten und die gemahlenen Mandeln, das Mehl, die Eier und den Rum hinzufügen. Bei langsamer Geschwindigkeit vermengen, dann für den späteren Gebrauch aufbewahren.

Den Teig auf Zimmertemperatur erwärmen lassen. Auf einer leicht bemehlten Arbeitsfläche zu einem 2,5 mm dicken Teig ausrollen. Eine Backform mit losem Boden (22 cm Durchmesser) mit dem Teig auslegen. Den überhängenden Rand abschneiden und den Boden mit einer Gabel einstechen. 30 Minuten in den Kühlschrank stellen. Den Backofen auf 180°C (Gas Stufe 4) vorheizen. Den Boden der mit Teig ausgelegten Form mit Backpapier auslegen, mit Backbohnen beschweren und die Form 10 Minuten blindbacken, oder bis der Rand gerade goldgelb ist. Backpapier und Backbohnen entfernen und erneut für 5–10 Minuten in den Backofen stellen, bis der Boden goldgelb ist. Den Boden mit der Mandelcreme bedecken, dann die Birnenspalten dekorativ darauf anordnen. Den Kuchen erneut in den Backofen stellen und 20–25 Minuten, oder bis sich die Mandelcreme gesetzt hat, backen. Den Kuchen abkühlen lassen und mit Crème double oder Rahm-Creme (Clotted Cream) servieren.

MANDELCREME PASST ZU ALLEN FRÜCHTEN, IHRER KREATIVITÄT SIND IM EINKLANG MIT DEN JAHRESZEITEN KEINE GRENZEN GESETZT. VERWENDEN SIE FRÜCHTE IN IHRER BESTEN REIFEZEIT, PFIRSICHE UND KARAMELLISIERTE ANANAS Z. B. IM SOMMER UND ÄPFEL UND BIRNEN IM WINTER.

BEI UNS ZU HAUSE WÄRE NICHT WEIHNACHTEN, WENN MEINE MUTTER KEINEN GEDÄMPFTEN PUDDING MIT KANDIERTEM INGWER, DER ZU IHREN LIEBLINGSNASCHEREIEN ZÄHLT, AUF DEN TISCH BRÄCHTE.

INGWER-(DAMPF)PUDDING

6 PORTIONEN

90 g Butter, in Würfeln, zimmerwarm
2 TL fein geriebene Bio-Orangenschale
60 g weicher brauner Zucker
75 g cremiger Honig (kandierter Honig)
2 Eier
2 EL klein geschnittener, kandierter Ingwer
150 g Weizenmehl, gesiebt
1 TL gemahlener Ingwer
1 TL Backpulver
125 ml Milch

INGWERCREMESAUCE

500 ml Ingwerwein
45 g weicher brauner Zucker
125 g Crème double (45 % Fett oder mehr)
eine Prise Salz

Butter, Orangenschale, braunen Zucker und cremigen Honig in einem elektrischen Mixer zu einer leichten, lockeren Masse verarbeiten. Die Geschwindigkeit reduzieren und die Eier, den kandierten und den gemahlenen Ingwer sowie Mehl und Backpulver hinzufügen. Wenn alle Zutaten gut vermischt sind, langsam die Milch in zwei Portionen zugießen.

Sechs Puddingformen (170 ml) einfetten und mit Mehl bestäuben, dann die Mischung auf die Formen aufteilen. Die Puddingformen mit eingefetteten runden, beschichteten Stücken Backpapier (zurechtgeschnitten) bedecken und in einem Dampfgarer auf hoher Stufe erhitzen. 15–20 Minuten dämpfen, oder bis der Pudding beim Gabeltest gar ist. Backpapier entfernen und die Puddings vorsichtig aus den Formen nehmen.

Die Ingwercremesauce zubereiten, während die Puddings gar werden. Den Ingwerwein in einen Topf gießen und auf hoher Stufe um die Hälfte reduzieren. Den braunen Zucker, die Crème double und das Salz hinzufügen und zum Kochen bringen. Die Hitze sofort reduzieren und die Sauce leicht andicken lassen.

Die Ingwer-Puddings in die Mitte der Dessertschalen geben. Die Ingwercremesauce über den Pudding gießen und mit geschlagener Sahne oder Eiscreme servieren.

SAVARIN-KÜCHLEIN MIT GEDÜNSTETEN KUMQUATS

60 SAVARIN-KÜCHLEIN

GEDÜNSTETE KUMQUATS & RUMSIRUP
500 g Kumquats
330 g Zucker
750 ml Wasser
125 ml dunkler Rum

SAVARIN-KÜCHLEIN
250 g Weizenmehl
100 ml warme Milch
7 g Trockenhefe
2 Eier
75 g Butter, in 1 cm große Würfel geschnitten, zimmerwarm, plus Extra-Butter zum Einfetten
1½ TL Puderzucker
1 TL Salz

Chantillycreme (Seite 260), zum Servieren

Für die gedünsteten Kumquats und den Rumsirup alle Kumquats mit einer Gabel einstechen und beiseitestellen. Den Zucker mit 750 ml Wasser in einen Topf geben. Den Zucker auf hoher Stufe unter Rühren auflösen und zum Kochen bringen. Die Kumquats hinzugeben und 40 Minuten köcheln lassen, dann vom Herd nehmen und abkühlen lassen. Für den Rumsirup 500 ml der Kochflüssigkeit abgießen und den Rum unterrühren. Die gedünsteten Kumquats und den Rumsirup beiseitestellen.

Für die Savarin-Küchlein das Mehl in eine große Schüssel sieben und in der Mitte eine Mulde formen. Die Hälfte der warmen Milch und die Hefe in die Mulde geben und mit einer Gabel gut vermengen. Die Schüssel 10 Minuten an einen warmen Ort stellen, damit die Hefe aufgehen kann, dann die restliche Milch und die Eier in die Mulde geben. Mit den Händen die Zutaten verbinden, den Teig auf eine leicht bemehlte Arbeitsfläche (er ist ziemlich klebrig) legen und vorsichtig zu einem glatten Teigball verkneten. Den Teig zurück in die Schüssel geben und mit den Butterwürfeln verkneten. Ein feuchtes Küchenhandtuch über den Teig legen und den Teig gehen lassen, bis er sich fast verdoppelt hat, dann mit dem Zucker und dem Salz verkneten.

Den Backofen auf 200°C (Gas Stufe 6) vorheizen. Zwei Mini-Madeleine-Backformen (20 Mulden) einfetten und jede Mulde mit einem gehäuften Teelöffel Teig füllen. Die Backformen 10 Minuten an einem warmen Ort stehen lassen, oder bis der Teig nochmals aufgegangen ist. Die Backformen mit dem Teig im Backofen 5–7 Minuten backen, oder bis ein kleines Messer sich ohne Teigrückstände herausziehen lässt. Den restlichen Teig genauso backen.

Die Savarin-Küchlein aus dem Backofen nehmen und leicht abkühlen lassen. Den Rumsirup aufwärmen und die Küchlein mit dem Sirup tränken. Mit den gedünsteten Kumquats und der Chantillycreme servieren.

DIE KUNST, HEFETEIG ZU BACKEN, ERFORDERT ETWAS ÜBUNG, ABER DIESES REZEPT IST EIN GUTER EINSTIEG. WENN DIE KÜCHLEIN BEIM ERSTEN MAL NICHT PERFEKT GELINGEN SOLLTEN, GEBEN SIE TROTZDEM GARANTIERT NOCH EIN PRÄSENTABLES DESSERT AB. WENN SIE ERST MIT SIRUP GETRÄNKT SIND, FALLEN KLEINE MÄNGEL NICHT MEHR AUF.

GEDECKTER APFELKUCHEN MIT PEKANNÜSSEN ERINNERT MICH AN DIE SONNTAGE MIT MEINER FAMILIE, ALS ICH KLEIN WAR. ER KAM NACH UNSEREM TRADITIONELLEN BRATEN-DINNER AUF DEN TISCH. DIESES REZEPT HAT EINEN GANZ BESONDEREN PLATZ IN MEINER ERINNERUNG.

GEDECKTER APFELKUCHEN

8 PORTIONEN

6 Äpfel, Granny Smith oder Golden Delicious
geriebene Schale und Saft 1 Bio-Zitrone
200 g weicher brauner Zucker
100 g Butter
100 g Pekannüsse
2 TL Maisstärkemehl
1 Ei, mit 1 EL Milch leicht verquirlt

TEIG

500 g Weizenmehl
160 g Butter, in 5 mm große Würfel geschnitten, zimmerwarm
60 g Puderzucker
2 Eigelb, leicht geschlagen
2 EL kalte Milch

Für den Teig das Mehl auf eine Arbeitsfläche geben. Die Butter und den Puderzucker auf dem Mehl verteilen und mit den Fingerspitzen einarbeiten. Die Eigelb in eine Mulde im Teig geben und nach und nach einarbeiten, bis sie fast vollständig mit der Mehlmischung verbunden sind. Zum Schluss die Milch hinzugeben und den Teig 30 Sekunden leicht kneten. In Frischhaltefolie wickeln und im Kühlschrank 1 Stunde ruhen lassen.

Zwei Drittel des Teigs auf einer leicht bemehlten Arbeitsfläche 3–4 mm dick ausrollen. Eine 4,5 cm tiefe Kuchenform (22 cm Durchmesser) mit dem Teig auslegen und den Boden mit einer Gabel einstechen. Den restlichen Teig 5 mm dick ausrollen (für den Gitterdeckel) und auf ein Blech legen. Die Kuchenform mit dem Teig und den Teig für den Deckel 30 Minuten in den Kühlschrank stellen. Die Äpfel schälen, vierteln und entkernen. Die Apfelviertel mit der Schale und dem Saft der Zitrone und dem braunen Zucker in eine Schüssel geben. Die Zutaten vermischen und 15 Minuten beiseitestellen. Den Backofen auf 180°C (Gas Stufe 4) vorheizen.

Eine Pfanne auf mittlerer Stufe erhitzen und die Butter hinzufügen. Wenn die Butter beginnt, Blasen zu werfen, die Pekannüsse hinzugeben und 2 Minuten rösten. Die Apfelmischung hinzugeben und vorsichtig 5 Minuten erhitzen. Die Pfanne vom Herd nehmen und die Äpfel und Pekannüsse mit einem Schaumlöffel herausnehmen und in eine Schüssel geben. Die Pfanne zurück auf den Herd stellen, das Stärkemehl hinzufügen und die Zuckersauce 2–3 Minuten kochen, bis sie andickt. Die Sauce über die Äpfel und die Pekannüsse gießen und abkühlen lassen.

Die Kuchenform aus dem Kühlschrank nehmen. Den Boden der mit Teig ausgelegten Form mit Backpapier auslegen, mit Backbohnen beschweren und den Teig 15 Minuten leicht goldgelb blindbacken. Backpapier und Bohnen entfernen und leicht abkühlen lassen. Den Boden mit der Eimischung bestreichen, 2–3 Minuten zurück in den Backofen stellen, dann aus dem Backofen nehmen und vollständig abkühlen lassen. Den Teig für das Gitter aus dem Kühlschrank nehmen und 2 Minuten bei Zimmertemperatur ruhen lassen. Den Teig in 1 cm breite Streifen schneiden. Die Apfelfüllung auf den Kuchenboden geben. Die Ei-Milch-Mischung auf den oberen Rand des Kuchens streichen und aus den Teigstreifen ein Gitter als Deckel weben. Die Teigstreifen mit dem Rand des Kuchens verbinden und den Teigüberschuss abschneiden. Die Ei-Milch-Mischung auf den Gitterdeckel streichen und 30 Minuten backen. Mit Vanilleeis servieren.

25km/h
LOOK

REGISTER

A

B

C

E

F

BIBLIOGRAPHIE

Clover, C, *The End of the Line: How Overfishing is Changing the World and What We Eat*, Ebury Press, London, 2005.

Crocombe, A, *Ethical Eating*, Penguin Books, Australia, 2008.

Evans, M, *The Real Food Companion*, Murdoch Books, Sydney, 2010.

Fearnley-Whittingstall, H (foreward) & Soil Association, *Home Grown: A Practical Guide to Self-Sufficiency and Living the Good Life*, Gaia, a division of Octopus Publishing Group Limited, London, 2009.

Fearnley-Whittingstall, H, *The River Cottage Meat Book*, Hodder & Stoughton, London, 2004.

Flannery, T, 'Now or Never: A Sustainable Future for Australia?', Quarterly Essay No 38, Black Inc., Collingwood, Victoria, 2008.

Pollan, M, *In Defense of Food*, The Penguin Press, New York, 2008.

Singer, P & Mason J, *The Ethics of What We Eat*, Text Publishing, Melbourne, 2006.

Stokes, C & Howard, M, *Adapting Agriculture to Climate Change*, CSIRO Publishing, Victoria, 2010.

WWW.

www.australianpork.com.au
www.chicken.org.au
www.climatechange.gov.au
www.csiro.au
www.environment.gov.au
www.mla.com.au
www.montereybayaquarium.org
www.rbta.org/pigs.htm
www.theecologist.org

Die englische Originalausgabe erschien 2011 unter dem Titel *The Urban Cook – Cooking and Eating for a Sustainable Future* bei Murdoch Books Pty Ltd.

www.collection-rolf-heyne.de

Herausgeber: Kylie Walker
Konzept und Design: Reuben Crossman
Fotografie: Cath Muscat
Stylist: Michelle Noerianto
Anrichten der Gerichte: Andrew de Sousa
Englische Redaktion: Kim Rowney
Englische Rezeptredaktion: Sonia Greig

Übersetzung aus dem Englischen:
Claudia Theis-Passaro, Heidelberg und
Annegret Hunke-Wormser, Berlin
Redaktion und Satz: Imprint, Zusmarshausen
Redaktion der Rezepte: Regina Roßkopf, München

Druck: 1010 Printing International Ltd.
Printed in China

ISBN 978-389910-522-3

Herausgeber und Fotograf danken der Moss Vale High School, Pasquale Multari und Cindy Bowman von der Tre Porcellini Farm in Moss Vale sowie Victor Churchill Butchers, Woollahra. Ebenso geht ein Dank an Cambodia House und Major & Tom, die die Fotoarbeiten großzügig mit Requisiten unterstützt haben.

Hinweis für unsere Leser
Mark Jensen ist Australier, er lebt und arbeitet in Sydney. So basieren seine Erfahrungen und Erlebnisse wie auch die Zahlen und statistischen Werte, auf die er sich beruft, auf australischen Gegebenheiten. Diese Fakten komplett auf deutsche Gegebenheiten umzurechnen, hätte die Authentizität von Mark Jensens persönlicher Erzählung zerstört. Marks Kernaussage – dass wir als mündige Verbraucher unserer ethischen Verantwortung für das Wohl der Tiere und der Natur gerecht werden müssen, und dass die industrielle Landwirtschaft nicht den Weg in eine nachhaltige Zukunft darstellt –, gilt für Deutschland ebenso wie für Australien.
Auch muss die eine oder andere in Australien getroffene nachhaltige Produktwahl in Deutschland anders getroffen werden – gerade bei Fisch und Meeresfrüchten. Auch hier gilt: Die Zutaten in Marks Rezepten sind nicht zwingend vorgeschrieben. Variieren Sie die Gerichte ja nach den gerade erhältlichen regionalen und saisonalen Produkten. Eine nachhaltige Zukunft liegt in unserer Hand – in Australien wie in Europa.

BUY THIS
MUST HA
CHEAP
NOW TO WOR
BIG SCREE
SEASONAL PRODUCE MUS
MY LIFE
THE
BIG SCREEN
RE
CLIMATE CHANGE
SUSTAINABILITY FOOTPR
ETHICS
CONVENT
BIODYNAM
KILOJOULES CALORIES
CARBON FOOTPRINT
TAKE
UPGRA
RESPONSIBILITY
MORTGAGE VALUE
WATER FOOTPR
ENJOY LIFE
EXERCISE MORE
LEGACY